"十四五"职业教育国家规划教材

新编旅游中等职业教育系列教材

中国旅游客源地概况（第3版）

卢丽蓉 彭淑清 主编

ZHONGGUO
LÜYOU
KEYUANDI
GAIKUANG

旅游教育出版社
·北京·

图书在版编目（CIP）数据

中国旅游客源地概况 / 卢丽蓉，彭淑清主编. -- 3版. -- 北京：旅游教育出版社，2024.1（2025.8重印）
新编旅游中等职业教育系列教材
ISBN 978-7-5637-4605-7

Ⅰ. ①中… Ⅱ. ①卢… ②彭… Ⅲ. ①旅游客源－概况－中国－中等专业学校－教材 Ⅳ. ①F592.6

中国国家版本馆CIP数据核字（2023）第202829号

新编旅游中等职业教育系列教材
中国旅游客源地概况
（第3版）
卢丽蓉　彭淑清　主编

责任编辑	巨瑛梅
出版单位	旅游教育出版社
地　　址	北京市朝阳区定福庄南里1号
邮　　编	100024
发行电话	（010）65778403　65728372　65767462（传真）
本社网址	www.tepcb.com
E - mail	tepfx@163.com
排版单位	北京旅教文化传播有限公司
印刷单位	北京市泰锐印刷有限责任公司
经销单位	新华书店
开　　本	787毫米×1092毫米　1/16
印　　张	14.75
字　　数	262千字
版　　次	2024年1月第3版
印　　次	2025年8月第3次印刷
定　　价	40.00元

（图书如有装订差错请与发行部联系）

再版前言

立体化教学资源

随着我国经济体制改革的不断深入，旅游业成为我国的朝阳产业、支柱产业。虽然我国旅游业起步较晚，但改革开放以后，我国旅游业凭借其丰富的资源优势和积蓄多年的国际市场需求量，迅速崛起并持续发展，取得了举世瞩目的成就。目前，我国是世界第一大出境旅游市场和第一大出境旅游消费国，同时也是世界第四大入境旅游接待国。党的二十大报告中明确指出，要"坚持高水平对外开放，加快构建以国内大循环为主体、国内国际双循环相互促进的新发展格局"。毫无疑问，中国已经成为世界旅游大国，并且正在向世界旅游强国的目标迈进。

我国的入境旅游客源市场范围十分广泛，其发展变化不仅与我国旅游业有着密切的关系，而且对世界旅游业也有着重要影响。了解我国主要入境旅游客源国和地区的地理分布、社会、经济、文化和旅游业发展情况，从而更准确地把握我国入境旅游客源市场的发展趋势，是加快我国旅游业发展的必要前提和条件，也是旅游从业人员必备的基本知识和素质。

本书在内容选择上，力求系统地阐述学科的基础知识，尽可能全面地选取学科的最新知识，及时反映各客源国和地区的最新资料和信息；在语言表达上，注意深浅适度，通俗易懂，契合学生的认知能力；在结构编排上，注意逻辑性和知识的递进。因香港特别行政区、澳门特别行政区和台湾省是我国内地（大陆）最主要的入境旅游客源市场，故将其单独列为一章。同时，本书加入了许多直观的图片及可读性强的相关资料，以提高学生的学习兴趣和扩大他们的知识面。

本书由湖北省旅游学校卢丽蓉老师、彭淑清老师担任主编并负责编写工作，最后由卢丽蓉老师负责全书的统稿工作。

此次修订补充了世界旅游业发展的最新资料，核改各国的人口、汇率及世界遗产等数据，修改第2版中的错误及疏漏等，还增加了在线习题和微课视频。

本书在编写过程中得到了湖北省旅游学校、旅游教育出版社有关领导、老师的大力支持，在此一并表示感谢！在编写过程中，参考并引用了相关文献，在此对文献作者表示感谢！

由于编者能力有限，加之编写时间仓促，书中难免有不当之处，恳请各位专家、读者批评指正。

编者

2023年12月

目 录

第一章　世界旅游综述 ·· 1
　　第一节　世界旅游业概况 ·· 1
　　第二节　世界旅游区概况 ·· 7
　　第三节　中国入境旅游客源市场 ··· 10

第二章　东亚及太平洋地区 ·· 14
　　第一节　韩国 ·· 14
　　第二节　日本 ·· 22
　　第三节　马来西亚 ··· 36
　　第四节　新加坡 ·· 45
　　第五节　泰国 ·· 53
　　第六节　印度尼西亚 ·· 62
　　第七节　澳大利亚 ··· 70

第三章　欧洲地区 ·· 83
　　第一节　英国 ·· 83
　　第二节　法国 ·· 90
　　第三节　德国 ·· 99
　　第四节　意大利 ·· 109
　　第五节　西班牙 ·· 118
　　第六节　俄罗斯 ·· 125

第四章　美洲地区 ·· 136
　　第一节　美国 ·· 136
　　第二节　加拿大 ·· 147

第五章　南亚及中东地区 ·· 156
第一节　印度 ··· 156
第二节　以色列 ··· 165
第三节　阿拉伯联合酋长国 ··· 171

第六章　非洲地区 ·· 181
第一节　埃及 ··· 181
第二节　南非 ··· 190

第七章　中国港澳台地区 ·· 203
第一节　香港 ··· 203
第二节　澳门 ··· 211
第三节　台湾 ··· 218

参考文献 ·· 228

第一章 世界旅游综述

本章在线习题

本章概览

旅游业作为朝阳产业，在经历几十年的高速发展之后，已进入平稳发展的阶段。随着竞争越来越白热化，各国也越来越关注旅游业的发展。知己知彼，百战不殆。中国要想在世界旅游业中取胜，必须对世界旅游的历史、现状及其发展趋势有一个清晰的了解，同时对自己的客源市场也应该进行一定的剖析。

学习目标

1. 了解世界旅游业概况；
2. 熟悉世界六大旅游区；
3. 掌握中国入境旅游市场现状；
4. 建立旅游发展促进世界文化交流的大格局，学会分析中国入境旅游市场的发展趋势。

第一节 世界旅游业概况

一、世界旅游发展史

作为一种社会现象，旅游的产生是人类社会历史发展的结果，其发展是随着经济的发展而发展的。纵观整个人类的旅游发展史，大致可以划分为以下三个阶段。

（一）世界古代旅游

旅游是社会经济发展的产物，在一定程度上，旅游也是一个国家或者地区经济文化繁荣的外在表现形式。旅游和旅行首先是在世界最早进入文明时代的中国、埃及、巴比伦、印度和古代的希腊、罗马发展起来的。四大文明古国之一的古埃及，在公元前3000年就修建了大规模的金字塔和神庙，每年吸引大批游客前去观光。旅游史学家们认为，国际性的旅游行为就是从这个时候产生的。

古代奴隶制经济、政治和文化的发展，为古代旅游奠定了基础，并在古希腊、罗马时代达到了全盛时期。古希腊旅游以宗教性旅游为主，提洛岛、德尔斐、奥林匹斯山等是当时闻名世界的宗教圣地。建有宙斯神庙的奥林匹亚村，每四年都要举行一次祭祀宙斯神的活动，角斗、赛车、赛马、赛跑等体育活动是节庆期间必不可少的项目。世界古代旅游在罗马帝国时期发展到顶峰。罗马帝国疆域辽阔，由于经济的富庶，全国修建了许多宽阔的大道。到罗马图拉真皇帝（98—117年在位）时，罗马已经拥有了8万千米的公路网。随着公路网的完善，在公路边也出现了专门的住宿设施，如驿站，这些有利条件促使罗马人开始远距离旅行。

视野拓展

中国古代旅行

中国旅游的萌芽可以追溯到公元前21世纪夏王朝时期的商贾旅行。春秋战国时期，是我国社会的一个大变革时期，列国纷争，诸侯并立。儒家、道家、墨家、法家等各家学派为了宣传自己的政治主张，掀起了一股"周游列国"的游说大潮，这是我国最早形式的游学旅行。秦汉时期，最为壮观的旅行是帝王的巡游，秦始皇一生之中就巡游过五次。其次是官吏宦游，最为有名的是张骞出使西域，为丝绸之路的开通奠定了基础。在这个时期，文人墨客们的旅行也是我国古代旅游的典范。西汉伟大的史学家、文学家司马迁游历十几年，他是我国学术考察旅行最早、最杰出的代表。

隋唐时期，我国封建社会发展到顶峰，这个时期的旅游形式主要有帝王巡游、文人漫游、宗教旅游、国际旅游等。宋元时期，旅游的发展稍逊于隋唐，但这个时期出现了世界闻名的旅行家——意大利人马可·波罗和元代航海家汪大渊。

明清时期是中国封建社会的衰落期，但旅游活动兴旺不衰，特别是明朝的国内科学考察旅行极盛，出现了杰出的旅行家郑和与徐霞客等。

资料来源：改编自卢丽蓉《旅游学概论》"中国封建社会时期古代旅游的发展"，天津：天津大学出版社，2011。

（二）世界近代旅游

19世纪中期，由于受到世界产业革命的影响，旅游业才真正作为一个产业开始出现。1811年英国出版的《牛津词典》，首先出现了"旅游者"（Tourist）这个词。1845年，英国人托马斯·库克成立了全球第一家旅行社——托马斯·库克旅行社，把世界旅游业推到了一个崭新阶段，这也标志着近代旅游的开始。此后，各种旅游组织纷纷在世界各地成立。1850年，美国运通公司兼营旅行代理业务；1857年，美国成立"登山俱乐部"；1893年，日本成立专门接待外宾的"喜宾会"，用来招揽外国游客和代办旅游业务。

视野拓展

近代旅游业之父——托马斯·库克

托马斯·库克被誉为"近代旅游业之父"。1808年11月生于英格兰德比郡墨尔本镇。自幼家境贫寒,3岁丧父。迫于生计,托马斯·库克10岁时不得不辍学从业。1826年库克成为一名传教士,云游四方,这使得托马斯·库克游历了英格兰的许多地方,对旅游产生了兴趣。另外,出于宗教信仰的原因,他后来成为一位积极的禁酒工作者。

1841年7月5日,托马斯·库克包租了一列火车,将多达570人的游行者从英国中部地区的莱斯特送往拉夫伯勒参加禁酒大会。往返行程11英里,团体收费每人1先令,免费提供带火腿肉的午餐及小吃。这次活动在旅游发展史上占有重要的地位:它是人类第一次利用火车组织的团体旅游,是近代旅游活动的开端。托马斯·库克组织的这次活动被公认为世界第一次商业性旅游活动,因此,他本人也就成为旅行社代理业务的创始人。

1845年,托马斯·库克放弃了原来的工作,开始尝试从事具有商业性的旅游组团业务代理,成为世界上第一位专职的旅行代理商,并于1845年正式创办了世界上第一家旅行社——托马斯·库克旅行社。2019年9月,托马斯·库克公司宣告破产。

资料来源:改编自卢丽蓉《旅游学概论》"近代旅游业的开端",天津:天津大学出版社,2011。

(三)世界现代旅游

现代旅游的发展是在"二战"以后。战争的结束,为经济的发展提供了一个良好的环境。各国经济迅速而稳定的发展,个人收入的急剧上升,飞机、汽车等交通工具在旅游业的广泛运用,极大地推动了旅游业的发展。旅游队伍由社会的上层人士逐步扩大到寻常百姓人家,旅游活动真正开始成为一种大众化的活动,成为人们生活不可缺少的一部分(见表1-1)。

表1-1 "二战"以来国际旅游增长状况表

年份	国际旅游人数(万人次)	国际旅游收入(亿美元)
1950	2528.2	21
1960	6020.6	68.6
1970	15 969	179
1980	28 484.1	1023.63
1990	41 500	2300
2000	69 800	4760
2015	118 400	14 000
2018	140 000	14 510
2019	150 000	17 000

资料来源:世界旅游组织资料。

从表1-1可以看出，从1950年到2019年，70年时间，国际旅游人数由1950年的2528.2万人次上升到2019年的约150 000万人次，增加了近59倍；旅游收入由1950年的21亿美元上升到2019年的17 000亿美元，增加了近809倍。世界现代旅游的发展速度惊人。

二、世界旅游市场发展现状与趋势

第二次世界大战之后，旅游业成为一个新兴产业，得到迅速发展。总体来说，世界旅游市场主要呈现出以下一些态势：

（一）国际游客人数呈稳步增长状态

从表1-1可以看出，1950年，全球旅游人数仅为2528.2万人次，旅游收入仅为21亿美元。进入20世纪60年代后，世界旅游业的发展步入快车道。1980年，国际旅游人数达到28 484.1万人次，旅游收入1023.63亿美元。1990年，国际旅游人数41 500万人次，旅游收入达到2300亿美元。2000年，国际旅游人数为69 800万人次，旅游收入4760亿美元。

最近20年来，尽管从世界主要旅游经济指标的增长态势来看，世界旅游经济仍然保持了持续增长的态势，但由于受到金融危机、东南亚海啸、中东及北非政治动乱、恐怖袭击、疫情等因素的影响，世界旅游经济也表现出了低速增长或者发展放缓的态势。如2008年下半年，全球旅游业出现了持续数月的负增长，但在短暂受挫之后迅速复苏。2009年全球入境过夜游客同比下降了3.9%，但2010年即实现了6.7%的恢复性增长，近几年均呈增长态势。2015年国际游客人数增至11.84亿人次。2019年全球国际旅游总人数达到15亿人次，比2018年增长近4%，为2016年以来的最低增速。增速放缓与全球经济状况有关，全球经济增速在3%左右。另外，英国"脱欧"的很大不确定性、地缘政治紧张局势加剧和世界上最古老的托马斯·库克旅行社的倒闭，也是造成国际游客数量增速放缓的原因。2020年全球旅游业遭受疫情重创，国际旅游业增长陷入停滞，全年国际游客下降为4.5亿人次。但自2022年下半年开始，全球旅游经济呈稳步恢复态势。据世界旅游城市联合会、中国社会科学院旅游研究中心联合发布的《2024世界旅游经济趋势报告》，2023年全球旅游恢复至2019年的九成左右。2023年全球旅游总人次达126.73亿，同比增长41.6%，恢复至2019年的87.4%；全球旅游总收入达5.54万亿美元，同比增长21.5%，恢复至2019年的94.8%。2010—2019年10年间，除疫情期间的波动外，全球旅游经济增长稳定，全球旅游总人次年均增长率保持在7.3%，全球旅游总收入年均增长率为4.6%。

（二）世界旅游市场的重心向以中国为代表的亚太地区转移

1950年，欧洲和美洲两大旅游区接待的国际游客占世界市场的比重为96.6%，国际旅游收入占世界旅游市场的比重为92.8%。从20世纪70年代末开始，世界旅游格局发生新的变化，东亚和太平洋地区崛起，大批国际旅游客源涌入这些新兴的旅游接待国，造成欧洲和美洲这两大传统旅游区在世界市场的份额呈下降趋势。1997年，欧洲和美洲两大旅游区合计接待的国际旅游人数和外汇收入占世界旅游市场的份额分别为74.3%和77%。2010年之后，亚太地区已经取代美洲成为第二大国际旅游目的地。

预计到2030年，亚太地区接待的入境过夜游客人数将从目前的2.77亿人次增长到5.35亿人次，在全球旅游市场中的份额也将相应地由目前的23%上升到30%，而欧美地区的比重将由目前的67%下降至55%。

（三）新兴经济体客源地功能增强

英国《经济学家》将新兴经济体国家分成两个梯队：第一梯队为中国、巴西、印度、俄罗斯和南非，也称"金砖国家"；第二梯队包括墨西哥、韩国、波兰、菲律宾、土耳其、印度尼西亚、埃及等"新钻"国家。随着这些新经济体国家的崛起，人民的消费水平大幅上升，特别是中等收入群体迅速扩大，产生了巨大的出境旅游需求。以中国、巴西、印度、俄罗斯为代表的"金砖四国"的发展最具代表性，其出境旅游人次与消费支出近年来获得大幅度增长。从绝对数量而言，中国出境市场已经超过德国与美国，成为世界第一大出境旅游市场。2019年，中国出境旅游人数已达1.55亿人次，中国成为世界最大的客源市场和世界第一大旅游消费国。

由此可以看出，新兴经济体未来将成为世界主要的出境客源国，也将成为世界旅游经济平稳运行的重要动力。

（四）旅游市场需求更趋短程化

尽管各种消极因素对世界旅游发展的影响还在持续，但是刚性的旅游需求仍在不断释放，短距离旅游将代替中长距旅游出现在旅游市场上，更多的是区域内部流动取代区际流动。以欧洲为例，出境旅游多为洲内游，远程旅游仅占出境旅游总量的4%。亚洲出境旅游也以洲内游为主。近年来，日本出境旅游的50%在亚洲内流动。中国台湾离岛者80%在洲内旅行。新加坡出国游客中的55%以上在东盟各国旅行。统计发现，无论是在美洲、欧洲还是亚洲，一个旅游目的地国家的邻国往往是它的最大客源国。例如，美国是加拿大最大的客源国，西班牙是法国最大的客源国等。预计到2030年，区域内部游客将成为入境旅游的主要客源。

三、国际旅游组织

世界旅游组织（World Tourism Organization，UNWTO）是联合国系统的全球唯一的政府间国际旅游组织，它是由国际官方旅游宣传组织联盟（IUOTPO）发展而来的。1947年10月在巴黎举行的第二届国家旅游组织国际大会上，与会者决定正式成立官方旅游组织联盟。1975年5月，该组织改为世界旅游组织，并应西班牙政府邀请将总部设在马德里。2003年，世界旅游组织正式成为联合国专门机构。世界旅游组织主要负责收集和分析旅游数据，定期向成员国提供统计资料、研究报告，制定国际性旅游公约、宣言、规则、范本，研究全球旅游政策。

（一）宗旨

世界旅游组织的宗旨是：促进和发展旅游事业，使之有利于经济发展，使国际相互了解、和平和繁荣，并强调注意发展中国家在旅游事业方面的利益。

(二) 组织机构

世界旅游组织的组织机构包括全体大会、执行委员会、秘书处及地区委员会。全体大会为最高权力机构，每两年召开一次，审议该组织重大问题。执行委员会每年至少召开两次会议，执委会下设5个委员会：计划和协调技术委员会、预算和财政委员会、环境保护委员会、简化手续委员会、旅游安全委员会。秘书处负责日常工作，秘书长由执委会推荐，大会选举产生。地区委员会为非常设机构，负责协调、组织本地区的研讨会、工作项目和地区性活动；每年召开一次会议，目前共有非洲、美洲、亚洲及太平洋、欧洲和中东5个地区委员会。

(三) 世界旅游日

1979年9月，世界旅游组织第三次代表大会正式决定9月27日为世界旅游日（World Tourism Day）。世界旅游日，是由世界旅游组织确定的旅游工作者和旅游者的节日。为了阐明旅游的作用和意义，加深世界各国人民对旅游的认识和理解，促进旅游业的发展，世界旅游组织从1980年起每年都为世界旅游日确定一个主题口号。各国旅游组织根据主题和要求开展一系列庆祝活动。世界旅游组织选择主题，旨在通过宣传推动旅游业的发展，让更多的人了解到旅游有利于推动地区和国家经济的繁荣发展，增进旅游目的地、旅游业界与当地媒体和国际媒体的合作，把单独的旅游实体与国际旅游的大环境结合起来。

视野拓展

21世纪世界旅游日主题

2000年　技术和自然：21世纪旅游业的双重挑战

2001年　旅游业：和平和不同文明之间对话服务的工具

2002年　经济旅游：可持续发展的关键

2003年　旅游：消除贫困、创造就业和社会和谐的推动力

2004年　旅游拉动就业

2005年　体育与旅游——促进相互理解、文化和社会发展的力量

2006年　旅游让世界受益

2007年　旅游为妇女敞开大门

2008年　旅游：应对气候变化挑战

2009年　庆祝多样性

2010年　旅游与生物多样性

2011年　旅游——连接不同文化的纽带

2012年　旅游业与可持续能源：为可持续发展提供动力

2013年　促进旅游业在保护水资源上的作用

2014年　快乐旅游，公益惠民
2015年　十亿名游客，十亿个机会
2016年　旅游促进发展，旅游促进扶贫，旅游促进和平
2017年　可持续旅游业如何促进发展
2018年　旅游数字化发展
2019年　旅游业和工作：人人享有美好未来
2020年　旅游与乡村发展
2021年　旅游促进包容性增长
2022年　重新思考旅游业
2023年　投资人才、投资地球、投资繁荣

资料来源：https://www.unwto.org/world-tourism-day。

第二节　世界旅游区概况

按照世界旅游组织的统计标准，全球旅游区域被划分为欧洲、美洲、东亚太、南亚、中东、非洲6个旅游地区，并且依据旅游区域的划分设立了6个地区委员会。

一、欧洲旅游区

欧洲全称欧罗巴洲（Europe），全洲土地面积1016万平方千米，约占世界陆地总面积的6.8%；人口约7.9亿，占世界人口总数的12.7%。欧洲现有45个国家和地区，在地理上习惯分为南欧、西欧、中欧、东欧和北欧5个地区。

欧洲是希腊罗马古典文明和日耳曼文化的发源地，也是世界资本主义发展最早、最发达的地区，是当今世界经济和政治领域中的一支重要力量。

欧洲历来是世界上最大的旅游市场，经济发达，人民生活比较富裕，又普遍实行带薪休假制度，出国游、国内游和国际旅游接待都是强项，规模大，而且发展稳定，是目前世界上最大的旅游需求市场，也是世界上最大的旅游供应市场。尽管近年来欧洲市场接待的国际旅游人数和旅游创汇在世界总份额中的比例逐渐降低，但迄今为止仍占世界的一半左右。据世界旅游组织数据统计，欧洲为2019年度接待国际游客最多的地区，共接待游客7.38亿人次，同比增长4%。

二、美洲旅游区

美洲全称亚美利加洲（America），面积4207.8万平方千米，约占世界陆地总面积的28.2%；人口7.94亿，约占世界总人口的13.8%。全美洲包括51个国家和地区，通常分为北美地区、拉丁美洲和加勒比地区两部分。

美洲的经济发展不平衡。北美是世界经济最发达的地区之一，拉丁美洲为发展中地

区。20世纪70年代以来，拉丁美洲经济发展较快，巴西、墨西哥、阿根廷、委内瑞拉、智利、哥伦比亚和秘鲁等国，已建立起相对完整的工业体系或工业基础。

美洲地区经济区域集团化的趋势十分明显。主要的区域经济集团有：中美洲共同市场（1962年7月成立）、加勒比共同市场（1973年8月成立）、拉丁美洲经济体系（1975年10月成立）、南方共同市场（1991年3月成立）和北美自由贸易区（1992年12月成立），其中，由美国、加拿大和墨西哥组成的北美自由贸易区影响最为深远。

美洲旅游区的发展最为稳定，其中北美地区的发展速度最快。早在1979年，美洲接待游客已达4950万人次，总收入160亿美元，居世界第二位。2019年，美洲共接待国际游客2.2亿人次，增长速度为2%。

美洲拥有当今世界头号强国——美国和当今世界最有影响力的国际组织——北美自由贸易区，这对于美洲旅游的发展无疑是一个极大的优势，更好地发展旅游业无论是对于美洲还是对于世界都有着重要意义。

三、东亚太旅游区

东亚太旅游区主要包括亚洲东部和大洋洲。亚洲东部包括东亚和东南亚的国家和地区。大洋洲即大洋中的陆地，1812年由丹麦地理学家马尔特·布龙命名。大洋洲陆地面积897.1万平方千米，约占世界陆地面积的6%；人口约2962万，占世界总人口的0.5%，是世界上面积最小的一个洲。

东亚及太平洋地区按照其经济发展水平可以分为三类国家：一是经济发达国家，如日本；二是新兴工业国家，如新加坡；三是广大的发展中国家，以中国为代表。近20年来，东亚及太平洋地区一直是世界上经济发展最为迅速的地区之一，亚太地区各国经济的多样性和互补性，使该地区的经济合作具有巨大潜力，区域性经济合作一直在逐步推进。

东亚太地区是迅速崛起的旅游区。从2010年的旅游市场来看，东亚太已经取代美洲市场，成为仅次于欧洲市场的第二大旅游市场。目前，亚洲成为接待境外游客人数增长最快的大洲之一。2019年亚太地区（包括南亚）共接待境外游客3.65亿人次，同比增长5%。

四、南亚旅游区

南亚包括斯里兰卡、马尔代夫、巴基斯坦、印度、孟加拉国、尼泊尔、不丹等国。南亚地区面积约435万平方千米。北有高大的喜马拉雅山脉与亚洲大陆主体相阻隔，东、西和南三面为孟加拉湾、阿拉伯海和印度洋所环绕，在地理上有一定的独立性，故亦称南亚次大陆。人口16亿以上，使用200余种语言。大部分地区属热带和亚热带季风气候。北部与亚洲内陆之间的喜马拉雅山脉，平均海拔超出6000米，海拔8000米以上的山峰12座，中、尼两国间的珠穆朗玛峰海拔8848.86米，是世界最高峰。气候、土壤和植被的垂直变化显著。中部为印度河、恒河和布拉马普特拉河冲积而成的大平原，南部为德干高原和东西两侧的海岸平原。高原与海岸平原之间为东高止山和西高止山。

南亚地区是世界文明的发源地之一，是佛教和印度教的发源地。这里有悠久的历史文化、珍奇的名胜古迹、独特的民俗风情、雄伟的"世界屋脊"和海滨风光。18世纪后期，该地区大多数国家相继沦为西方国家的殖民地和半殖民地，第二次世界大战后才先后获得独立，现今该地区的国家大多为发展中国家。

近些年，南亚旅游业发展迅速，在经过连续几年双位数的强劲增长后，南亚地区的入境旅游增势趋缓，但实际增长人数十分可观。以2019年为例，南亚地区入境旅游同比增长5%。南亚旅游业具有巨大的发展潜力，在开发方面应发挥其历史文化、热带海滨和山地生态的特点，充分利用其毗邻东亚太地区的优势，重点开发洲内近程客源市场。

五、中东旅游区

中东地区包括西亚的伊朗、以色列、叙利亚、伊拉克、约旦、黎巴嫩、也门、沙特阿拉伯、阿拉伯联合酋长国、阿曼、科威特、卡塔尔、巴林、土耳其、塞浦路斯和北非的埃及等国家。除以色列为犹太人，信仰犹太教以外，其余国家都为阿拉伯人，信奉伊斯兰教。

中东地区扼欧、亚、非三大洲的要道，曾经是世界文明的发源地之一，是基督教、伊斯兰教和犹太教的发源地。丰富独特的民族风情和宗教文化以及奇特的自然景观，使中东地区颇具吸引力。但是，石油问题、民族纠纷、宗教矛盾，导致该地区长期遭受战争和恐怖活动的侵扰，严重制约了该地区的经济以及旅游业的发展。

尽管如此，中东地区仍然是近些年旅游业发展最快的地区之一。世界旅游组织的统计数据显示，从1980年至2010年，抵达中东地区的国际旅游者从710万发展到7900万，相当于每年平均增幅达到8.36%，远远高于4.2%的全球平均水平。2019年中东地区入境旅游人次增长高达9%，是2019年全球增长速度最快的区域。

中东地区旅游发展的关键因素是，能否保持社会稳定，实现和平发展。随着中东和平进程的推进，中东的旅游业将会得到巨大的发展。中东地区国家应加强旅游业的区域合作和联合促销，并大力改善基础设施和服务设施，提高旅游服务水平。

六、非洲旅游区

非洲全称阿非利加洲（Africa），希腊文"阿非利加"是阳光灼热的意思。赤道横贯非洲的中部，非洲3/4的土地受到太阳的垂直照射，年平均气温在20摄氏度的热带占全洲的95%，其中有一半以上地区终年炎热，故称为"阿非利加"。非洲总面积3020万平方千米（包括附近岛屿），约占世界陆地面积的20.2%；人口约7.48亿，约占世界人口的12.8%。非洲在地理上习惯分为北非、东非、西非、中非和南非。

非洲有悠久的历史、丰富的历史文化遗迹、迷人的自然风光和奇异的野生动植物，具有发展旅游业的巨大潜力。但是，由于历史上长期遭受殖民国家的占领和统治，其旅游业起步晚、基础差、发展缓慢。非洲大多数国家经济比较落后，旅游设施不完善；一些地区社会动荡、自然灾害严重，影响着旅游业的发展。许多国家重视旅游开发，利用本地特有的自然风光和民俗风情，针对游客的猎奇和求新心理，大力开展各种专项旅游活动，如奇特风光游、民族风情游、沙漠探险游、珍稀动植物考察游、考古游和海上游等，以吸引世界各地游客。非洲旅游业的发展前景十分广阔。

据联合国世界旅游组织报告，非洲旅游业呈现稳定增长趋势，2018年到非洲的国际游客数量增长了9%，2019年增长了4%。

第三节　中国入境旅游客源市场

一、中国入境旅游客源市场概述

中国入境旅游客源市场分两大部分：一部分是中国香港、澳门和台湾同胞及海外侨胞，另一部分是外国游客（包括外籍华人）。通过表1-2我们可以了解近几年中国入境游客人数和国际旅游外汇收入。

表1-2　2008—2019年中国入境旅游人数和国际旅游外汇收入

年份	入境旅游人数（亿人次）	国际旅游外汇收入（亿美元）
2008	1.30	408
2009	1.27	397
2010	1.33	458
2011	1.35	484
2012	1.3241	500
2013	1.2908	516.6
2014	1.2849	1053.8
2015	1.3382	1137
2016	1.38	1200
2017	1.39	1234
2018	1.41	1269
2019	1.45	1313

资料来源：中华人民共和国国家统计局官网（http://www.stats.gov.cn）。

从表 1-2 可以看出，2015 年入境旅游市场在 3 年持续出现下滑后首次呈现回升迹象，随后逐年上升。近几年来，我国入境旅游发展环境持续优化，中央和地方政府持续在签证、购物退税、证件便利化等方面发力。文旅融合发展为入境旅游产品开发、目的地营销及复合型人才培养等工作注入新动力。我国入境旅游进入稳步增长通道，入境旅游市场规模保持稳步增长，市场结构继续走向优化，入境旅游服务品质得到游客认可。2020 年受疫情影响，我国接待入境旅游人次大幅下滑，共接待国际游客 2747 万人次，同比下降 81%。2021 年、2022 年因疫情的持续影响，入境旅游亦不乐观。据中国旅游研究院发布的《中国入境旅游发展报告（2023—2024）》，2023 年我国入境游客恢复到 2019 年的六七成。报告预计，随着国际航线不断恢复、入境便利度进一步提升、入境旅游供应链持续修复，以及各级旅游目的地和市场主体积极推广，2024 年我国入境旅游的恢复前景较为乐观。

按入境旅游人数排序，我国 2019 年主要国际客源市场前二十位国家如下：缅甸、越南、韩国、俄罗斯、日本、美国、蒙古、马来西亚、菲律宾、新加坡、印度、泰国、加拿大、澳大利亚、印度尼西亚、德国、英国、朝鲜、法国、意大利（其中缅甸、越南、蒙古、印度、朝鲜含边民旅华人数）。

二、中国主要客源市场

（一）亚洲市场

1. 韩国

韩国位于朝鲜半岛的南部，与我国隔黄海相望。自 1991 年中韩建交以来，韩国来我国大陆旅游的游客数逐年增加。1991 来华游客为 8.1 万人次，2004 年达到 284.49 万人次。2018 年为 419.35 万人次，2017—2019 年韩国始终是中国第三大客源国。其客源市场强劲增长的主要原因有：①韩国经济正在复苏和稳定增长，②中韩航线运力随市场的变化不断增加。

2. 日本

日本过去多年一直是中国入境旅游最大的客源市场，尽管在 2005 年被韩国反超，但是由于中国的自然文化旅游资源对日本民众一直有很强的吸引力，加之两国之间经贸往来不断扩大，因此日本客源市场依然潜力巨大。日本市场在 2006 年止跌回升，总体增长势头明显。2006 年，日本游客达到 374.59 万人次，同比增长 10.5%，这一增长速度不仅远高于 2005 年 1.67% 的增长速度，也与同期韩国客源市场的增长速度相当，反弹的势头非常明显。近年，由于受中日关系的影响，来华游客有所减少。2018 年，日本入境游客为 269.14 万人次，2017—2019 年日本仍是我国第四大客源国。

3. 东南亚

东南亚（包括新加坡、菲律宾、泰国、马来西亚、越南、印度尼西亚等国家）是中国的传统客源市场。新、马、泰地区来华游客在整个入境市场份额中一直保持较为稳定的比重，是中国入境旅游客源市场的一支重要力量。资源相似度高、创新性不强、价格相对过高等问题是保持和开发东南亚市场必须要解决的问题。

4. 港澳台地区

一直以来，香港特别行政区、澳门特别行政区和台湾省是我国内地（大陆）最主要的入境客源市场。港澳台地区所占我国入境游客的比率长期维持在80%左右。根据文化和旅游部统计，2019年香港、澳门、台湾仍然是内地（大陆）入境旅游市场的主力，占全部市场份额的78.2%。

（二）欧洲市场

1. 英国

英国有着悠久的旅游传统，是欧洲仅次于德国的出游大国、世界第四大客源国，也是中国在西欧地区的重要客源市场。2018年，来华英国游客为60.82万人次，较前两年略有上升。

2. 德国

德国是世界第一出游大国，德国人出国旅游的主要流向为南欧。2004年来华旅游人数为36.53万人次，比上年增长64.5%。2007年来华旅游人数为55.56万人次。2018年德国来华旅游人数达到64.37万人次。

3. 法国

法国是我国在欧洲的第三大客源市场，多年来一直保持平稳增长。法国来华旅游现在正处于开发和发展阶段。目前访华的法国游客男性占多数，主要以25~44岁年龄段的游客为主。法国来华旅游的游客以观光休闲和会议商务为主。根据法国旅游局统计，2018年法国赴中国的游客量达49.96万人次。虽然目前法国来华旅游的人数在中国所接待的入境旅游人数中所占的比重不是很大，但中法旅游合作同样具有美好前景。

（三）北美市场

1. 美国

作为世界上的头号强国，美国是北美地区最大的客源国。多年来，美国是中国远程入境旅游市场中的第一客源市场和中国第四大旅游客源国。2018年，来华旅游的美国游客达到248.46万人次，入境人数稳步上升。

美国之所以能成为中国远程入境旅游市场中的第一客源市场，有几个方面原因：①美国经济发达，国民有外出旅游的条件；②中国政局稳定，经济繁荣；③中美关系虽时有起伏，但发展较为平稳；④在美国人眼中，中国充满神秘的东方色彩，具有极强的吸引力。

2. 加拿大

加拿大是中国在北美地区的另一个主要客源市场。2007年，加拿大旅华人数57.72万人次；2018年，旅华人数上升到85.02万人次。

（四）大洋洲市场

大洋洲市场主要有澳大利亚和新西兰市场。澳大利亚和新西兰是亚太地区少数发达国家。2018年，大洋洲来华旅游人数为93.31万人次，呈稳步上升态势。其中，澳大利亚来华旅游人数为75.22万人次，同比上升了2.3%；新西兰来华旅游人数为14.56万人次，同比上升了 1.9%。

本章关键词

世界旅游业　世界六大旅游区　中国入境旅游市场

专题活动

师生共同讨论世界六大旅游区的特点及其发展趋势。

课后练习

1. 简述世界旅游业的发展历史。
2. 世界六大旅游区在世界旅游业中的地位如何？

学习效果评价表

序号	任务内容	任务要求	等级	待改进技能	备注
1	分析世界旅游市场发展现状与趋势	有条理地讲解世界旅游市场的发展态势，并作出自己的分析判断			
2	讲解世界六大旅游市场	根据世界地图清晰划定世界六大旅游市场，并说出各自的特点			
3	掌握中国入境旅游市场现状	根据近五年来中国入境旅游数据，画图分析入境旅游市场现状			

第二章 东亚及太平洋地区

本章在线习题

本章概览

东亚及太平洋地区在地域上包括东亚的中国、日本、韩国、朝鲜、蒙古，东南亚的新加坡、马来西亚、泰国、印度尼西亚、菲律宾、越南、老挝、柬埔寨和缅甸，大洋洲的澳大利亚、新西兰等国家和地区。本区地域辽阔，自然景观丰富，历史文化悠久，社会风情多彩。近几十年来，本区域一直是经济发展强劲的地区，各国经济具有多样性和互补性。

伴随着世界经济重心的东移和本区域经济的发展，本区域国际旅游业发展迅猛，发展速度远远超出世界平均值。目前，无论是出境旅游还是入境旅游，本区域年平均增长率7%~11%，每年接待的国际旅游人数和国际旅游收入已分别占世界总额的1/7和1/6，成为世界六大旅游区中增长最快的地区，也成为一个富有潜力的客源地。

本章从该区域国家中选取韩国、日本、马来西亚、新加坡、泰国、印度尼西亚和澳大利亚7个有代表性的国家进行介绍。

学习目标

1. 了解东亚及太平洋地区客源国的自然、人文概况；
2. 熟悉东亚及太平洋地区客源国的民俗风情；
3. 掌握东亚及太平洋地区客源国的旅游业发展概况、主要旅游资源；
4. 学会分析保持和扩大该区域客源市场的方法。

第一节 韩国

一、自然概况

韩国是大韩民国的简称，位于亚洲朝鲜半岛的南半部。西临黄海，与我国山东省隔海相望，最短距离约为190千米。东濒日本海，东南隔朝鲜海峡与日本相对。北以北纬38度为界与朝鲜山水相连。

韩国国土面积约10.329万平方千米。地势东北高、西南低，多丘陵和平原。山地约占总面积的70%，由于长期风雨侵蚀，山顶多呈浑圆状态。低山和丘陵大多位于中部和东部，西海岸河流沿岸有辽阔的平原。最高的山峰是位于济州岛中部的汉拿山，海拔1950米。较大的河流有汉江、洛东江等。韩国湖泊较少，最大的天然湖是位于济州岛汉拿山顶火山口的白鹿潭。

韩国海岸线全长约1.7万千米（包括岛屿海岸线）。海岸多悬崖绝壁，港湾风光秀丽，海域岛屿星罗棋布，其中最大的岛屿是半岛南面的济州岛（如图2-1所示）。韩国风景秀丽，山清水秀，海滨、山岭、河川景色如画，有"宁静的晨曦之国"的称号。

图2-1 济州岛

韩国地处北纬33度至38度的北温带，属温带季风气候，夏热冬寒，四季分明。北部为大陆性气候，南部具有海洋性气候特点。年均降水量约为1500毫米，降水量由南向北逐步减少。

二、人文概况

（一）人文地理

1. 人口与民族

韩国人口约5143万（2022年12月31日）。人口分布密集，是世界上人口密度最高的国家之一。人口总数的60%集中在城市，约有一半聚集在首尔、釜山和大邱三个主要城市。

韩国为单一民族国家，即朝鲜族（韩国称之为韩族）。

2. 语言与宗教

15世纪以前，朝鲜半岛以汉字为书写工具。15世纪，李氏朝鲜世宗大王遣人完成《训民正音》，参考汉字外形创造了全新的拼音文字谚文，即24个字母（10个母音、14个子音）的音标文字，根据子音及母音的2~4个的不同组合，变化出各种音字。文字中采用大量汉字（繁体字）。"二战"后，韩国一度废除汉字，全部采用谚文字母拼写，谚文逐步成为朝鲜族的主要书写工具。但由于拼音文字所产生的诸多不便，1999年2月9日，韩国政府决定在公务文件和交通标志等领域恢复使用已经消失多年的汉字和汉字标记，以适应世界化的时代潮流。

韩国居民多信奉基督教新教、佛教、天主教等。此外，还有少量民众信奉天道教（东学）和伊斯兰教等。

视野拓展

韩国的国旗、国徽、国歌、国花、国鸟

国旗：太极旗。长宽比为3∶2。底色为白色，象征韩国人民的纯洁和对和平的热爱。中间为太极两仪图案，四角有黑色四卦。太极图中的红色代表阳，蓝色代表阴，阴阳合一代表宇宙的平衡与和谐。四卦分别象征阴阳互相调和，左上角的乾卦代表天空，右下角的坤卦代表大地，右上角的坎卦是月亮和水，左下角的离卦为太阳和火。整个国旗则代表韩国人民永远与宇宙协调发展的理想。整体图案意味着一切都在一个无限的范围内永恒运动、均衡和协调，象征东方思想、哲理和神秘。

国徽：圆形，圆面上有黄色的五瓣无穷花，无穷花中间有红、蓝两色的太极图案，无穷花外面有两条饰带，下端饰带上有韩文"大韩民国"的字样。

国歌：《爱国歌》。

国花：无穷花，学名为木槿。

国鸟：鹊。

资料来源：张熠，宋朝晖《世界各国国旗国徽国歌》，北京：中国民族摄影艺术出版社，2003。

（二）简史

公元前5世纪出现奴隶社会。公元前1世纪后半期到公元7世纪，朝鲜半岛先后出现了三个建立中央集权机构的国家——高句丽、百济、新罗，被称为韩国史上的"三国时期"。7世纪，新罗统一了朝鲜半岛，10世纪被高丽取代（韩国现在的英文名称中的"Korea"即来源于此）。高丽王朝大力仿效唐朝体制，佛教文化盛行。14世纪末，李氏朝鲜王朝建立，简称"李朝"，国号为朝鲜。李氏王朝以儒学立国，经济文化进入封建社会的鼎盛时期。1897年，李氏王朝结束，改国名为大韩帝国。1910年，朝鲜半岛全境沦为日本殖民地。第二次世界大战后日本投降，美、苏军队以北纬38度为界，分别进驻朝鲜半岛南北部。1948年8月15日，半岛南部宣布成立大韩民国；同年9月9日，北部宣布成立朝鲜民主主义人民共和国。

（三）政治

1987年全民投票通过的新宪法规定，韩国实行立法、行政、司法三权分立，立法权属于国会，行政权属于以总统为首的政府，司法权属于大法院和大检察厅。总统是国家元首、政府首脑和武装部队最高司令，主持由国务总理和各内阁部长组成的国务会议，有任命和罢免国务总理和内阁长官、次官、驻外大使、宣布大赦的权力，但无权解散议会。总统由全民直接选举，任期5年，不得连任。国会机构包括议长1人、副议长2人及各专门委员会。大法院拥有终审权，大法院院长由总统任命，须取得国会同意，任期为6年，不得连任。大检察厅厅长由总统任命，无须国会同意。

（四）经济

韩国国土面积狭小，自然资源贫乏，市场规模较小，其经济对国际市场和资源的依赖程度相当高。韩国是拥有完善市场经济制度的经合组织发达国家，是二十国集团成员之一。韩国是"亚洲四小龙"之一，是世界上经济发展最快的国家之一，韩国经济被称为"汉江奇迹"。1963年，韩国人均GDP只有100美元，到2022年却高达3.225万美元。韩国的资讯科技产业多年来一直执业界之牛耳，除高速互联网服务闻名世界外，内存、液晶显示器及等离子显示屏等平面显示装置和移动电话都在世界市场中居领导地位。此外，韩国轮胎业居全球第三、合成纤维生产及纺织业居全球第四、汽车生产居全球第五、钢铁生产居全球第六。

伴随经济的成长，韩国经济结构发生了巨大的变化，工业已成为国民经济的主导部门，以重、化工等进口原料加工型工业为主，造船、汽车、半导体、钢铁、石油化工、IT等产业均在世界上占有较为重要的地位。电子工业起步较晚，但发展迅速，成为向北美、西欧地区出口电子产品的主要国家之一；造船工业居世界第二位（2022年），蔚山现代造船厂是韩国造船中心。农林渔业由于成本过高，竞争力较差，是政府重点保护的产业。主要农作物有水稻、大麦、小麦、水果、蔬菜。水产品十分丰富，产量居世界第十位，出口额居第四位。第三产业呈稳步上升的趋势，旅游业较发达。

（五）文化

1. 教育

韩国教育发达，对教育的重视程度高。早在1949年就公布了《教育法》，并随着经济的发展不断加大对教育的投入，现已基本普及高中教育。韩国的学制为小学6年，初中3年，高中3年，大学2~4年。20世纪80年代后，韩国进行高等教育改革，兴办实验大学，创办开放大学，加强研究生教育。全国各类大专院校数以千计，高等院校分为四类：四年制的大学、学院，两年制的职业专科学院，四年制的师范学院，两年或四年制的神学院、护士学校及其他各类学院。著名大学有国立首尔大学（为国立综合大学）、延世大学（基督教私立综合大学）、高丽大学（私立综合大学）和梨花女子大学等。

2. 科学技术

韩国在20世纪80年代提出"尖端科技立国"的口号，建有海洋开发、机械技术、电子和石油等战略产业研究所，集中力量研究和发展电子、机器人、数控技术、遗传工程、光纤维等高科技产品。韩国政府为发展科学技术，从行政体制、法律规定、财政投资等方面采取了许多奖励措施和扶持政策，先后制定了《科学技术振兴法》《技术开发投资促进法》《国家技术人员资格法》等法律、法令。由于韩国积极引进国外先进技术，从而加快了经济发展速度，提高了科技水平，缩短了与发达国家之间的差距，提高了本国产品的国际竞争能力。

3. 文学与艺术

（1）文学

韩国早期文学，可以追溯到数千年前流传下来的神话、传说和叙事诗。现代韩国文学起源于20世纪初，50年代后半期的文学作品以战争文学和暴露文学为主；60年代，描写社会底层人民生活的作品风行一时；70年代和80年代前半期政局动荡，政府直接干涉和控制文艺界；80年代后期以来，随着政治民主化的进展，文艺生活逐步走向正常。

（2）音乐

韩国人一向以喜爱音乐和舞蹈著称。早在数千年前，村民便经常聚集在一起唱歌跳舞，欢庆庄稼丰收。韩国现代音乐大致可分为民族音乐和西洋音乐两类。民族音乐内容丰富，形式多样，又分为"雅乐"和"民俗乐"两大类型。雅乐，即正雅之乐，是韩国历代封建王朝在宫廷举行祭礼、宴会或各种仪式时由专业乐队演奏的音乐，节奏通常比较缓慢、严肃而复杂，是一种旋律缠绵、细腻的音乐。民俗乐轻快而活泼，是流行在韩国民间的各种音乐，包括散调、农乐、巫俗音乐、时调、各种歌剧调、杂歌、民谣以及各地流行的曲调等。西洋音乐最早是在19世纪末由外国传教士以圣歌等教堂音乐的形式传入韩国的。

（3）舞蹈

韩国的传统舞蹈最早始于史前时代的宗教仪式。在神坛祭典时，常伴有集体歌舞，这样的歌舞随时代的变迁逐渐演变成固定的形式。韩国舞蹈可分为宫廷舞、民俗舞和新创作舞等。宫廷舞是指在宫中宴会和招待贵宾的盛筵时所跳的舞蹈，大部分是赞扬王室尊严、威严的内容，舞者的服饰以华丽、艺术为特征。宫廷舞中较具代表性的是剑舞、鹤舞和处容舞。民俗舞来自古代农耕文化，随着农业生产力的提高和工商业的发达在民间得到了很大发展，不仅有直接表现老百姓生活、感情的内容，还有对社会现实的批判。民俗舞的特点是，非常重视肩膀的动作，扇子、衣冠和鼓是不可缺少的道具。民俗舞最具代表的是假面舞、僧舞、巫俗舞、傀儡戏、太平舞、驱邪舞等。而划归于现代民俗舞的长鼓舞、扇子舞则是在1930—1960年创作出来的。扇子舞是最能代表朝鲜民族舞风格的优美舞式，有独舞、中舞和群舞之别。

4. 跆拳道

跆拳道是东亚地区，特别是朝鲜半岛古老的民间技击术，是一项以运用手脚技术进行搏击格斗为核心，修身养性为基础，磨炼人的意志、振奋人的精神为目的，将人类生存意识通过身体表现出来，并将人的精神需求具体化的一项韩国民族传统体育运动。跆指脚的蹬踢、腾跃、踢击，拳是拳掌的打击、攻击和防御，道是一种方法、一种结合。跆拳道是在引进与吸收中国传统武术特别是少林武术及日本空手道的基础上，与朝族民间武术相融合，创新发展起来的一门独特武术，具有较高的防身自卫及强壮体魄的实用价值。它通过竞赛、品势和功力检测等运动形式，使练习者增强体质，掌握技术，并培养坚忍不拔的意志品质。

三、民俗风情

(一) 服饰

韩国传统民族服装的特征是色彩、纹路、装饰等很随意,受阴阳五行思想影响,以白色或浅色为主,优雅且有品位。民族服装近代被洋服替代,只有在节日和有特殊意义的日子里才穿。女性的传统服装是短上衣和宽长的裙子。长裙的腰线高至胸部;用作礼服和外出服的裙子较长,平时穿的较短。裙袄配穿的特点是:袄短小,紧紧贴在身上;裙子又肥又长,看上去丰满、流畅。男装有裤子、袄、坎肩和长袍。衣服必须上下同一色系,多用白色衣料缝制。在法国有"风的衣裳"之美称的韩服,是韩国色彩和韩国文化最为浓郁的代表。

(二) 饮食

韩国人传统上以米饭或面食为主食,肉类和蔬菜为副食。韩国菜常以高蛋白的食物为原料,并多用蔬菜作配料。特色风味有泡菜、烤肉、冷面、火锅、生鱼片、生牛肉(在新鲜的牛肉上涂以蛋黄、配以梨和苹果丝)等。主食类则有各种米饭(排骨汤饭、牛肉汤饭、鳕鱼汤饭等)和面食(汤面、鸡汤面等)。韩国人普遍喜饮酒,烧酒、啤酒、洋酒消费量较大。传统的酒有米酒(用大米或糯米酿成)、药酒和烧酒,还有清酒、啤酒和威士忌等。席间敬酒是请客吃饭的一种礼节,客人应欣然接受。如有不便,应及早通知主人。此外,韩国人喜欢酒后高歌助兴,客人也宜有所准备。

(三) 民居

按韩国的传统建筑形式建造的房屋,其特点体现在兼顾地形和季节气候的分布和结构上,即所说的"背山临水"。通常建在后面有山前面有水的地方,而且考虑到冬季寒冷夏季炎热,在房间里设置暖炕设施,灶口烧火,烤热炕面,暖和全屋,在结构上采取宽敞过厅的形式,以便达到良好的通风效果。住房多是平房,有单排房、双排房、直角房和四合房。韩国传统的富裕人家的住宅用瓦作屋顶,因此也称为"瓦房"。瓦房实用性和艺术性兼备,深受儒教思想的影响,根据性别、年龄和身份不同,内部具体安排也不同。舍廊是男子成人就寝或用餐的地方,里屋是女子成人和小孩子们居住的地方(偶尔也是夫妻共用之处),下人们住的地方叫行廊,供奉祖先的是祠堂,还有宽敞的大厅。其中,里屋设在最里面,可以限制女人们出门。孩子们小的时候都住在里屋,但长到7岁,男孩子则搬到舍廊,而女孩子继续留在里屋。

(四) 礼貌、礼节

朝鲜民族十分注重礼节。长幼之间、上下级之间、同辈之间的用语有严格区别。讲究父慈子孝,尊敬长者、孝顺父母、尊重老师是全社会风俗。上下班时必互致问候,隆重场合或接待贵宾见面时低头行礼。对师长和有身份的人,递接物品时要用双手并躬身;用餐时一般要待老人举匙后,全家方能开始用餐;年轻人未经许可,不得在长者面前吸烟、

视频:韩国礼仪

喝酒。朝鲜民族还有尊重长兄的传统,特别是父亲去世后,一般都由长兄主持家业。重大事宜要由长兄做主,节假日还要到长兄家团聚。到韩国人家中做客,最好带一些小礼品,如鲜花等。

(五)禁忌

韩国人对国旗、国歌和国花十分珍视,绝不可不敬。播放国歌时,须向国旗行礼,即便是外国人若在街道行走亦须停步致意。不宜送外国烟给韩国友人。禁忌数字4,因韩语中4与死同音。韩国人喜欢单数,不喜欢双数。不能伸一个手指指人;要伸出手,掌心向上指。招呼人过来手心要向下。客人进门脱鞋,鞋头要朝内。

四、旅游业概况

(一)著名旅游城市和景点

韩国风景秀丽,山清水秀。各地各具特色的寺庙、宝塔、雕像、民宅、亭阁和国家设立的公园、博物馆、民俗村等,现已成为各国游客向往的旅游胜地之一。

1. 首尔

首尔(旧译"汉城")是韩国的首都,是韩国的政治、经济、文化中心,也是韩全国陆、海、空交通枢纽。位于朝鲜半岛中部,地处盆地,汉江迂回穿城而过,距西海岸约30千米。首尔历史悠久,是一座群山围绕、高楼林立于古刹之间的千年古都。首尔古老建筑和现代设施共存,既是一座现代化城市,又是一座历史文化古城。相传始建于公元前18年,古时因位于汉江之北,得名"汉阳"。1392年,朝鲜王都建于此,改名为汉城。15~19世纪时,是李氏王朝的都城。历代王朝在此修建了许多宫殿,故享有"皇宫之城"的美誉。2005年1月,市长李明博在汉城市政府举行记者招待会,宣布把汉城的中文名称改为"首尔"。这里名胜古迹颇多,素称韩国瑰宝,主要有景福宫、昌德宫、昌庆宫、德寿宫和秘苑(御花园)等。近代建筑有青瓦台(现总统府)、国立中央博物馆、国立民俗博物馆和世宗纪念馆等。近郊有首尔游乐场、爱宝乐园、韩国民俗村及板门店等观光游览地。

视野拓展

景福宫

景福宫位于首尔市钟路区世宗路,是朝鲜王朝(1392—1910年)时期首尔的五大宫之一,也是朝鲜王朝的正宫,它是朝鲜王朝的始祖——太祖李成桂于1395年建造的新王朝的宫殿。中国古代《诗经》中曾有"君子万年,介尔景福"的诗句,此殿由此而得名。因位于首尔北部,也叫"北阙"。景福宫是首尔规模最大、最古老的宫殿之一,是韩国封建社会后期的政治中心。占地面积约50万平方米,呈正方形。南面是正门光化门,东面是建春门,西面是迎秋门,北面是神武门。正殿为勤政殿(如图2-2所示),是景福宫的中心建筑，也是韩国古代最大的木结构建筑物，还有思政殿、康宁殿、交泰殿等。1592年宫苑的大部分建筑物因战火被毁，1868年重建。

图2-2　景福宫勤政殿

资料来源：《畅游韩国》编辑部《畅游韩国》，北京：华夏出版社，2016。

2. 釜山

釜山位于韩国东南端，东南濒临朝鲜海峡，与日本对马岛相望。西北山地耸峙，因山势像釜而得名。人口约400万，是韩国第一大港口、第二大城市，也是世界五大港湾城市之一，海外贸易活跃。1876年由日本建为贸易港，逐渐发展成为城市。1950年被认定为临时的首都。釜山西部靠江，南部临海，冬暖夏凉，有很多海水浴场、温泉等，度假游客众多。著名旅游景点有梵鱼寺、太宗台、海云台浴场、松岛、东莱温泉、龙头山公园、忠烈祠等，是韩国最富魅力的观光地之一和最大的海鲜市场。

3. 庆州

庆州位于韩国东南庆州盆地中部，四面环山，有西川、南川、北川三水环绕城邑，为世界十大古都之一。庆州是韩国古代文明的摇篮，朝鲜古代新罗王国于公元前57年在此建都，一直到923年均是新罗王国的都城。这里是整个朝鲜半岛历史文化及艺术文物最丰富的地方，被誉为一座"没有围墙的博物馆"，被联合国教科文组织选定为世界文化都市。庆州古城略微呈方形，东西南北各约1.5千米。新罗在6世纪时受佛教文化影响并以佛教治国，佛教在新罗历史中占有举足轻重的地位。庆州可谓是一座以佛教文化为中心的古城，新罗时期的佛教寺庙、王室陵墓、王宫、古堡遗址、天文台、纪念物等遗迹遍布全市。城中没有高大的建筑物，多为古色古香的具有民族风格的平房或2至3层的楼房，与文化古迹相得益彰。庆州最具代表性的佛教经典遗迹是佛国寺和石窟庵，这两处遗迹作为文化遗产于1995年被列入联合国教科文组织《世界遗产名录》。由庆州市中心的五大区整合而成的"庆州历史遗迹区"，于2000年作为文化遗产被联合国教科文组织列入《世界遗产名录》。庆州不仅是韩国的历史中心，也是世界文化遗产的宝库。

4. 济州岛

济州岛是韩国最大最著名的岛屿，是一座典型的火山岛，面积1800多平方千米。位于韩国最南端的北太平洋上,北距南部海岸90多千米,东与日本的九州岛隔海相望,扼朝鲜海峡门户,地理位置极为重要。岛屿东西长、南北窄,呈椭圆形,形成于120万年前的火山活动,海岸平直。岛中央的汉拿山海拔1950米,是韩国的最高峰,山顶有巨大的火山口湖白鹿潭。以济州岛中央的汉拿山(死火山)为中心,四周分布着360多座休眠火山和海岸地带的瀑布、柱状节理。火山地形覆盖了整个岛屿,非常美丽。这里古为"耽罗国",有其独特的风俗习惯、方言和文化,有着与众不同的景观,人称这个岛有"三无、三多、三宝"。"三无",指无小偷、无乞丐、无大门;"三多",指石多、风多、海女多;"三宝",也称"三丽",指美丽的自然、民俗和传统工艺,也指农作物、水产品和旅游三大资源,还指浓厚的人情味、美丽的自然和独特的土特产品。

(二)旅游小常识

1. 货币知识

韩国的法定货币为韩元(Korean Won),由韩国中央银行——韩国银行发行,标准货币符号为KRW。韩币有纸币和硬币两种。现流通的韩币有1000、5000、10 000韩元等面额的纸币和1、5、10、50、100、500韩元等面额的硬币。另外,还有100 000韩元的支票流通使用。10韩元及以下一般只用于找零。10 000韩元新版纸币正面印有李朝第四代国王世宗大王的肖像,背面印有《天象列次分野之图》和普贤山1.8米望远镜、浑天仪等图案。

汇率:1000韩元约合人民币5.7元(2023年7月)。

2. 最佳旅游季节

韩国夏热冬寒,3~4月和夏初时易受台风侵袭,秋季为最佳旅游季节。

第二节 日本

一、自然概况

日本是一个四面临海的岛国,自东北向西南呈弧状延伸。位于亚洲东部太平洋西岸,西隔东海、黄海、朝鲜海峡、日本海与中国、韩国、朝鲜、俄罗斯相望。同中国是一衣带水的近邻,九州北部的长崎同上海市相距460海里,南端的先岛群岛同中国台湾省相隔仅60海里。

日本领土面积37.78万平方千米,由北海道、本州、九州、四国四个大岛和6800多个小岛组成。这些岛屿呈狭长的弧形由东北向西南延伸,长达3800千米,习惯上称日本列岛。

从日本的自然环境来看,基本特征是崎岖多山,火山众多,地震频繁,温泉丰富,河湖众多,森林繁茂,矿产贫乏,海岸线漫长曲折,多港湾,近海鱼类丰富。山地丘陵占国土面积的76%。火山有200多座，占世界火山总数的10%，其中活火山有77座，素有"火山之国"之称。著名的富士山（如图2-3所示）是一座典型的圆锥形活火山，海拔3776米，为日本第一高峰，是日本人心目中的"圣岳"。日本又是典型的地震之国，历史上有记录的大地震就达2000多次，每年可感觉到的地震多达1500次，平均每天有3至4次。与此相关的是温泉丰富，全国温泉达2万多处，是世界最大的温泉国。日本森林种类不多，但覆盖率却高达67%，主要树种有杉树、松树、柏树、山毛榉树、毛竹等，南部多樱树。美丽的樱花是日本的国花，有300多个樱花品种，日本也因此被称为"樱花之国"。

图2-3 富士山

日本属温带海洋性季风气候，终年温和湿润，冬无严寒，夏无酷暑，但各地气候差异很大。年降水量在1000毫米以上。6月多梅雨，夏秋之交多台风。

二、人文概况

（一）人文地理

1. 人口与民族

日本人口约1.22亿（2022年10月），居世界第十位。人口密度高达337人/平方千米，是世界上人口密度最大的国家之一。人口分布极不平衡，约80%的人口分布在各岛沿海及河谷地区，尤其是大中城市人口稠密，以东京、大阪、名古屋为中心的三大都市圈集中了全国一半的人口，人口城市化水平为76%。

日本厚生劳动省最新统计数据显示：2021年日本女性平均寿命是87.57岁，男性是81.47岁。日本人的平均寿命连续20多年位居世界第一，有"世界第一长寿国"的称号。日本老龄化现象严重，65岁以上老年人口约占总人口的25%。

日本民族构成单一，以大和民族为主，仅有极少数的阿伊努族人（又称虾夷族）分布在北海道地区，官方估计约2.5万人。

2. 语言与宗教

日本民族语言为日本语，简称"日语"。日语是以东京语为基础而确定的标准语，全国通用。北海道地区有少量人用阿伊努语。

日本是一个多宗教信仰的国家，有神道教、佛教、基督教等多种宗教。绝大多数居民信仰神道教和佛教。神道教起源于古代神话和历史，是日本固有的民族宗教，崇拜诸神，祭祀场所为神社，目前有教徒约1.1亿。佛教是6世纪由中国经朝鲜传入日本的，属大乘佛教，目前有教徒8513多万。基督教是在1514年传入日本的，目前有教徒150多万。如此累计的话，日本宗教信徒约是其总人口的两倍，这在国际上实属罕见。事实上，不少日本人并不执着地信奉某一种宗教，人们普遍信仰两种以上的宗教，许多人同时参加几种宗教的活动。在一般家庭里，佛坛与神龛并列，人们同时参加神社和寺院的祭祀活动。常见一个人出生时到教堂去做洗礼，结婚时按神道教仪式举行婚礼，而死后按佛教仪式举行葬礼。

视野拓展
日本的国旗、国徽、国歌、国花、国鸟

国旗：日之丸旗（或称日章旗、太阳旗）。呈长方形，长宽之比为3∶2。白色旗地中央有一个象征太阳的红色圆轮，白色象征正直和纯洁，红色象征真诚和热忱。传说日本是太阳神创造的，天皇是太阳神的儿子。日本古时将此图案用于神社或船舶悬挂的旗帜上。日本国一词意即"日出之国"，太阳旗来源于此。1870年1月27日，日本天皇将其定为日本国旗。

国徽：16瓣金黄色菊花组成的圆形图案，原是皇室御纹章上的图案，据称图案源于佛教的法轮。质朴典雅，庄重大方，蕴蓄着东方传统文化精神。

国歌：《君之代》，歌词取自《古今和歌集》。

国花：樱花。日本的樱花种类繁多，每年春天由南往北依次递开，人们纷纷到樱花盛开之地游园赏花，饮酒跳舞，迎接春天的到来。日本人酷爱樱花，誉之为日本的国花。

国鸟：绿雉。日本特有的鸟，雄鸟非常漂亮，且深受日本人的喜爱。1947年，被日本鸟类学会指定为国鸟。

资料来源：张熠，宋朝晖《世界各国国旗国徽国歌》，北京：中国民族摄影艺术出版社，2003。

（二）简史

据考古发现，约10万年前，日本的土地与亚洲大陆相连，当时已有原始居民。约1万年前，日本的土地与亚洲大陆分离，形成列岛，日本进入旧石器时代。1至2世纪，日本进入奴隶制社会，出现了100多个小"国家"。4世纪中叶，在本州中部以大和地方为中心兴起了一个更发达的奴隶制国家——大和国，这个时期中国许多知识和技术传入日本，同时已开始使用中国的汉字。6世纪末至9世纪末，日本先后10多次派遣隋使和遣唐使及大批留学生和学问僧到中国，学习中国的文字、制度、佛教、儒学、工艺技术等文化。645年，孝德天皇仿中国唐朝的政治经济制度，进行了"大化改新"，建立了以土地国有制为基础的、以天皇为绝对君主的中央集权制国家，日本进入封建社会。1868年1月，

明治天皇发布"王政复古"诏书，推翻德川幕府，开始学习西方文化，实行政治、经济、文化等方面的一系列改革，史称"明治维新"。明治维新确立了以天皇制为中心的中央集权的资本主义制度，日本进入了近代资本主义时期，社会经济和综合国力得到了迅速发展，并开始推行帝国主义侵略政策和战争政策，逐步走上侵略扩张的道路。1894年发动甲午战争；1904年挑起日俄战争；1910年吞并朝鲜；1914年参加了第一次世界大战；1931年发动"九一八事变"，占领了中国东三省；1937年挑起"七七事变"，发动全面侵华战争；1941年偷袭珍珠港，发动太平洋战争，妄图建立"大东亚共荣圈"。1945年8月6日和9日，美国分别向广岛、长崎投掷原子弹。同年8月15日，日本宣布无条件投降，第二次世界大战结束。在美国的领导下，1947年5月，日本实施新的宪法，由专制天皇制转变为议会内阁制国家，天皇仅为国家的象征。现任天皇德仁2019年即位，年号为"令和"。

（三）政治

日本实行以立法、司法、行政三权分立为基础的议会内阁制。天皇为国家的象征，无权参与国政。国会是最高权力机构和唯一的立法机关，分众、参两院。内阁为最高行政机关，对国会负责，首相（内阁总理大臣）由国会选举产生，天皇任命。

（四）经济

日本是一个资源缺乏但经济高度发达的国家。在第二次世界大战中，日本国民经济受到了毁灭性的打击。战后，日本经历了极为艰难的时期，但到1951年时，日本的经济已恢复到了战前的水平。自20世纪50年代末期起，日本保持了20多年的高速增长。20世纪60年代后半期，政府提出"倍增计划"等一系列新政策，不断扩大设备投资，大量引进欧美新技术，使日本经济迅速复苏。1960—1971年国内生产总值年平均增长11.3%，1968年超过联邦德国，一跃成为工业发达、科学技术领先的经济大国，其经济实力仅次于美国，居世界第二位。2008年以来，先后受到国际金融危机和"3·11"特大地震冲击，经济复苏势头受挫。自2012年底安倍晋三再次执政后，力推"安倍经济学"，实施了一系列刺激经济政策，一定程度上提振了日本经济。2022年日本国内生产总值为4.23万亿美元，同比增长1.1%。当前日本为世界第三大经济体。

日本工业体系完整，工业结构为知识、技术密集型、加工型，生产商、供应商和经销商的紧密结合。从工业部门来看，其钢铁、造船、汽车、电子计算机、电器、核能发电等产量均居世界前列。商业、服务业发达。资源匮乏，国内市场相对狭小，对外依赖严重，构成了日本工业生产最突出的特点。

日本已进入现代化农业时代，农产品以大米、豆类、小麦为主，早已实现了机械化、水利化、良种化生产。近年来，生态农业蓬勃兴起。日本是全球最大的渔业国家之一，近海有700多种鱼类，渔业十分发达，捕鱼量位居世界前列，占全球总捕鱼量的近15%。

日本是世界金融大国之一，财政金融发展迅速。日本也是世界上净资产最多的国家，是最大的债权国。日本又是世界最大的资本供应国，还拥有世界最强大的银行业，世界十大银行中日本占一半。

(五) 文化

1. 教育

日本国土面积狭小，物产资源贫乏。但是，第二次世界大战以后能迅速地从一片废墟上重建成今日世界瞩目的技术大国和经济大国，其成功的秘诀归根结底是教育。日本大力发展教育，开发人力资源，拥有一大批适应国民经济发展的各类人才。自明治维新以来，日本对教育一直十分重视，尤其是1947年日本《教育基本法》和《学校教育法》的通过，为日本的教育奠定了坚实的法律基础。今天日本的教育无论在数量上，还是质量上都已经达到了世界一流的水平。日本著名的大学有东京大学、京都大学、名古屋大学、大阪大学以及著名的私立大学早稻田大学和庆应大学等。众多的高等教育及严格的教学管理，吸引着世界各地的学生。

2. 科学技术

日本经济腾飞的奥秘在于拥有先进的科学技术，这得益于日本战后的科学技术政策：

①日本政府在战后第一部《经济白皮书》中阐明了"以振兴科技为杠杆，以发展经济为宗旨"的科技政策。

②第二次世界大战后日本十分重视科学技术的引进和消化。直接从世界上最先进的美国引进各种先进技术，并对引进技术工艺采取"反求工程"，即进行仿制、改进、创新，使之更加灵巧精细、完美无缺。

③科学技术转移是日本提高科学技术水平的重要手段。日本的科学技术体系是三分欧洲、七分美国的新技术综合体。据统计，20世纪世界重大发明的2/3来自美国，1/3来自欧洲，日本没有一项。但日本人善于在这些重大技术发明的基础上进行综合，结果在经济上取得比欧美快得多的发展速度。日本人不是发明家，但他们是天才的模仿家，日本经济的腾飞是站在巨人的肩膀上起步的。

3. 文学与艺术

（1）文学

日本的文学艺术在古代曾受到中国的影响，近代又受西方文化的影响，但形成并保持了日本独特的民族性。8世纪初，先后完成了《古事记》《日本书纪》和影响更大的《万叶集》，标志着日本文学的创立。

11世纪产生的长篇小说《源氏物语》是世界上最早的写实小说，达到了日本古典现实主义文学的高峰。这部日本巨著中广泛地运用了中国古典诗文，仅引用唐代白居易的诗句就达90余处。书中时常出现《战国策》《史记》《汉书》等中国古籍中的史实，具有浓郁的中国古典文学气息。第二次世界大战后，日本文学出现了传统文学的复兴，还出现了新戏作派作家和作品。1968年，川端康成以长篇小说《雪国》获得诺贝尔文学奖，他是日本历史上第一个获得诺贝尔文学奖的作家，其代表作还有《古都》《千羽鹤》等。

日本独特的文学形式有和歌、俳句、川柳。和歌也称歌、倭歌、大和歌，产生于平安时代，日本诗歌体之一。因与盛行于日本的汉诗相对而得名，即日本诗歌之意。俳句则是近现代诗体之一，产生于江户时代，主要作品有《荒野纪行》《鹿岛纪行》等。川柳，也称狂句，杂俳之一，源于江户时期，以幽默、讽刺手法描绘当时的社会矛盾和世态人情，受到町人的欢迎。后因柄井川柳评点尤精，世称"川柳点"，略称"川柳"。

（2）戏剧

日本民族戏剧主要有歌舞伎、能乐、文乐，称"日本三大国剧"。

歌舞伎是反映宫廷及武士生活的历史剧目。始于16世纪，是在民间传统舞蹈的基础上形成的，是一种大众化的戏剧。其押韵的台词、优美的音乐、豪华的服装，展现了日本传统戏剧的特点。

能乐，又称能剧，最早是一种宗教仪式，是日本最具有代表性的传统艺术形式之一，具有700多年的历史，也是世界上现存的最古老的戏剧之一。能乐是日本代表性的传统舞台艺术。穿戴日本传统服饰的表演者为了掩饰自己的表情，戴上面具或者面无表情地表演情趣盎然的传统舞蹈。能乐是"古代日本本土艺能与外来艺能之集大成"，是具有歌唱、演奏、舞蹈等多种表现形式的短剧。从内容可分为表现神怪故事的梦幻能和表现人世生活的现代能两大类。尤其是梦幻能展现的是人鬼之间的对话，因其神秘为上流社会所钟爱，有人称其为"幽灵的艺术"。能剧舞台的背景永远是一棵松树。能乐产生一种高度形式化的"幽玄"世界（语言和形状难以准确表现的优雅深奥的美），被联合国教科文组织指定为世界非物质文化遗产。

文乐也称"人偶净琉璃"，是形成于16世纪的一种木偶戏。初时是一种用琵琶和扇拍子伴奏（后用三味弦）的说唱艺术，由净琉璃（说唱）、三味弦（伴奏，取代琵琶和扇拍子）、人形（能操纵的木偶）三种表演艺术相结合而成。

（3）绘画

日本传统绘画主要有"大和绘"和"浮世绘"两种。

"大和绘"出现于平安、奈良时期，是富有日本民族风格的绘画。笔法朴素，色彩鲜艳。常用于室内装饰或制作成画册。著名画家有东山魁夷、平山郁夫等。

"浮世绘"出现于江户时代，为庶民的绘画及版画。题材广泛，涉及民间风俗、历史故事、风景特写、人物肖像等，具有鲜明的民族特色。著名画师有喜多川歌麿、葛饰北斋、安藤广重等。

（4）日本艺道

日本传统文化深受中国的影响。最有代表性的日本艺道有书道、茶道和花道，在日本，这些艺术和艺能被视为一种修身养性、培养情操的方式。

书道，即书法。用毛笔写汉字，于6世纪随佛教、汉字由中国传入日本，日本人称之为"书道"，视其为修身养性的艺术。圣德太子抄录的《法华经义疏》是日本书道的代表作。如今的日本，书道广为普及。日本政府明文规定：小学必须普及书道教育，中学教师必须精通书道。

茶道，即作茶汤（品茗会），是通过接待宾客、交友恳亲的特殊礼节，来表演沏茶、品茗的高尚技艺。饮茶之风，在奈良时期便从中国传入日本，至15世纪由千利休创立茶道。茶道自古以来就作为一种美感仪式受到上流阶层的无比喜爱。现在，茶道被用作训练集中精神，或者用于培养礼仪举止，为一般民众所广泛地接受。举行茶道的时间分为朝茶（上午7时）、饭后（上午8时）、消昼（正午12时）、夜话（下午6时）四档。茶道一般在面积不大的茶室中举行。用具、点茶、冲泡、递接、加水、品茗等都有一定的程式，讲究典雅、礼仪，所用茶具精挑细选。品茶时更配以时令甜品，有时茶道后还要吃"怀石料理"。茶道分不同流派：里千家、表千家、武者小路千家等，影响最大的是里千家茶道，它不仅在茶道界，在日本政界、财界、学术界也都有影响。

花道，又称插花、生花，即把适当修剪的花草经过艺术加工后插入花瓶等器皿的方法和技术。花道是日本特有的一种传统艺术。它起源于佛教的供花，到12世纪，插花逐渐摆脱了原有宗教色彩，成为供人鉴赏的一种造型艺术。江户时代命名为花道，出现了专门从事花道的插花家，并逐渐形成了2000~3000个流派，如池坊派、草月流派、小原流派、未生流派等，其中最大的是池坊派。花道作为一种技法而诞生，是在茶室内再现野外盛开的鲜花。因展示的规则和方法的不同，花道可分成20多个流派。

4. 日本传统体育

日本传统的体育艺术有柔道、空手道、相扑等。

柔道是日本传统的以健身为要旨的攻防武术。进行攻防较量的双方，不用武器，而是巧借对手的攻击力量来控制对手，将对手击倒、摔倒或压倒而取胜，达到所谓"四两拨千斤"的境界。在悠久的历史发展中，柔道产生了众多的流派，各派均有其宗师和高手。

空手道是一种赤手空拳的武术。相传唐朝时中国拳法传入冲绳，不携带武器的庶民以此作为防身术，暗地里切磋技艺，于是空手道在独特的历史环境中发展和演变起来。

相扑是日本的"国技"，亦称角力、角抵，来源于日本神道的宗教仪式。在奈良和平安时期，相扑是一种宫廷观赏运动；到了镰仓战国时期，相扑成为武士训练的一部分而在武士中盛行；18世纪开始出现营利性职业相扑运动。相扑比赛在直径4.55米的圆形"土表"上进行。腰间系着一条"兜裆布"的两位赤裸着身体的力士进行摔跤，以徒手将对方打倒在地或推出土表之外者为胜。作为群众性体育活动，相扑在日本民间十分盛行。日本每年要举办六场相扑比赛，每次15天，三场在东京举行，其余则在大阪、福冈和名古屋举行。相扑选手都是经过严格训练的运动员，按水平分为若干等级，能参加比赛的是横纲、大关、关胁、小结四级，横纲是相扑的最高级别。

视野拓展

从茶道、文字到浮世绘，中日文化如何"一衣带水"

从日文中的汉语词汇、美丽的和服再到奈良的唐招提寺，日本受到中华文明、中华文化的影响尤其深远。中日文化的"一衣带水"究竟体现在哪些方面？

"以日本茶道为例，这在一定程度上受中国儒家文化的影响。儒家思想注重修身，通过遵守规矩完善内心，而日本茶道中烦琐的程序也起到了磨炼人心的作用。"复旦大学历史系教授冯玮说。日本尊崇自然，也追求人的本性的自然流露，这在日本茶道中可以体现。16世纪末，千利休创立了日本正宗茶道，是一代宗师。他有次走进打扫得很干净的庭院，会故意从树上摇下几片叶子，使整个院子消除人为打扫过的痕迹。"日本文化中认为人和自然景观都应该呈现出自然的状态，而不喜人为雕琢，如同日本居民的居所通常也是木头的，颜色采用了日本三原色：红、白、黑。千利休这一茶道流派首先强调人与物的关系，即物体要呈现出时代中的本色本貌。另外强调人与人的关系，强调和、敬、清、寂。"

具体来说，"清寂"指的是恬淡和闲寂的审美观，"和敬"用来表示对来宾的尊重。这种对人的关注与中国的儒家思想有异曲同工之妙。儒家的核心是"仁"，在《说文解字》中，"仁"的解释是人与人之间的关系。日本茶道分为抹茶道与煎茶道两种，后者来源于中国广东潮州的工夫茶，具有东方文化之韵味。抹茶茶道是在宋元点茶道的影响下形成的。

除茶道外，日中两国文字也有着错综复杂的联系。"上古之世，未有文字，贵贱老少，口口相传。"日本古代是没有汉字的，唐代时日本人发明了通行于女性之间的假名，官文为文言文，因此现代日本语受古代汉语影响极大。冯玮说："在魏晋南北朝时期，日本开始用汉字为日语注音。自从中国汉字形成以后，历经变化，从甲骨文到今天，书写方式发生了转变，却没有离开象形文字这一本质属性。华夏文明是世界上从未中断过的文明。现代汉语有许多意译词语采用了日语中的音译，如道路、检察院、债务人、债权人等。"

日本奈良时代，受中国乐府诗影响，和歌创作日趋兴旺。和歌是日本最初的诗，是使用汉字写成的：有的用汉字的意，有的用汉字的音。在此基础上产生了具有日本特点的诗。因为日本叫大和民族，加之写了诗要吟唱，所以便称为和歌。在平安时代，作为表现思想的载体，和歌逐渐让位于不断崛起的日记、随笔和物语。物语意即故事、传说，日本的一种古典文学体裁，由口头说唱发展为文学作品。它在日本民间的基础上形成，并受了我国六朝、隋唐传奇文学的影响。在产生之初就分为两大类：一类为虚构物语，将民间流传的故事，经过虚构和润色形成完整的故事，具有传奇色彩；另一类是将和歌与散文融为一体。物语文学的巅峰之作，是约在11世纪初问世的《源氏物语》。

最能够代表日本美术形式的是"浮世绘"。作为以日本风俗为题材的日本美术代表，浮世绘具有纤细精致的特征，它的表现形式有两种：一是"肉笔画"，即不经木版雕刻的画，可以独立创作；二是木版画，须集体创作。被誉为"浮世绘开创者"的菱川师宣提到，"走笔描绘大和浮世绘，表现世态民情"。按照日本学者谷信一的说法，"浮世绘版画也同中国版画具有密切关系"。浮世绘画作有"墨绘""蓝绘""丹绘""漆绘""浮绘""锦绘"。其中，"锦绘"是日语，中文译作"彩色版画"。18世纪中叶，一张纸上已能够印刷约10种颜色，铃木春信便将这种多彩用于浮世绘。因他的画如同美丽织锦，所以叫"锦绘"。在冯玮看来，铃木春信吸收了中国擅长画女子的明代大画家仇英的艺术风格，他用或调和或反差的色调具有抒情韵味和诗歌意境。中日文化交流有着源远流长的历史,共同汇聚成了各有特色的东方文化。

资料来源:中国青年报(2021-03-30)。本文有所删改。

三、民俗风情

(一)服饰

日本的传统服装是和服,它是在仿照中国隋唐服装和吴服的基础上,按照日本人的传统习惯和审美观改造而成的,所以在日本也被称为"吴服"和"唐衣"。和服是用一块整布通过直线剪裁和缝制而成的,其特点是:宽袍大袖阔腰带,背后扎个"小枕头",布裤、木屐、草鞋相配套。和服的种类很多,一般分为婚礼和服、成人式和服和礼服等。婚、宴、丧、礼与春、夏、秋、冬的和服各不相同,花纹和质地亦不相同。男女和服差别尤其明显:男式和服的色彩比较单调,偏重黑色,腰带较细,款式较少,附属品简单,穿着方便;女式和服较复杂,色彩缤纷艳丽,腰带很宽,而且种类、款式、附属品多种多样,穿法复杂、讲究。女性穿和服时,最里层是贴身衬裙,其次是贴身汗衫,然后是长衬衫,最后才是和服,然后系上细带,再系上"兜包",下面多赤足或穿布袜,出门时穿木屐或草鞋。和服的花色、款式的不同,还是区别婚姻和年龄的标志。如未婚女性穿宽长袖和服,配红领衬衣,梳"岛田"式发型;已婚女性穿紧短袖和服,配素色衬衣,梳圆形发髻。

总体说来,由于和服价格昂贵,穿着麻烦,一般场合人们很少穿,只有在出席隆重仪式、宴会、结婚或过成人节时才穿。

(二)饮食

料理是日本人对饭菜的统称,主要有传统的日本料理、从中国传入的中国料理和从欧洲传入的欧洲料理三种。

日本料理的主食是米饭,副食有蔬菜和海产品。传统食物做工精细,清淡可口,味鲜带甜。烹调技法讲究"五色、五味、五法"。"五色"即白、黄、赤、青、黑,"五味"即酸、甜、苦、辣、咸,"五法"即生、煮、烤、烫、蒸。菜式多凉菜和生冷蔬菜。著名的菜式有生鱼片、寿司、天妇罗、鸡素烧等。吃生鱼片时,要蘸放了芥末、紫苏叶和萝卜丝等的酱油,以消毒、去腥。

现在中餐、西餐都搬到了日本人的餐桌上。有时同一餐桌上同时摆上中餐、西餐、日餐。日本常出现这种情况:早晨吃面包、喝牛奶、咖啡(西餐),中午吃汤面(中餐),晚上吃米饭、炖菜、烤鱼(日餐)。

(三)民居

日本人的住房建筑基本上有两种:一种是西式住宅,另一种是和式住宅。城市以前者居多,农村以后者居多。和式住宅一般都是木制平房、瓦片屋顶、用隔扇和拉窗隔开房间。根据传统习惯,人们进入屋内必须脱鞋。房间里有垫得高高的"榻榻米"(草垫),不用床、不用椅子,人们直接或垫上坐垫坐在"榻榻米"上,地板或"榻榻米"起到床的作用，作为起居之用。白天卧具均收藏在壁橱中。和式住宅适应当地的自然条件，适合于夏季高温、冬季干燥的气候，也具有抗震、防风、防潮的功能。

（四）礼貌、礼节

日本是著名的礼仪之邦。见面多行鞠躬礼。鞠躬礼分立礼和跪坐礼两种。立礼即站立鞠躬礼，根据礼节轻重程度的不同，分最敬礼（手掌垂至膝下，多用于拜神或对长辈行礼）、敬礼（指尖垂至膝盖，多用于对长辈或尊者行礼）和普通礼（指尖在膝盖上方即可）；跪坐礼即跪坐时的鞠躬礼，以正坐的姿势上身弯下，两手放在前面然后低头，也分最敬礼（头距地板的高度为1~2厘米）、敬礼（头距地板的高度为15~20厘米）、普通礼（头距地板的高度为25~30厘米）。

一般日本人行礼致意是互不接触身体的，传统上也没有握手的习惯。日本人有时候也握手，但大多是在和外国人、竞选人和选民或明星和影迷见面等特殊场合。

 特别提示

日本人在公司里面对客户如何行鞠躬礼

躬身15度是一般性礼节，常用在公司里碰到客户时，表示"欢迎光临"，此时的目光应看到客户的胸部；躬身30度是普通礼节，向别人表示感谢，目光要看到客户的腰部；躬身45度是最尊重礼节，眼睛要注视对方的脚部，一般用于道歉。

资料来源：山西省人民政府外事办公室网站《日本礼仪那些事》https://wsb.shanxi.gov.cn/。

日本人见面常用的礼节语是"您好""拜托您了""打搅您了""对不起""请多关照"等。与人说话不要凝视对方。路上遇到熟人要讲话时，按"不给别人添麻烦"的原则，到路边或一旁低声说话。两人并排行走，自己主动走在靠车道一侧，以照顾对方安全。正式见面时，日本人习惯准备一些见面礼品。拜访别人应避开清晨、晚上8点以后及吃饭时间。首次见面应自我介绍（或递名片）或为他人介绍。进日本人房间前要脱鞋、脱大衣、摘帽，进房间后依主人安排就座。

（五）禁忌

日本人忌绿色和紫色，认为绿色是不祥的颜色，紫色是悲伤的色调。还忌讳荷花，因其是用于祭奠的丧花。数字方面最忌讳4、6、9，因为日语中4与死同音，6的发音为"劳苦"，而9与"苦"同音。还忌14、24、19、13、42等数字，在喜庆场合，剧场、影院、医院、饭店等场所，一般不使用这些"不吉利"的数字。日本人讨厌金银眼的猫，认为看到这种眼睛的人要倒霉。商人还忌讳2月、8月，因为这是营业淡季。送礼时，忌送梳子和手绢。因梳子发音与"死苦"相同，而手绢会联想到擦眼泪，意味着分离。此外，日本人在筷子使用方面非常讲究，忌舔筷、迷筷、移筷、扭筷、插筷、掏筷、跨筷、剔筷，称"筷子八忌"。

四、旅游业概况

(一) 著名旅游城市和景点

日本山水幽胜，风光旖旎，火山温泉众多，自然景观丰富多彩，还有许多古都、遗迹、寺院、神社、日本式庭园，以及充满神秘宗教色彩的各种祭祀活动，这一切都使外国游客心驰神往。

1. 东京

东京是日本的首都，全国的政治、经济、文化和交通中心。位于本州岛东南部，包括关东地区南部和伊豆、小笠原诸岛。500多年前，东京还是一个人口稀少的小渔镇，当时叫作江户，因15世纪一个名叫"江户氏"的豪族在此建城而得名，此后，这里便成了日本关东地区的商业中心。1868年明治天皇迁都至此，江户遂改为东京。

日本的旅游一向以东京为起点，这里旅游景观极为丰富。有明治神宫、浅草神社等诸多神社，不时举行各种祭扫活动，其中神田祭为日本三大祭礼之一；高333米的东京塔是仿法国著名的埃菲尔铁塔而建的，并比埃菲尔铁塔还要高10米的铁塔，与樱花、富士山同为日本的象征；东京的迪斯尼乐园既是日本最大的游乐场，也是亚洲第一座迪斯尼风格的游乐园；繁华的银座大街，名牌店铺鳞次栉比，高档商品琳琅满目，假日禁止车辆通行，以方便公众购物或散步，被称为"步行者天国"；上野公园是东京著名的赏樱胜地，樱花盛开季节，每天有几十万人前来赏花。夜幕下的东京（如图2-4所示）灯火辉煌，为日本三大夜景之一。东京还是日本国际、国内交通的中心。东京站汇集着东海道新干线等许多铁路线，东京羽田国际机场是日本最大机场，从东京海港可乘船到北海道、九州等地。

图2-4 东京夜景

视野拓展

东京迪斯尼乐园

东京迪斯尼乐园是日本最大的游乐场，亚洲第一座迪斯尼风格的游乐园。位于千叶县境内，毗邻东京都，1982年建成。主题乐园面积为80万平方米，呈五角形，以童话故事《灰姑娘》中的"古老城堡"为中心，主要分为再现19世纪初美国街景的世界市集、充满冒险和浪漫色彩的探险乐园、重现美国拓荒时代景象的西部乐园、童话故事和卡通片纷纷出现的卡通城、描述探索宇宙未来的未来乐园及新生物区、梦幻乐园7个区。园中集中了各种现代化游乐设施，可以满足不同人不同兴趣的游乐需要。

资料来源：东京迪斯尼乐园官网https://www.tokyodisneyresort.jp/sc/index.html。

2. 京都

京都位于本州岛中西部，为日本三大古都之一，也是日本的宗教、文化中心和著名旅游城市。794—1868年，京都取代奈良，成为日本的首都，历时千年，故有"千年古都"之称。京都古称平安京，历史上乃仿照中国唐代的洛阳城和长安城而建，故又简称为"洛"。京都是日本文化艺术的摇篮，文物古迹众多，仅寺院和神社就有1877座，重要文物1646件，其中被定为"国宝"的有211件。

1994年，古京都的历史建筑作为文化遗产被联合国教科文组织列入《世界遗产名录》。游览京都的寺院，是许多日本人一生的梦想。著名的古迹有清水寺、三十三间堂、金阁寺、银阁寺、平安神宫、二条城、桂离宫、天龙寺、龙安寺、平等院凤凰堂等。每年要举行各种名目的祭典活动，著名的有京都三祭：葵祭、时代祭和祇园祭。每年8月16日晚上8点开始，环绕京都的各山上纷纷点燃各种形状的篝火，呈现"五山送火"的奇观。京都西北的岚山以樱花和红叶闻名于世，有"京都第一名胜"之称。1979年在此立周恩来的纪念诗碑，碑上刻着由廖承志手书、周恩来于1919年游访岚山时写下的一首诗篇——《雨中岚山——日本京都》。此外，京都的丝织、锦缎、漆器、陶瓷、纸扇、娃娃等手工艺在此世代相传。京都在日本还享有"学都"美称，有20多所高等院校，其中最著名的是京都大学（原名京都帝国大学）。

3. 奈良

奈良位于本州岛中西部，为日本三大古都之一，历史上曾是"大和国"之所在。710—794年，共有七代天皇在此建都，仿中国唐朝长安城修筑，故有"小长安"之称。1898年设市。奈良还是中日文化交流的名地，历史上曾十多次派遣隋使、遣唐使来中国，学习中国的文化艺术。知名的遣唐留学生阿倍仲麻吕留学长安，与李白、王维等为莫逆之交。唐代高僧鉴真大师六次东渡，最后抵达奈良，把佛教文化传入日本，为中日文化交流作出了杰出贡献。1950年奈良被定为国际文化城市。1998年，历史名城奈良作为文化遗产被联合国教科文组织列入《世界遗产名录》。这里名胜古迹极多，寺塔楼阁到处可见，有"社寺之都"之称，著名的有东大寺、唐招提寺、兴福寺、元兴寺、法隆寺等众多寺院。

位于奈良杂司町的东大寺是日本佛教华严宗总寺院。7世纪中叶兴建，其中金堂重建于1708年，殿长57米、宽50米、高46米，为世界上最大的木结构建筑。殿内供奉的卢舍那大佛总高约22米，重452吨，仅次于中国西藏扎什伦布寺的"未来佛"，为世界第二大佛。殿东钟楼内有日本最重的梵钟。殿西的戒坛院为鉴真当年传戒之处，鉴真曾在此向天皇和僧侣们讲授戒律。

唐招提寺位于奈良市西京二条町，是日本律宗总寺院。为鉴真大师指导创建的具有盛唐风格的建筑，建于759—770年。主殿金堂被认为是日本现存天平时代最美的亭子，其内供奉金色的卢舍那大佛。讲堂是当年鉴真师徒讲经之地，藏经室收藏有鉴真从中国带去的经卷。御影堂内供奉着鉴真的干漆坐像，高0.9米，雕刻细腻、逼真，表现了763年鉴真圆寂时的姿态，为日本国宝，每年只开放3天供人瞻仰。堂前为鉴真墓。

4. 大阪

大阪古称浪速、难波，是日本的第二大都市，濒临本州岛西南部的大阪湾。因运河联网，故称"水都"。1889年设市后工业迅速发展，工业生产规模仅次于东京，是日本西部的商业及工业中心。大阪城、万国博览会纪念公园、四天王寺（593年建）等是旅游者常去之处。有国立大阪大学等多所高等学校。比较著名的景点有天守阁和心斋桥购物区等。

天守阁（如图2-5所示）于16世纪由丰臣秀吉所建。天守阁指的是大阪城内主要的建筑主体。高13米的天守台上矗立着高39.8米的天守阁，最高的第八层楼上则可以眺望大阪市景，其他层楼则展示各种武器、丰臣秀吉的木像、书简，以及以模型展示当年作战的作战图等。经过1997年重新翻修之后，现今天守阁有着白色的墙面配以绿色的屋瓦，并在每个飞翘的檐端装饰着用金箔所塑造的老虎与龙头鱼身（有鲤跃龙门之意）的动物造型，看起来相当金碧辉煌，也仿佛重现当年丰臣秀吉的雄心与曾有的辉煌。

图2-5 大阪天守阁

心斋桥位于大阪南部地区，是大阪最知名的购物区，距今已有380多年的历史。在弧形天棚下的商店街里，集中了众多的大型百货店和服装、鞋类、珠宝、时尚服饰专卖店以及各种风味的餐饮店。由于游客众多，所以很多店铺都配有中文导购，并且可以用银联卡进行支付。需要提醒的是，虽然有很多所谓的免税店，但是价格往往比一般商店还贵，请留心注意。

5. 横滨

横滨位于日本本州中部东京湾西岸，仅次于东京、大阪，是日本的第三大城市，是神奈川县县厅所在地。横滨是日本最大的海港，也是亚洲最大的港口之一。日本于1859年向国外开放贸易门户，横滨港是最早的对外开放港口之一。此后，该地区在与世界各国人民的交往中，融合了各种民族文化。横滨市内有极具中国历史文化特色的"唐人街"——横滨中华街，有着"空中走廊"美誉的横滨港湾大桥，以及风景迷人的山下公园。邻近的还有日本三大古都之称的镰仓和箱根。

镰仓位于横滨市以西，是12世纪末源赖朝创建幕府并开始武士政权的地方，以后成为中世纪初期的政治中心。除了幕府的建筑和武士们的宅邸外，还建有不少神社和寺院，曾繁荣一时。14世纪，随着幕府灭亡，镰仓便衰落了。江户时代作为游览地又得到了复兴，是仅次于京都、奈良的一座古都。镰仓的鹤冈八幡宫，曾受到镰仓幕府的崇拜，后来又作为武士的守护神受到商会尊拜。此外，还有圆觉寺、建长寺、妙本寺、明月院、东庆寺、海藏寺等古老寺院，以及名景镰仓的大佛等。

箱根位于神奈川县西南部，属神奈川县足柄下郡，是著名的国际旅游地。距东京90千米，是日本的温泉之乡、疗养胜地。约40万年前，这里是一处烟柱冲天、熔岩四溅的火山口。现在的箱根到处翠峰环拱，溪流潺潺，温泉景色十分秀丽。由于终年游客来来往往，络绎不绝，故箱根又享有"国立公园"之称。箱根的芦湖为火山湖，海拔724米，方圆20千米，面积7平方千米，湖最深处达45米，湖水清澈湛蓝。晴天时可从这里看到终年积雪的富士山，在淡青色的湖水中，倒映出富士山的雄姿，被誉为"玉扇倒悬东海天"，为箱根一景。

富士山是日本自然美景的最重要象征。它是距今约1万年前，由于地壳运动而形成的，是一座自781年有文字记载以来喷发过十几次的活火山。山体呈圆锥状。山顶为直径约800米、深200米的火山口，据说在空中鸟瞰则有如一朵盛开的莲花般美丽。虽然处于休眠状态，但仍有喷气现象。

6. 北海道

北海道是日本最北的一个岛，世界著名旅游地，以自然之美著称。札幌是北海道的首府，号称"北国之都"。札幌最诱人的是每年冬季三天的"雪祭"。届时在公园和广场上塑造各式各样的冰雕和雪像，灯烛映照，光怪陆离。洞爷湖为日本第三大湖，湖畔到处散布温泉、温泉旅馆、饭店，还有展示火山喷发的设施，游客可以体会火山喷发时动人心魄的真实感。登别是日本著名的温泉之乡，温泉泉质多达11种，有硫质泉、铁质泉等。登别有世界最大规模的熊牧场，还有重现江户时代武士街道的主题公园。富良野地处北海道地理中心，每年7~8月，漫山遍野是盛开的薰衣草，充满着紫色梦幻魅力，相当美丽而壮观；这里不仅是著名的观光胜地，也是日本影视剧的重要取景地。

（二）旅游小常识

1. 货币知识

日本的法定货币为日元（Japanese Yen），由日本银行（Nippon Ginko）发行，货币符号为JPY。日元分纸币和硬币两种。硬币有1、5、10、50、100、500日元共六种。纸币有1000、5000和10 000日元共三种。日元纸币既薄又结实，防伪技术高超。钞票正面中间上方均印有"日本银行券"字样。背面则有用拉丁文拼音的行名"NIPPON GINKO"、货币单位名称"YEN"字样，均无发行日期。其中10 000日元正面印有日本明治维新时期著名思想家福泽谕吉的头像，背面图案为凤凰。

汇率：100日元约合人民币5.18元（2023年7月）。

2. 最佳旅游季节

前往日本旅游的最好时节是，上半年4~5月（6月为雨季，7~9月最热），下半年10~11月；若想体验白色旅游，则选择12月至次年2月。

第三节　马来西亚

一、自然概况

马来西亚位于东南亚的核心地带，地处太平洋与印度洋之间，北与泰国接壤，南与新加坡、印度尼西亚相邻，北端与菲律宾只有一水之隔。

马来西亚国土面积约33.0257万平方千米，全境被中国南海分成东马来西亚和西马来西亚两部分。西马来西亚为马来亚地区，面积13万多平方千米，位于马来半岛南部，西濒马六甲海峡；东马来西亚为沙捞越地区和沙巴地区的合称，面积约19万平方千米，位于加里曼丹岛北部。

马来西亚地形复杂，多山地丘陵，自然资源丰富。西马地势北高南低，中部是山，向东西两侧逐渐降低，只有沿海为平原。东马的沙捞越地区地势由东南向西北倾斜；沙巴地区地势由中部向东西两侧递降，克罗克山的主峰基纳巴卢山海拔4101米，是东南亚最高峰。沙捞越和沙巴是马来西亚热带原始雨林集中的地方，特别是沙捞越森林覆盖面积占90%以上，是极佳的旅游胜地。

马来西亚地处低纬度地区，全境深受海洋影响，以热带雨林气候为主，终年高温多雨，大部分地区年降水量为2000~2500毫米，相对湿度大。内地山区年均气温约25℃，沿海平原约为28℃。年温差小，日温差较大，白天炎热，但几乎每天午后有雨，雨后天气转凉，故有"四季是夏，一雨成秋"之说，夜晚凉爽怡人。

二、人文概况

（一）人文地理

1. 人口与民族

马来西亚人口约3290万（2022年9月），其中83%分布在西马。

马来西亚是一个多民族的国家，有30多个民族。主要有马来人、华人、印度人、欧亚混血人、泰人和部分土著居民。其中，马来人人数最多，约占69.1%；华人约占23%；印度人约占6.9%。

2. 语言与宗教

马来语为国语和官方语言，英语为通用语言，华语使用较广泛，其他还有泰米尔语和一些部族语言。

马来西亚的国教为伊斯兰教，80%的马来人信奉伊斯兰教。一般说来，华人多信奉佛教（也有部分华人信奉基督教），欧亚混血人信奉基督教，印度人信奉印度教。

> **视野拓展**
>
> **马来西亚的国旗、国徽、国歌、国花、国鸟**
>
> 国旗：呈横长方形，长宽之比为2∶1。由14道红白相间、宽度相等的横条和左上方深蓝色旗地上一轮黄色的新月、14角星图案组成。14道红白横条和14角星象征马来西亚的13个州和政府，蓝色象征人民的团结及与英联邦的关系，新月和星星代表马来西亚国教为伊斯兰教。
>
> 国徽：中间为盾形徽，盾徽上面绘有一弯黄色新月和一颗14个尖角的黄色星。盾面上的图案和颜色象征马来西亚的组成及其行政区划。盾面下部中间的图案为马来西亚的国花，盾徽两侧各站着一头红舌马来虎，两虎后肢踩着金色饰带，饰带上书写着格言"团结就是力量"。
>
> 国歌：《我的祖国》。
>
> 国花：扶桑，又名朱槿、佛槿、大红花等，属锦葵科木槿属。当地人称"班加拉亚"，用这种红彤彤的花朵来比喻热爱祖国的烈火般的激情。
>
> 国鸟：犀鸟。一种奇特而珍贵的大型鸟类，成鸟体长为70~120厘米。因它的头上长有一个铜盔状的突起（盔突），就好像犀牛的角一样，而被称为犀鸟。
>
> 资料来源：张熠，宋朝晖《世界各国国旗国徽国歌》，北京：中国民族摄影艺术出版社，2003。

（二）简史

马来西亚原是一地理名词，是马来半岛的代称。大约1万年前，这里就有人类活动，最早的居民为原始马来人。大约公元前2000年，马来半岛又来了一批"混血马来人"。1世纪，马来半岛南部出现了狼牙修、羯荼等古国。马来半岛一直处于分散割据的局面。直到15世纪初，马来西亚的第一个封建王国马六甲王国出现，统一了马来半岛南部各邦，并发展成为东南亚最强大的国家和东南亚地区国际贸易的中心。16世纪起，葡萄牙、荷兰和英国等西方列强先后入侵马来西亚：1511年沦为葡萄牙殖民地，1641年被荷兰殖民者占领，1786年英国人开始统治。1826年英国将槟榔屿、马六甲、新加坡三个地区合并为"海峡殖民地"，属东印度公司总督管辖。1911年沦为英殖民地。沙捞越、沙巴历史上属文莱，1888年沦为英保护国。第二次世界大战期间，三地均被日本占领。日本投降后，英国恢复统治，并成立马来亚联合邦政府。1957年8月31日，马来亚联合邦独立；1963年9月，马来亚联合邦同新加坡、沙捞越、沙巴合并成马来西亚；1965年8月，新加坡退出，成为一个独立的主权国家。

（三）政治

马来西亚是君主立宪制国家。统治者会议是最高权力机关，对国家宪法和全国性的伊斯兰教问题有最后的决定权，每5年选举一次国家元首。国家元首是国家首脑、伊斯兰教领袖兼武装部队统帅，拥有最高行政、立法和司法权，有任命总理、拒绝或同意解散国会的权力；但国家实权掌握在内阁手里。内阁由总理领导，由国会中占多数的政党组成，是制定和执行国家政策的最高行政机构；国会是最高立法机构，实行两院制。

（四）经济

20世纪70年代以前马来西亚经济以农业为主，依赖初级产品出口。70年代后政府不断调整产业结构，推行以发展工业为主，面向出口的经济发展方针，积极引进外国资本和先进技术，制造业、建筑业和服务业发展迅速，特别是1987年后经济持续高速发展，年均增长率保持在8%以上，使马来西亚成为亚洲引人注目的新兴工业国之一。2022年，马来西亚国内生产总值4063亿美元，人均国内生产总值1.197万美元。

马来西亚是一个自然资源十分丰富的国家，锡的产量丰富，石油、天然气是主要的出口创汇产品。传统工业主要是采矿、炼锡、石油和天然气生产。重视发展加工工业，其电子业、制造业、建筑业、石化、钢铁、纺织等较发达。特别是萌芽于20世纪60年代末的电子工业成长迅速，槟城因电子工业发达而赢得了"马来西亚硅谷"的美名。

马来西亚的农业以热带经济作物为主，产品绝大部分供出口。盛产橡胶、油棕、热带硬木、胡椒、椰子、可可等，其中天然橡胶是马来西亚经济的重要支柱，产值长期居于农作物的首位，橡胶、油棕、硬木的产量和出口量居世界前列，有"橡胶王国"的称号。粮食作物主要是稻米，渔业资源丰富。

金融业在马来西亚的国民经济发展中起着十分重要的作用。马来西亚金融市场的开放程度较高，外国银行数已占本国商业银行数的1/4，外国资本占马来西亚金融资本的40%。

（五）文化

1. 教育

马来西亚是个多民族国家。马来人、华人、印度人等都有自己独特的文化。政府努力塑造以马来文化为基础的国家文化，推行国民教育政策。政府重视教育，实施小学免费教育，小学适龄儿童入学率为98%以上。全国有马来亚大学、国民大学等9所高等院校，私立高等院校发展很快。根据马来西亚新颁布的《教育法》修正案的规定，大学从1996年1月起开始实施企业化，并允许创办私立大学和外国教育机构在马来西亚设立分校。

2. 科学技术

马来西亚从20世纪80年代中期开始大规模发展技术密集型产业，到80年代末期，电子工业已初具规模，半导体出口仅次于美国和日本，同时还加速发展电子计算机、航天业、汽车工业和生物工程等产业。1996年1月13日，马来西亚成功发射了第一颗通信卫星，使其成为世界上又一个在太空拥有自己卫星的国家。此外，马来西亚还加大航空工业投资，实施本国信息高速公路和超级多媒体走廊。为进一步发展高科技，政府投资创办科技学府和多媒体大学，以培养马来西亚所需的高科技人才。

3. 文学与艺术

（1）文学

马来西亚有悠久的历史、文化，其文学在世界文坛中有一定的影响。公元初期，马来西亚就流传着许多人民群众喜爱的口头文学，如《会张会合的石头》《吸血人妖》等故事。15世纪伊斯兰教传入马来西亚后，给马来西亚文化以很大影响，出现了《先知穆罕默德传》《亚历山大天帝传》等带有伊斯兰教色彩的重要作品。19世纪，以阿卜杜拉·蒙希为鼻祖的马来西亚新文学诞生，代表作有《阿卜杜拉传》《新加坡大火之诗》《加里拉和达美娜的故事》等作品。当代著名作家萨农·艾哈迈德，从1971年起，连续5年获得国家文学斗士奖，其代表作《满途荆棘》已被译成英、俄、荷兰、丹麦文等多国文字。

（2）风筝

马来西亚的风筝有悠久的历史，早在马六甲王朝时，就已经有放风筝的习俗。马来西亚风筝造型奇特、巧夺天工，令人爱不释手。马来西亚航空也是采用风筝图案作为其标志的。每年4月稻谷丰收之后，天空晴朗无云，全国各地，尤其是西马东海岸的吉兰丹州和丁加奴州的人们，都要到野外去放风筝。风筝的形状有鱼、鹰、猫、鹦鹉、孔雀、青蛙等，人们最喜欢月亮风筝。在正式的官方场合，马来姑娘常常手执图形优美的月亮风筝欢迎贵宾。

4. 藤球

踢藤球是马来西亚人传统的体育项目，也是最受欢迎的运动。藤球是用9~11根细藤条编制而成的黄色空心圆球：周长53厘米，直径约12厘米，重量为160~180克，球面上有12个五边形孔。踢藤球是一种介于排球、篮球、足球之间的运动：两队隔网竞赛，每支球队上场2~3人，观赏性、竞技性很强。藤球的体积小、重量轻，要用脚去支配和控制，但技术动作比足球更加精确、高难。运用自己的脚腕、膝关节等同时夹、顶球，不让球落地。藤球和排球比赛有些类似，所不同的是以脚代手，所以又叫"脚踢的排球"。

三、民俗风情

（一）服饰

马来人男子传统礼服是上穿"巴汝"，下着西式长裤，腰围短纱笼，头戴"宋谷"无边帽，脚穿皮鞋。纱笼由一块布缝合两端而成，不用时，扎起一头就成为布袋，装盛杂物很方便。"巴汝"没有衣领，袖子肥大，胸围宽敞，适合在热带气候条件下穿着。在正式场合，男子着装除礼服或西服外，也可穿民族服装"巴迪衫"。"巴迪"即马来语蜡染的意思。"巴迪衫"是一种蜡染花布做成的长袖上衣，质地薄而凉爽，现已渐渐取代传统的马来礼服，被称为马来西亚的"国服"。女士礼服也为上衣和纱笼，衣宽如袍，纱笼手工编织各式金黄色艳丽图案，头披单色鲜艳纱巾。宽大的马来服装会给工作带来不便，因此上班期间人们往往都穿轻便西装。马来人的衣着要求是，在公共场合不论男女均不得露出胳膊和腿部。有些马来西亚人爱佩戴短剑，他们把剑视为力量、智慧和勇敢的象征。

（二）饮食

马来西亚民族众多，美食极为多样。马来人多信仰伊斯兰教，以大米为主食，肉食主要食牛肉，不吃猪肉、死物或动物血液，爱吃带辣椒的菜，尤其是咖喱牛肉风行全国。马来人禁酒，常饮咖啡、红茶，也爱嚼槟榔、饮椰浆。羊肉串、烤鸡是著名的风味菜肴，当地称之为"沙嗲"，是宴请客人必不可少的食品。在马来餐厅用餐时，若看到餐桌上有一个大大的水壶时，别误以为是装着饮用水的茶壶，里面的水是用来洗手用的。一般马来人用餐习惯用右手抓取，用拇指将饭填入口中，所以餐前及餐后洗手是马来人餐桌上的礼节，用左手取食或餐前不洗手将被视为严重失礼。只有在西式的宴会上或在高级餐馆，才使用刀叉和匙。进餐时，人们不坐椅子，男子盘坐于地，女子屈腿而坐。华人的菜肴则以"色、香、味"出众，多为广东、福建口味。

（三）民居

马来人多居住在城郊和乡村，传统房子是一种叫"浮脚楼"的单层建筑。这种民居多半就地取材而建成，建筑材料是木头或石头，窗门都是木制的，屋顶是晒干了的椰树叶、木板或者是石棉瓦。房屋高架起，地板离地数尺，可以保持房间凉爽干燥。门口放一张一两米高的固定的梯子，来客必须先脱鞋，避免带入泥沙，然后爬梯而上，这是典型的马来西亚民居。在热带炎炎似火烧的烈日之下，只要步入马来人的住家，马上就有清凉温馨的感觉。今天在大都市的民居已经全部现代化，则是另一番气派。

（四）礼貌、礼节

马来人在生活中非常重视礼节。传统的马来人见面礼十分独特，他们互相摩擦一下对方手心，然后双掌合十，摸一下心窝互致问候。男子的抚胸鞠躬礼和女子的屈膝鞠躬礼也是常用的一种见面礼。现在西式的握手问好在马来西亚是最普遍的见面礼，对不熟悉的女士不可随便伸手要求握手。到马来人家做客，应准时赴约；主人用马来糕、点心、菜、咖啡等招待客人，客人必须吃喝一点儿，否则被视为对主人不敬；如果主人安排坐在地板上的垫子上，男性应盘腿而坐，女性则应把腿偏向左边而坐。

（五）禁忌

马来人认为左手是最脏之物，同马来人握手、打招呼、传递东西或馈赠礼品，忌用左手。忌讳摸头，认为摸头是对人的一种侵犯和侮辱。除了教师和宗教人士之外，任何人不可随意触摸马来人的背部，否则将意味着厄运来临。不可用食指指人，若要指示方向，只能用拇指。不要把脚底展露在他人面前，用脚底对着人是对别人的侮辱。在马来西亚，公开表示亲热是不受欢迎的，要避免与异性亲密接触。在和马来人交谈时，不要把双手贴臀部上，因为这表示发怒。参观清真寺时，必须衣着整齐，脱去鞋子；女性不可穿着暴露手臂或腿部的衣着，必须身穿长袍，头披纱巾。马来人忌讳乌龟，认为乌龟是一种不吉祥的动物。

四、旅游业概况

（一）著名旅游城市和景点

马来西亚旅游资源丰富，终年阳光充足，气候宜人，郁郁葱葱的热带雨林和植被覆盖大地，千姿百态的海岛、洞穴、珊瑚和岩礁星罗棋布，海滨风景优美，奇花异草四处争艳，珍禽异兽时有所见，再加上古老的历史文化遗迹、现代的都市风光和浪漫的传说，使马来西亚成为一个具有独特热带自然生态风情的旅游目的地，每年吸引着许多来自世界各地的游人。

1. 吉隆坡

吉隆坡（如图2-6所示）是马来西亚首都，位于西马来西亚的中西部，处于赤道地带，是马来西亚的政治、经济和交通中心，全国最大的城市。吉隆坡在马来语中的意思是"泥泞的河口"，1857年建立于刚巴河与巴生河的交汇处，当时大量华侨来此开采锡矿，后逐步发展成城市，1963年成为马来西亚联邦的首都。市内风景秀丽，城市街道整齐，典型的穆斯林建筑和中国式建筑交相辉映，既有现代大都会的气派也有古旧的风味。殖民

图2-6 吉隆坡

地时代留下来的优美建筑、战前的商店，随处可见。铜顶建筑物和现代的摩天大厦并肩而立，相互争辉。狭窄的街道上古雅商店鳞次栉比，别有东方城市特有的情趣。吉隆坡曾经有"世界锡都、胶都"之美誉，旅游点众多。国家石油公司双塔大楼（简称"国油双塔"）是当前世界最高建筑之一，著称于世；国家清真寺造型优美，大尖塔耸入天空，是最具代表性的伊斯兰教建筑；印度佛教古庙、东西方文化交融的国家纪念碑、吉隆坡塔、国家博物馆、国家美术馆、独立广场、议会大厦、高等法院、国家英雄纪念碑、国家体育馆、火车站也是著名建筑。美丽的热带风光和众多风景名胜使该城成为受欢迎的旅游胜地。

视野拓展

国油双塔大厦

国油双塔大厦（如图2-7所示）于1998年完工，共88层，距地面高度452米。它是两个独立的塔楼并由裙房相连，塔楼外形像两个巨大的玉米，故又名双峰大厦，是目前世界上最高的双塔楼，也是世界上最高的建筑物之一。双塔是马来西亚石油公司的综合办公大楼，为吉隆坡的城市标志，也是游客从云端俯视吉隆坡的好地方。整栋大楼的格局采用传统伊斯兰教建筑常见的几何造型，包含了四方形和圆形，体现了吉隆坡这座城市年轻、中庸、现代化的城市个性。拥有74.32万平方米以上的办公面积、14万平方米的购物与娱乐设施、4500个车位的地下停车场、1个石油博物馆、1个音乐厅，以及1个多媒体会议中心。在41楼和42楼之间，双塔由"天空之桥"相连，它象征着通往吉隆坡现代化的通道。天桥免费对外开放，但是每天有人数和时间的限制，所以需要早上早点起来去排队领票。

图2-7 国油双塔大厦

国家清真寺

马来西亚国家清真寺位于首都吉隆坡市的中心地区，是世界著名的清真大寺、东南亚地区最大的清真寺，是伊斯兰建筑艺术的杰出代表。国家清真寺于1957年由马来西亚首任总理拉赫曼倡议修建，1965年全部竣工。与其他国家或地方的清真寺相比，马来西亚的国家清真寺就好像一座庄严的宫殿，建筑造型非常优美，气势恢宏，外观与装饰为阿拉伯伊斯兰建筑形式和现代形式相结合，同麦加城的三大清真寺有很多相似之处。清真寺占地面积5.5万平方米，分为祈祷大厅、教堂、尖塔、陵墓及教堂办公大楼等，附设有贵宾室、图书馆和可容千人的诵经堂。祈祷大厅宽阔、高大；大厅的屋顶由49个大小不等的圆拱组成，最大的圆拱直径有45米，呈18条放射星芒，意思是代表马来西亚全国的13个州和伊斯兰教的"五功"。大尖塔塔尖呈火箭形，全高73米，有电梯和楼梯通到上端。造型优美的陵墓建在清真寺后，专门安葬担任过国家元首和政府首脑的穆斯林。

资料来源：《畅游东南亚》编辑部《畅游东南亚》，北京：华夏出版社，2019。

2. 槟榔屿

槟榔屿是马来西亚西北部一个风光明媚的龟形小岛，南北长24千米，东西宽15千米，面积285平方千米，因盛产槟榔而得名，是马来西亚的联邦州之一。它扼守马六甲海峡北口东岸，与马来半岛隔一条3千米宽的海峡相望，地理位置十分重要。槟榔屿充满多姿多彩的宗教和文化特色，州立博物馆、艺术馆、佛教寺庙和清真寺遍布全岛，如中国式的极乐寺、缅甸式的卧佛寺、印度式的马里安曼庙等，有"宗教建筑博物馆"之称，反映了自18世纪以来诸多民族共同开发这个美丽岛屿的灿烂历史。全岛绿意盎然，植被苍翠，森林覆盖率达30%，素有"东方花园"的美誉。槟榔屿的首府槟城，位于槟榔屿的东北端，始建于1786年，是马来西亚最大的国际自由商港和全国第二大城市，也是马来西亚的工业中心。乔治城是槟城的老城区，也是市中心。

3. 马六甲

马六甲是马来西亚历史最悠久的古城，马六甲州的首府，位于吉隆坡以南150千米处，马六甲海峡北岸，与苏门答腊岛遥望相对，马六甲河穿城而过。马六甲建于1403年，曾是马六甲王国的都城，城内以传统建筑最具特色，汇集有包括中国在内的多国风格的文化遗产。中国明代航海家郑和下西洋，曾以马六甲为大本营，建立城墙和鼓楼，建设仓库储存钱粮百货，至今马六甲还有不少郑和遗迹。三保山为郑和船队在马六甲扎营的地点，是马来西亚保留中国史迹最完整、最丰富的地方——山脚有供奉郑和的三保庙及一口相传郑和下令挖掘的三保井。华人领袖郑芳扬于1567年建造的青云亭，是马来西亚最早的庙宇。葡萄牙式古迹有圣地亚哥古城堡和圣保罗教堂等，荷兰式建筑有史达特斯教堂、荷兰红屋等。荷兰红屋是荷兰殖民地时期遗留至今的红色建筑物，大约1650年由荷兰人建立，300多年来，它一直是政府机关所在地，直至1980年才改为马六甲博物馆，馆内藏有马六甲、葡萄牙、荷兰和英国的历史文物。荷兰红屋在18世纪前本是白色的，1820年才被换成红色直到现今，目前是外国游客必到的游览胜地。2008年，马六甲和乔治城一起作为文化遗产被联合国教科文组织列入《世界遗产名录》。

4. 沙巴

沙巴位于世界第三大岛加里曼丹岛（也译作婆罗洲岛）的北上端，马来西亚最东端，西临中国南海。处于台风地带之下,不受任何气候剧变的干扰,故有"风下之乡"的美誉。人口200多万,首府为哥打基纳巴卢。沙巴气候宜人,地理环境得天独厚,有绵延的海岸线、各具特色的岛屿、美丽的海滨(如图2-8所示)、绵软细腻的沙滩和极为特殊的珊瑚等海洋生物;有世界上第二大的原始热带雨林,诸多的红树林,有世界罕见的珍禽昆虫、奇花异草、名贵药材;还有高耸入云的神山。沙巴不仅是旅游胜地,还是自然爱好者、动植物学家、登山潜水爱好者的天堂,更是喜爱亲近大自然人士的好去处。

图2-8 沙巴海滨

视野拓展

基纳巴卢公园

基纳巴卢公园距离沙巴州首府哥打基纳巴卢83千米,俗称神山公园,是沙巴的名胜之一,2000年作为自然遗产被联合国教科文组织列入《世界遗产名录》。公园占地754平方千米,园内的生态保护得非常好,从低海拔的热带植物到高海拔的寒带植物都聚集在这里,拥有4000余种植物,数以千计的昆虫,3000多种鸟类,100多种哺乳动物。最吸引人的是被称为"神山"的海拔4101米的基纳巴卢山。山上有多种多样的动植物资源,风景宜人,且便于攀登,全程14.5千米,沿途景色青翠迷人,山上处处可见深红、粉红或白色的杜鹃花,珍贵的高山黑眼鸟和人猿,半山有客栈可供住宿。游人既可以夏天来避暑,又可以冬天来泡温泉。

资料来源:《畅游东南亚》编辑部《畅游东南亚》,北京:华夏出版社,2019。

5. 巫鲁山国家公园

巫鲁山国家公园位于沙捞越州北部,靠近文莱边境,面积约5.3万平方米,是世界上最复杂的热带喀斯特地区,1985年对公众开放。公园地处婆罗洲倾斜地带,地形复杂多变,包含了所有主要的岩石类型,拥有世界上最大的地下溶洞群。这里生物物种丰富多样,有17个植物带,约3500种植物,特别是棕榈植物极为丰富,有20多个属类的109

种植物。巫鲁山国家公园举世无双的热带岩洞、独特的喀斯特现象和保存完好几乎没有遭到破坏的生态系统，具有很高的研究价值。2000年，巫鲁山国家公园作为自然遗产被联合国教科文组织列入《世界遗产名录》。

（二）旅游小常识

1. 货币知识

马来西亚的法定货币为马来西亚林吉特（Malaysia Ringgit），也称为马来西亚元（Malaysia Dollar），由马来西亚国家银行（Bank Negara Malaysia）发行，货币符号为MYR。马来西亚元分硬币和纸币两种。纸币面值分1、2、5、10、20、50、100、500和1000林吉特。硬币分别是1、5、10、20、50分及1林吉特。1林吉特等于100分（Sen）。各种版式的纸币正面均以马来西亚第一位国家元首阿卜杜勒·哈利姆·穆哈扎姆的头像为主要装饰，背面均有月、日、鹿的盾牌图；每种硬币的正面均有高楼和星月图案，背面铸有马来西亚的英文"MALAYSIA"字样。

汇率：100林吉特约合人民币158元（2023年7月）。

2. 最佳旅游季节

马来西亚的旅游淡旺季不明显。每年10月至次年3月空气潮湿，降雨量大，为雨季；5~9月降雨量小，为旱季。相对而言，旱季更适合旅游。

3. 小贴士

马来西亚属热带气候，游客除须注意防晒外，还应留意饮食卫生，否则易患腹泻和消化道疾病。

马来西亚蚊虫较多，游客外出旅游，可涂抹防虫药物，也可穿轻薄透气的长裤长衫，防止蚊虫叮咬；否则，患上疟疾和登革热的概率相对较高。

游客应自备一些治疗热带疾病的药物，如治疗发烧、腹泻、肿痛等药物，以供应急之需。如高烧不退、腹泻不止等，应及时就医，以免延误病情。

第四节　新加坡

一、自然概况

新加坡（如图2-9所示）位于马来半岛南端，是一个一面临海、三面由海峡环抱的岛屿国家。北隔柔佛海峡与马来西亚相邻，南面与印度尼西亚隔新加坡海峡相望，西面是马六甲海峡。新加坡地处马六甲海峡的咽喉地带，扼守太平洋与印度洋、亚洲和大洋洲两大旅游区的通航要道，地理位置十分重要，素有"东方直布罗陀"和"远东十字路口"之称。

图2-9 新加坡

新加坡面积733.2平方千米，由新加坡岛及附近小岛组成，其中新加坡岛占全国面积的88%以上，其余多数岛屿无人居住。新加坡地势平坦，起伏不大，平均海拔约17米。武吉知马山是新加坡最高点，海拔仅为164.3米。

新加坡地处赤道附近，属热带海洋性气候，常年高温多雨，年平均气温约26℃。植物繁茂，终年常绿，热带植物种类繁多，花园遍布，绿树成荫，素以整洁和美丽著称。全国耕地无几，人口多居住在城市，因此被称为"城市国家"。

 特别提示

国名释义

新加坡（马来语Singapura）是梵语"狮城"之谐音。由于当地居民受印度文化影响较深，喜欢用梵语作为地名，而狮子具有勇猛、雄健的特征，遂有"狮城"之称。

资料来源：《中国大百科全书》网络版https://www.zgbk.com。

二、人文概况

（一）人文地理

1. 人口与民族

新加坡人口约564万（2022年），其中多数为华人，约占总人口的74.4%，马来人占13.4%，还有一部分印度人和少数民族。人口密度高达每平方千米8357.6人，是世界上面积最小、人口密度最高的国家之一。

2. 语言与宗教

新加坡国语为马来语，官方语言为马来语、英语、华语和泰米尔语，行政用语为英语。

多民族的新加坡宗教信仰也十分复杂，各民族有不同的宗教信仰，世界上的主要宗教在这里都有信徒。华人和斯里兰卡人多信奉佛教或道教，马来人和巴基斯坦人信奉伊斯兰教，印度人信奉印度教，欧洲人信奉基督教。新加坡83%的居民有宗教信仰，其中佛教徒约占总人口的33%，道教徒约占总人口的11%，基督徒约占总人口的18%，穆斯林约占总人口的15%，印度教信徒约占总人口的5%。

视野拓展

新加坡的国旗、国徽、国歌、国花

国旗：由上红下白两个相等的横长方形组成，长宽之比为3∶2。左上角有一弯白色新月和五颗白色五角星。红色代表人类的平等，白色象征纯洁和美德；新月象征新加坡是一个新建立的国家，五颗星代表国家建立民主、和平、进步、正义和平等的思想。新月和五颗星的组合紧密而有序，象征着新加坡人民的团结和互助的精神。

国徽：由盾徽、狮子、老虎等图案组成。红色的盾面上镶有白色的新月和五角星，其寓意与国旗相同。红盾左侧是一头狮子，这是新加坡"狮城"的象征；右侧是一只老虎，象征新加坡与马来西亚之间历史上的联系。红盾下方为金色的棕榈枝叶，底部的蓝色饰带上用马来文写着"前进吧，新加坡"。

国歌：《前进吧，新加坡》。

国花：以一种名为卓锦·万代兰的胡姬花为国花。东南亚通称兰花为胡姬花。卓锦·万代兰是由卓锦女士培植而成的，花朵清丽端庄、生命力特强，它象征新加坡人的气质和刻苦耐劳、果敢奋斗的精神。

资料来源：张熠，宋朝晖《世界各国国旗国徽国歌》，北京：中国民族摄影艺术出版社，2003。

（二）简史

最早居住在新加坡的人种是马来人的后裔，他们过着捕鱼或农耕生活。新加坡古称淡马锡（爪哇语，"海城"之意）。8世纪建国，是苏门答腊的古帝国——室利佛逝王朝的贸易中心。据马来史籍记载，1150年左右，室利佛逝王国王子乘船到达此岛，看见一头黑兽，当地人告知为狮子，王子就将这座小岛命名为新加坡拉，即狮子城。在马来语中，"新加"是狮子，"坡拉"是城的意思。这便是新加坡和狮子城名称的来历。18世纪至19世纪初，新加坡属马来亚柔佛王国。1826年沦为英国殖民地，成为英国在远东的转口贸易商埠和在东南亚的主要军事基地。1942年被日军占领。1945年日本投降后，英国恢复其殖民统治。1958年8月，英国核准"新加坡自治方案"。1959年6月，新加坡成为自治邦，英国保留国防、外交、修改宪法等权力。1963年，新加坡作为一个州加入马来西亚。1965年8月9日脱离马来西亚，成立新加坡共和国，同年9月成为联合国成员国，10月加入英联邦。

（三）政治

新加坡实行议会共和制。总统为国家元首，由全民选举产生，任期6年。总统委任议会中多数党的领袖为总理。总统有权否决政府财政预算和公共部门职位的任命，可审查政

府行使内部安全法令和宗教和谐法令的情况，有权调查贪污案件。总统和议会共同行使立法权。议会称国会，实行一院制，任期5年。国会议员分为民选议员、非选区议员和官委议员。其中，民选议员由公民投票选举产生。

（四）经济

新加坡毗邻马六甲海峡，海上交通发达，运输量巨大，对新加坡经济发展有极大的促进作用，为新加坡带来高额收入。新加坡地窄人稠，自然资源贫乏，但地理位置得天独厚。1965年新加坡完全独立后，针对本国特点，扬长避短，实行"市场开放""港口开放"政策，宣布愿同所有国家进行贸易，实现经济结构多元化，经济发展取得了令世界瞩目的成就。20世纪70年代，新加坡已成为具有以工业为主导的多种经济体系的国家；80年代，新加坡加紧发展资本密集、高科技的新兴工业；进入90年代后，以服务业务为发展中心，加速经济国际化、自由化和高科技化，在保持原有的转口贸易、加工出口、航运等为主的经济特色的同时，大力发展制造业、服务业和旅游业，形成了以运输、贸易、机械、旅游业和金融服务为五大支柱的经济结构。现在新加坡已建成一个包括炼油、石油化工、电子电器、船舶修造、服装制造等在内的综合性工业基地，是仅次于休斯敦和鹿特丹的世界第三大炼油中心。

新加坡不仅是世界著名转口港、交通中心和"花园式城市"，也是世界贸易中心、金融中心，是东南亚名副其实的区域中心。2022年新加坡国内生产总值为4667.08亿美元，同比增长3.6%，人均国内生产总值8.28万美元，是世界高收入的国家之一。

（五）文化

1. 教育

新加坡重视教育，教育经费在政府总开支中占比较高。实行义务教育和多种语言训练。学制是小学6年、中学4年，大学必须先读预科（2年），后入本科（2~4年）。著名高等学府有新加坡国立大学、南洋理工学院、同济医学院、新加坡工艺学院和新加坡师范学院。新加坡是个多民族国家，一直在为树立新加坡民族精神而努力。在保留各民族传统文化的同时，政府鼓励向统一民族文化演变，注意把儒家文化、伦理灌输到人们的日常工作和经济生活中。在教育中实行双语政策和分流制，确定以英语为传授科学技术知识的语言，作为第一语言；以华语、马来语、泰米尔语为传授文化知识和道德教育的语言，作为第二语言，以便学生能了解自己民族的历史、传统和文化。

2. 科学技术

新加坡政府积极介入科技机构，用立法的方式设立经济发展局和国家科学与技术局等，负责推动科技政策，并投入大量经费，进行科技人才的培育和引进，科技事业的国际化程度很高。新加坡重点发展信息与通信、电子制造和生命科学等高科技产业。除了众所周知的金融服务、旅游业，制造业更是新加坡经济的重要引擎。新加坡的制造业聚焦于高附加值的高科技行业，如精密仪器、电子信息、生物医药和石油化工等。

3. 文学与艺术

（1）文学

新加坡的官方语言有华文、英文、马来文和泰米尔文四种，所以有四种语言的文学作品，作家也由多元族群组成。新加坡过去的文学主要是马来古典文学。由于新加坡居民大多数是华人，中国文学的影响比较深远。1919年中国发生"五四"运动后，新加坡的华文报章也很快以白话文体发表文学作品。第二次世界大战后，新加坡文学发展的主要倾向是现实主义，并强调地方色彩和题材多样化。这时期涌现了一批比较优秀的文学作品，其中有不少是反映底层社会的贫困，对不合理的社会有所揭露。过去被称为文化沙漠的新加坡，现在却朝气蓬勃地向多元文化迈进。

（2）戏剧

新加坡是多民族国家，华语话剧在剧坛上占主导地位。第二次世界大战后，华语话剧着重反映人民的悲惨遭遇和争取合理化生活的迫切要求。马来语话剧也占有一定地位，1952年成立马来艺术协会话剧团，有话剧、电视剧和广播剧等剧本200多部。新加坡1961年成立英语实验话剧团，演出的剧本大都强调各民族和睦相处和反映新加坡人的幸福感和自豪感。自1965年新加坡共和国成立以来，戏剧活动日趋活跃。文化部从1978年起每年举办戏剧节。

三、民俗风情

（一）服饰

新加坡不同民族的人在穿着上有自己的特点。马来人男子头戴一顶叫"宋谷"的无边帽，上身穿一种无领、袖子宽大的衣服，下身穿长及足踝的纱笼；女子上衣宽大如袍，下穿纱笼。华人妇女多爱穿旗袍。印度血统的妇女额头上点着檀香红点，男人扎白色腰带。政府部门对其职员的穿着要求较严格，一般是白衬衫、西装裤，打着领带，在工作时间不准穿奇装异服。由于气候炎热，新加坡人一般不穿西装上衣。

（二）饮食

在新加坡这个多元民族的大都会里，汇集了来自四面八方的菜色，有中国菜、马来菜、泰国菜、印尼菜、印度菜、西餐、快餐等。新加坡人的主食多是米饭，有时也吃包子。新加坡人在饮食方式和习惯方面融合了马来人和华人的烹调特色，其中最具代表性的是"娘惹食物"。娘惹是对中国人与马来人通婚后女性后代的称呼。娘惹菜采用大量南洋香料及调味酱，如椰奶、辣椒、虾酱、磨碎的植物根叶及酸甜果实等，味道偏浓，以甜酸、微辣为主，是新加坡最特别、最精致的传统佳肴之一。新加坡华人的饮食习惯与中国广东人很接近。马来人按伊斯兰教的礼节待人接物；用餐一般用手抓取食物，在用餐前有洗手的习惯；忌讳猪制品，不食猪肉、贝壳类食品，也不饮酒。饮茶是当地人的普遍爱好，客人来时，他们常以茶水招待；华人喜欢饮元宝茶，意为财运亨通。

（三）礼貌、礼节

新加坡人待人接物十分注重礼节。与客人相见时，一般都施握手礼。但各民族因风俗习惯及宗教信仰不同，礼仪各不相同。马来人行双手握礼，再把手收回放到自己胸部；华人见面以鞠躬为礼；印度人见面合掌致意，平时进门脱鞋，社交活动只用右手。

（四）禁忌

新加坡人忌讳数字7，忌讳猪的图案，不喜欢乌龟。与新加坡人谈话，一般忌谈宗教与政治方面的话题。新加坡人严禁说"恭喜发财"，他们将"发财"理解为"不义之财"，说"恭喜发财"将被认为是对别人的侮辱和嘲骂。新加坡人对留胡须、长发的男人极为厌恶，众多的家长和学校严禁男青年留长发。用餐时，勿把筷子放在碗和盘上，也勿交叉摆放，应放在托架上。不可触摸别人头部，不可露出脚心和鞋底。与印度族和马来族人进餐时，勿用左手。印度族人以牛为圣物，不吃牛肉。

四、旅游业概况

（一）著名旅游城市和景点

新加坡拥有得天独厚的地理位置、完善的设施、引人入胜的文化背景，以及各大旅游景点，是商业和休闲的理想之地，已发展成为东南亚重要的商业、通信和旅游中心。这里有茂密的热带雨林、高大的棕榈、美丽的三叶花（三角梅）、世界上为数不多的大片椰林、大规模的兰花园和植物园等，是一个美丽的热带岛国。

1. 新加坡

首都新加坡市亦称星洲、叻埠，位于新加坡岛东南部，南临新加坡海峡。市区人口占全国人口的90%，其中华人占3/4。通常人们并不把新加坡岛与新加坡市严格区分开。新加坡市历史并不长，但发展很快。由于特殊的地理位置，它已经成为国际贸易中心之一、海上交通中心之一、东南亚最大的海港，也是世界著名的转口港。

新加坡市花卉遍地，绿树成荫，以清洁、绿化、美丽、繁荣著称，被称为"花园城市"和东南亚的"卫生模范"。城市建设布局合理，每一栋或每一组房屋前后左右，都有草坪、花坛、树木，形成一个小花园。新加坡市还注重文明建设，开展"礼貌运动""敬老运动"，讲究卫生与社会安全。另外，便利的交通，舒适的现代化服务，性价比高的食宿和优良的会议设施，是新加坡发展会议旅游的宝贵资源。新加坡多次被国际会议联盟选为亚洲最佳会议城市。新加坡规定建筑不得超过280米的高度，目前有三座建筑达到这个高度——华联银行中心、大华银行大厦和共和大厦。新加坡市既有人们喜爱的鱼尾狮像、市政广场、马里安曼兴都庙、天福宫、国家博物馆、唐人街、双林寺、苏丹伊斯兰清真寺、供有18手观音菩萨像的龙山寺等一些著名游览景点，又有开放式的动物园、圣淘沙公园、范克利夫水族馆、白沙碧海、植物园、海洋公园、热带原始雨林等旅游资源，对游人具有很大的吸引力，已经成为欧洲以东、夏威夷以西最吸引人的旅游中心。

视野拓展

鱼尾狮像

著名的鱼尾狮像（如图2-10所示）坐落在市内新加坡河畔，是新加坡的标志和象征，也是新加坡旅游局的前标志。塑像高8米、重40吨，1964年由范克利夫（Van Kleef）水族馆前馆长布伦纳（Faser Brunner）设计、雕刻家林南生（Lim Nang Seng）先生和他的两个孩子于1972年5月共同雕塑完成的。近旁还建有另一座高2米、重3吨的小鱼尾狮塑像。狮身由混凝土制作，表面覆盖上陶瓷鳞片，而眼睛则是红色的小茶杯。狮头鱼身的设计概念是将事实和传说合二为一：狮头代表传说中的"狮城"新加坡，鱼尾象征古城"淡马锡"。1972年9月15日，新加坡时任总理李光耀先生为鱼尾狮公园主持正式开幕仪式。为了纪念这一盛事，还制定了一块铜匾，匾上刻有献词："鱼尾狮是新加坡迎宾好客的象征。"鱼尾狮像最初建立在海滨公园桥边的鱼尾狮公园，2002年9月迁址到新居——浮尔顿1号毗邻的面积2500平方米的填海地，大约是旧址的四倍。新居以水为主题，配上灯光效果，营造出鱼尾狮浮立在碧波之上的生动壮观的视觉效果，白天与黑夜有着不同的景致；当潮水涨潮时，水会从狮嘴中喷射出来。鱼尾狮像每年吸引100多万世界各地的游客，与之拍照留念。

图2-10 鱼尾狮像

资料来源：《畅游东南亚》编辑部《畅游东南亚》，北京：华夏出版社，2019。

2. 圣淘沙岛

从市中心出发，仅15分钟即可到达圣淘沙岛。这是一座风景旖旎的度假岛屿，这里有纯净的海滩、世界级的旅游胜地、海上运动场所、高尔夫球场和度假休闲中心。在马来语中，圣淘沙即"和平宁静"的意思。圣淘沙岛是位于新加坡本岛南部500米的外海第三大岛，面积为3.5平方千米。岛上青葱翠绿，沙滩洁白，有引人入胜的探险乐园、天然幽径、博物馆和历史遗迹等，是新加坡最佳的度假地。圣淘沙岛曾为英国海军基地，旧名绝后岛。西端的西罗索古堡仍保存着19世纪的古炮台等军事古迹。1972年被建成一座田园诗般的海岛度假区，集主题乐园、热带度假村、自然公园和文化中心于一身，被视为新加坡旅游与娱乐业的璀璨明珠。高37米的鱼尾狮塔，可让游人从圣淘沙远眺市区的高楼大厦及环绕四周小岛的景色。岛上建有海事展览馆、蜡像馆、蝴蝶园和世界昆虫博物馆、珊瑚馆、艺术中心、奇石博物馆、日军投降纪念馆、亚洲文化村和海底世界等景点及娱乐设施。绵延3200米的圣淘沙海滩由丹戎海滩、巴拉湾海滩和西罗索海滩三个各具特色的海滩组成，为人们提供了一个极为舒适的度假环境，被誉为欢乐宝石。主题公园有圣淘沙名胜世界、梦幻岛、火焰山和高尔夫乐园。

3. 乌节路

乌节路意为"果园路"，在19世纪初之前，该地区到处是果园和种植园，后来所有豆蔻树种植园毁于一种神秘的植物病。由于该地区四周都是山谷，洪水也很常见。在20世纪70年代，随着百货公司诗家董（Tangs）、狮城大厦（Plaza Singapura）和文华大酒店（Mandarin Hotel）等建筑物的建成，这里逐渐向娱乐中心的方向发展。随着一座又一座钢铁和玻璃高层建筑的拔地而起，乌节路逐渐成为世界上最著名的购物地带之一。

（二）旅游小常识

1. 货币知识

新加坡的法定货币为新加坡元（Singapore Dollar），简称"新元"，货币符号为SGD。新加坡货币发行机构是新加坡货币委员会的常设机构——新加坡货币局，金融管理局行使中央银行除货币发行以外的其他职能。新元有纸币和硬币两种。纸币面值有2、5、10、20、50、100、500和1000元，硬币面值有1、5、10、20、50分和1元。1元等于100分。各种面额钞票的正背面显著位置上均印有"SINGAPORE"字样和"立狮扶星月盾牌"。

汇率：100新元约合人民币540元（2023年7月）。

2. 最佳旅游季节

新加坡常年高温多雨，平均气温为26℃。雨伞是必备的旅行装备。每年的11月到翌年1月雨水最多，6月到9月较为干燥。任何时间都可以到新加坡旅游。如果对多姿多彩的节庆感兴趣的话，可以选择2月去旅游，盛大的大宝森节在那时举行；如果旅游的主要目的是购物和美食，7月去比较合适，新加坡美食节和新加坡特卖会都在那时举行。

3. 小贴士

在新加坡，凡是有空调的公共场所、大厦、办公室、电影院、餐厅、地铁及大学校园等，均为禁烟区。所有的娱乐场所，客人只可在规定的吸烟室或吸烟区吸烟。违规者将会被处以最高1000新元的罚款。此外，新加坡全面禁止销售、携带和食用口香糖，违者将被罚款。

第五节 泰国

一、自然概况

泰国位于中南半岛中部，东南临泰国湾（太平洋），西南濒安达曼海（印度洋），西和西北与缅甸接壤，东北与老挝交界，东南与柬埔寨为邻，南部疆域沿克拉地峡向南延伸至马来半岛，与马来西亚相接。

泰国国土面积约51.3万平方千米。地势北高南低。地形复杂，大体分为四部分：西北部是山区，森林繁茂，以出产柚木、红木、紫檀等名贵硬木闻名；东北部是高原区，矿藏丰富，以锡矿和天然宝石最为著名；西南部为狭长的丘陵区，盛产许多热带经济作物和热带水果，如橡胶、椰子和杧果等，有"水果王国"之称；中部是湄南河平原区，有"东南亚谷仓"之称。昭披耶河（湄南河）在泰语中意为"河流之母"，为全国第一大河，贯穿泰国中部，全长1200千米，其中下游平原两岸和三角洲地区，因气候适宜、土壤肥沃，是富庶的谷仓，盛产泰国大米。

泰国绝大部分地区属热带季风气候。全年分为三季：3~6月为热季，7~10月为雨季，11月至次年2月为凉季。年平均气温为25℃，年降水量为1000~2000毫米。

二、人文概况

（一）人文地理

1. 人口与民族

泰国是一个由30多个民族组成的多民族国家，根据泰国内政部的相关公告，目前总人口约6609万人（2022年12月）。以泰族和老挝族人口最多，分别占总人口的40%和35%。此外，还有马来、高棉、华人、汶、克伦、掸等民族。泰国政府规定，华侨在泰国生下的子女到第三代就算泰族人。

2. 语言与宗教

泰语为国语，英语为通用语。中部泰语即"曼谷语"，是全国通用的标准泰语，通用的书写文是高棉文。

佛教是泰国的国教，90%以上的居民信奉佛教，主要是上座部佛教。华人主要信奉大乘佛教。伊斯兰教是泰国第二大宗教。马来人和外国穆斯林后裔主要信奉伊斯兰教。此外，还有居民信奉基督教新教、天主教和印度教。

佛教在泰国有很高的地位，宪法规定国王必须是佛教徒。几百年来，泰国的风俗习惯、文学、艺术和建筑等几乎都和佛教有着密切关系。在泰国，凡是信佛教的男孩子，到了一定年龄，都要一度削发为僧，连王室和贵族也不例外。泰国处处可见身披黄色袈裟的僧侣，以及富丽堂皇的寺院。因此，泰国又有"黄袍佛国"的美名。

视野拓展
泰国的国旗、国徽、国歌、国花、国树

国旗：呈长方形，长与宽之比为 3∶2。由两道红色、两道白色和一道蓝色五个横长方形平行排列构成。上下方为红色，蓝色居中，蓝色上下方为白色。蓝色的宽度相当于两个红色或两个白色长方形的宽度。红色代表民族，象征各族人民的力量与献身精神；白色代表宗教，象征宗教的纯洁；蓝色代表王室，蓝色居中象征王室在各族人民和纯洁的宗教之中。

国徽：图案是一只大鹏鸟，鸟背上蹲坐着那莱王。传说中大鹏鸟是一种带有双翼的神灵，那莱王是守护神。

国歌：《泰王国国歌》。泰国是东南亚各国最早有国歌的国家。

国花：金链花。

国树：桂树。

资料来源：张熠，宋朝晖《世界各国国旗国徽国歌》，北京：中国民族摄影艺术出版社，2003。

（二）简史

早在远古时代，在今泰国的领土上便有人类生息繁衍。公元初年，在今泰国的北部和中部出现了一些分散的、各自独立的政权。泰国历史上称暹罗。1238 年建立了素可泰王朝，开始形成较为统一的国家，先后经历了素可泰王朝、大城王朝、吞武里王朝和曼谷王朝等泰国历史上的四大王朝。从 16 世纪起，先后遭到葡萄牙、荷兰、英国和法国等殖民主义者的入侵。1855 年，曼谷王朝拉玛四世在西方炮舰政策的威胁下，与英国签订《英暹通商条约》，同意开放港口，其他西方列强也纷纷效法前来订约。19 世纪末至 20 世纪初，英法在中南半岛进行争夺，双方先后于 1896 年和 1904 年签订协定，承认暹罗为"缓冲国"，从而使暹罗保持了形式上的独立，成为东南亚唯一没有完全沦为殖民地的国家。

1932 年建立君主立宪政体。1939 年改国名为泰国，意为"自由之地"。第二次世界大战期间，日本侵占泰国；日本投降后，泰国恢复暹罗国名，1949 年 5 月又改称泰国。

（三）政治

泰国实行君主立宪制。国王为国家元首和王家武装部队最高统帅，神圣不可冒犯，任何人不得指责或控告国王。已故国王普密蓬·阿杜德（1927—2016）于 1946 年 6 月 9 日继位，是却克里（曼谷王朝）的第九位国王，在泰国人的政治生活中拥有无可比拟的影响力。现任国王玛哈·哇集拉隆功（拉玛十世）2016 年 10 月即位，2019 年 5 月 4 日至 6 日举行加冕仪式。国王通过国会、内阁和法院分别行使立法、行政和司法权。"二战"后，军人集团长期把持政权，局势动荡。20 世纪 90 年代军人淡出政坛后，政坛党派林立，纷争不断，政府更迭频繁，不断修改宪法。现行宪法于 2007 年 8 月 24 日经普密蓬国王御准

生效。国会是最高立法机构，实行上、下两院制。

（四）经济

泰国重要的工业有纺织、服装、宝石、集成电路等。锡的产量居世界第二位。泰国是世界第二大宝石出口国。农业仍是占劳动力最多的部门。泰国是传统农业国，农产品是外汇收入的主要来源之一，主要农作物有大米、玉米、橡胶、木薯等。泰国是著名的稻米生产国和出口国，世界天然橡胶最大出口国。由于地形复杂，又属于热带季风气候和热带雨林气候，泰国出产很多热带经济作物。泰国盛产热带水果，有"水果王国"之称，被誉为"果中之王"的榴梿、"果中之后"的山竹、荔枝、龙眼、红毛丹等热带水果名扬天下。捕鱼业发达，泰国已成为世界第七大捕鱼国，在亚洲仅次于日本和中国，为世界第一产虾大国。泰国森林占全国总面积一半，其中最有经济价值的柚木也是主要出口产品。2022年泰国国内生产总值约4952.1亿美元，人均国内生产总值达6908.8美元。

（五）文化

1. 教育

泰国重视教育，教育经费始终占国家预算的第一位。学制分为学前教育、中等教育、大学教育和研究生教育。中小学实行9年制义务教育。建于1916年的朱拉隆功大学，是泰国建立最早、规模最大的一所多学科的综合性大学。除此之外，高等学校还有法政大学、清迈大学、诗纳卡宁威洛大学、兰甘亨大学、农业大学、亚洲理工学院等。

2. 科学技术

泰国主要研究机构有：泰国国家研究院、工业部科学厅、应用科学研究所等。泰国科技园区位于首都曼谷北部的巴吞他尼省，兴建于2002年，由泰国国家科技发展中心和科技部共同管理，旨在推动企业创新和研发活动，并为泰国开发科技研发的智力资源。泰国国家科技发展中心的总部以及国家基因工程和生物工程中心、国家金属和材料技术中心、国家电子和计算机技术中心以及国家纳米技术中心四个国家研究中心都位于园区内，并拥有最尖端的科研设备。同时，泰国科技园区紧邻亚洲科技研究所、泰国国立法政大学、国际科技研究所，地处研发活动最活跃的地区，这里拥有1000多名研究人员以及大量的智力资源。

3. 文学与艺术

（1）文学

泰国文学最早产生于13世纪末素可泰王朝时期，当时基本上是宗教文学和宫廷文学。刻于1292年的《兰甘亨碑文》是典型的宫廷文学的代表作，主要叙述了国王兰甘亨的生平和他统治时期的政治、经济、文化状况和重大事件，碑文有很高的文学价值，也是泰国有文字记录的最早历史。《三界经》则是优秀的佛教文学作品，以优美的文字描述了欲界、色界、无色界的情况，要人们弃恶从善，还对地狱和天堂作了具体而生动的描述。曼谷王朝时期，国王拉玛二世创作的诗剧《伊瑙》和宫廷诗人编写的长篇叙事诗《昆冒与昆平》，在泰国文学史上占有重要地位。20世纪20年代末，泰国受西方文化影响，新兴文学开始兴起。1932年革命后，文坛出现了一批年轻的新人，其中西巫拉帕被看作是泰国新文学的奠基人,其代表作是《男子汉》和《向前看》;克立·巴莫的长篇小说《四朝代》展现了泰国半个多世纪以来的历史变迁。

(2)舞蹈

泰国以丰富多彩的民间舞和婀娜多姿的古典舞著称。泰国是个多民族国家,不同民族、不同地区流行不同的舞蹈。其中,中部流行的丰收舞反映劳动人民庆丰收时的欢乐景象;北部流行长甲舞,表演时演员戴长长的指甲,穿上漂亮的古典服装;北部还流行蜡烛舞,跳舞时室内所有灯光熄灭,手持蜡烛舞蹈。泰国古典舞蹈有"宫内"与"宫外"之别:宫内舞蹈强调舞姿的优美典雅与细腻韵味,具有严格的规范与程式,主要观众是国王和王室等;宫外舞比较自由风趣,目的在于取乐,主要观众是老百姓。

4. 拳击

泰拳是泰国的国技,亦是一项十分吸引人的活动。泰拳的历史和泰族人的历史是交织在一起的。泰族是一个温和的、热爱和平的民族,但是许多世纪以来,泰族人不得不保护自己免受外来势力的侵犯。拳击是在古代战争中发展起来的。古代,拳击是专为国王和王室表演的,现在拳击是一项十分吸引人的活动。泰国人民对泰拳的感情颇深。每逢周末,大大小小的拳击场都要举行泰拳比赛,男女老幼只要有机会,都会涌到拳场如痴如醉地观战。泰拳比赛的场面既壮观又残酷。赛台约有8平方米,每场比赛必须经过5个回合才分胜负。泰拳学院成立于1997年,是泰国教育部唯一认可的一所培训学校。现在,泰国中等以上的学校,多把泰拳列入体育课,以使这一世界上独特的拳术更好地流传下去。

三、民俗风情

(一)服饰

泰国人的服装,总的来说比较朴素,在乡村多以民族服装为主。泰族男子的传统民族服装叫"绊尾幔"纱笼和"帕农"纱笼。由于纱笼下摆较宽,穿着舒适凉爽,是泰国平民中流传最长久的传统服装之一。帕农是一种用布缠裹腰和双腿的服装,绊尾幔穿上以后很像我国的灯笼裤。泰式女服,下装必须是筒裙,筒裙同纱笼类似。泰国女子好装饰,抹口红、洒香水、佩戴首饰,男子戴戒指、项链的也很普遍。随着社会的发展和外来的影响,当代泰国人的着装也发生了很大变化。农村青年人中穿西裤和衬衣的已相当普遍。城市里的男子惯于穿制服、西装,女子则喜欢穿西服裙。

(二)饮食

泰国饮食和柬埔寨、老挝、越南、印度尼西亚等东南亚国家基本相同,主食为大米,菜以鱼和蔬菜为主。因三面环海,海鲜产品丰富,海味成为一大特色。最喜欢的食物是用大米、肉片或鱼片和青茶调以辣酱做成的咖喱饭。常食鸡粥、甜包、猪油糕等,不吃海参、牛肉。喜爱辣和煎、炸、炒的菜肴,不爱红烧、甜味的菜肴,日常以鱼虾为小菜。泰国人就餐时,习惯屈膝围桌而跪坐,不用筷子,而是用手抓着吃,但现在有用叉子和勺子的。在泰国餐桌上,无论饭菜是否丰富,汤是不能缺少的,分为清淡的肉和菜汤、稀米汤、冬阴功汤三大类。泰国人不喝热茶,而习惯在茶里放冰块,称为冰茶。

(三)民居

在泰国的城市里已经很少见到传统民居,但是在乡村里还可以见到许多。采用木材建造,有些民居是用珍贵的柚木建的,属吊脚楼形式,极好地适应了热带气候。其特点为:斜墙陡顶,具有良好的通风性;高脚木桩,避免洪水和野兽,下面部分可以养牲畜、做厨房。曼谷的汤姆森住宅,就是典型的泰国传统民居形式。

(四)礼貌、礼节

泰国素以"礼仪之邦"著称,自古就有"微笑之邦"的美誉。泰国人热情友好,总是以微笑迎客。泰国人十分注重礼节,见面时行合掌礼,即双手合十于胸前,头稍稍低下。由于辈分不同,合十双手的位置也不同——双手举得越高,表示尊重程度越高。晚辈对长辈,双手合十于前额;平辈相见时,双手略微举起至鼻子高度;长辈对小辈,只要举到胸部高度即可。泰国人也行握手礼,但只在政府官员与知识分子中流行;男女之间不准握手。泰国人的坐姿也很讲究,尤其有长辈在座的场合下,小辈为了表示对他们的礼貌,应该是两手掌相叠,放在腿上,上身微躬而坐;若是有尊者或达官贵人在座,小辈的上身还要下躬,使两肘放在大腿上,两手掌相叠于膝盖稍上处。在社交聚会上,男子不应同已婚女子交谈过久。对于特邀来访的贵宾,主人亲自给客人戴上鲜花编成的花环,客人不可随意扔掉,最好回到下榻处再取下,以示对东道主的尊敬。

(五)禁忌

泰国人重视头部,轻视双脚,不能随便摸人的脑袋,小孩子的头也不能摸,否则是对人的不恭。不赞美别人的婴儿,以免引起恶鬼注意。长辈在场时,晚辈必须坐在地下或跪坐,以免高于长辈头部。睡觉时不能头朝西,忌用脚指东西、踢门,不能盘腿而坐,不能脚心对人。递物品应用右手,因泰国人右手吃饭,左手拿不洁之物。忌红色,因为写死人姓氏是用红颜色的墨,绝不用红笔签名。泰国人交谈多回避政治、王室等话题。在泰国人眼里,佛永远是至高无上的,购买佛饰时,严禁说"购买",必须说"求租、尊请"之类的词语,以防亵渎神灵;与泰国人交谈绝不能讲对佛祖和国王不敬的话;对寺庙、佛像、和尚等的不敬的行为,会被认为是滔天罪行,更不用说爬到佛像身上拍照。

四、旅游业概况

(一)著名旅游城市和景点

泰国以具有惊世的佛教建筑、神奇的历史古城、辽阔的海滩和绮丽的热带风光闻名于世,素有"中南半岛上的明珠"之称。泰国全国有3万多座古老的寺庙和宫殿,被称为"千佛之国",众多的旅游胜景深深地吸引着各国游客。

1. 曼谷

曼谷是泰国的首都,全国第一大城市和政治、经济、文化、交通中心,是联合国亚太经济社会委员会总部、世界佛教联谊会总部以及世界银行、世界卫生组织等20多个国际机构的区域办事处所在地。城区总面积为1568.737平方千米，城市注册人口近千万。位于曼谷湾的湄南河下游三角洲地区，城内河流众多，水道蜿蜒纵横，有"东方威尼斯"之称。自1782年曼谷王朝拉玛一世建都于此起，曼谷就成了汇集泰国新旧生活方式的万花筒，有"天使之城""微笑之都""千面风情之都"的美称。曼谷历史悠久，到处是橘红色的庙宇屋顶和金碧辉煌的尖塔，佛庙林立，市内有大小寺庙400多座，有"佛庙之都"之称，其精致的建筑外观、华丽的内部装饰，使其成为曼谷独特的风景。泰国人认为国王居住的宫殿是宇宙的中心，所以整个曼谷的建筑以皇宫为中心向外扩散：第一圈是寺庙和官方建筑，第二圈是商业圈，第三圈是住宅区，最外面是贫民区。王宫和佛寺大多建在湄南河圈，建筑金碧辉煌。大皇宫、玉佛寺、金佛寺、卧佛寺、云石寺、郑王庙等著名古迹，焕发着使人敬畏、令人目眩的东方佛教色彩，足以证明泰国在艺术方面的超卓成就。

视野拓展

大皇宫

大皇宫（Grand Palace）位于曼谷市中心，紧靠湄南河，是曼谷王朝拉玛一世至八世的王宫（又称"故宫"），是曼谷王朝的象征和曼谷城市的标志。大皇宫始建于1782年，经过历代改建和扩建，现有面积21.84万平方米。大皇宫由一组布局错落的建筑群组成，是暹罗式风格，汇集了泰国绘画、雕刻和装饰艺术的精华。宫廷建筑以白色为主，主要建筑物有阿玛林宫、节基宫、律实宫和玉佛寺等，四周筑有白色宫墙。大皇宫佛塔式高耸的尖顶与衬饰着金色脊檐的鱼鳞琉璃瓦屋面，将建筑、绘画、雕刻和装潢艺术融为一体，精美壮观，被誉为"泰国艺术大全"（如图2-11所示）。大皇宫是泰国诸多王宫之一，是历代王宫保存最完美、规模最大、最有民族特色的王宫。曼谷王朝从拉玛一世到拉玛八世，均居于大皇宫内。1946年拉玛八世在宫中被刺之后，拉玛九世便搬至大皇宫东面新建的

图2-11 大皇宫

集拉达宫居住。现在，大皇宫除了用于举行加冕典礼、宫廷庆祝等仪式和活动外，平时对外开放，成为泰国著名的游览场所。其中，阿玛林宫是大皇宫最早的建筑物，典型的泰国早期的建筑式样，现在仍是国王登基加冕时举行仪式和庆典之地。节基宫是大皇宫最大的一座宫殿，这里是国王接受外国使节递交国书的场所；宫殿的主体呈维多利亚式建筑风格，而屋顶上的3座浮屠（佛塔）直插云天，具有典型的泰国民族特色。律实宫安放着举世闻名的"珍珠之母"宝座，其雕刻之精细，在泰国可谓首屈一指。

水上市场

水上市场是曼谷的特色之一，它是一处获取泰国水上人家影像、品尝地道小点心和水果的最佳地点。据了解，围绕在曼谷周边的水上市场有很多，其中以丹嫩沙多（Damnoen Saduak）水上市场（如图2-12所示）最为出名，其次就是大林江（Taling chan）水上市场和安帕瓦（Amphawa）水上市场。它们各具特色。曼谷水上市场开始的时间约为上午6点至10点。很多载满水果、蔬菜、熟食和其他商品的小船构成一幅繁忙生动的景象。小贩兜售袋装水果和纪念品等，贩卖者主要是女性，她们戴着宽边斗笠，穿着泰国乡村人民最爱的蓝棉布衣。由于集市距离市中心较近，交通方便，前来游览的游客不断增多，现在已完全演变成一个专供旅游者游览购物的水上集市。

图2-12 水上市场

考山路

考山（Khao San）在泰语里是"谷米"的意思。考山路从前是条储存谷米的旧街道。1982年，泰国政府为了庆祝曼谷建都200周年及佛历2525年，举行了许多庆典活动。世界各地观光客蜂拥而至，住宿供不应求。有些背包客就到距离皇宫仅20分钟步行路程的考山路寻找住宿地点，因此，当地居民决定以较低费用接待他们，就这样，考山路便做起迎合farang（泰语，意为老外）的种种生意。

考山路说不上是个旅游景点，不过穿梭于这条街上，任何人或物都可能成为焦点。这里的游客比当地人多出好几倍，感觉考山路是为远道而来的游人而存在的。或许是乱中有序，加上耀眼的招牌及尘埃纷飞的道路，无形中展现一种别样的风情，让人情不自禁为它着迷。

因为毗邻旅游景点如大皇宫（Grand Palace）、国家博物馆及美术馆，考山路一直受到背包客的青睐。没到过考山路，就如同没到过泰国一样。夜幕下的考山路更是热闹非凡。

资料来源：《畅游东南亚》编辑部《畅游东南亚》，北京：华夏出版社，2019。

2. 清迈

清迈位于泰国北部的湄南河支流宾河两岸，是清迈府首府，泰北政治、经济、文化中心，是泰国第二大城市和著名的历史文化古城。1296年成为泰国史上的第一个独立国家蓝纳泰王朝的首都，以其丰富且完整的文化古迹闻名。除了原有的古城址、护城河、古旧佛寺、纪念碑之外，还有泰北的艺术宝藏和建筑物、庙宇，兼容并蓄地保留了缅甸与泰国的风格。清迈处于海拔300米的丘陵地带，周围群山围绕，放眼尽是翁郁的森林，空气清新，气候凉爽，景色旖旎，因城中多玫瑰花，而有"北方玫瑰"之称。清迈是泰国手工艺品中心，珠宝首饰、银器、陶器、木雕、丝绸等远销国外。清迈人有着自己的方言、传统的服饰、独特的建筑特色与传统美食，多元化的风采充满着情趣。清迈市有寺庙100多座。帕辛寺是清迈城内最大的佛寺，清迈寺是城市的第一座寺院。建于1411年、拥有巨大四方形佛塔的斋里銮寺，是座具有斯里兰卡和印度混合风格的、等级最高的寺院。

3. 帕塔亚

帕塔亚（Phatthaya）也称为芭堤雅，位于曼谷湾，西距曼谷154千米，面对广阔的海湾，素以阳光、沙滩、海鲜名扬天下，是世界著名的海滨旅游度假胜地，享有"东方夏威夷"和"亚洲度假之后"的美誉，是泰国旅游业最发达的地区之一。20世纪50年代，帕塔亚还是一个人烟稀少的小渔村，1961年政府拨出专款并鼓励国内外投资开发其得天独厚的海滨旅游资源之后，其迅速发展壮大，一举成名，帕塔亚由此被划为特区。市区面积为208平方千米，有10多万人口。每当夜晚，灯火通明，车水马龙，通宵达旦。帕塔亚气候宜人，终年温差不大，风光旖旎。主要由帕塔亚海滩、东芭文化村、小人国（缩影公园）三部分组成。最吸引人的是拥有全泰国最优美的长达40千米的沙滩：这里阳光明媚，蓝天碧水，沙白如银，滑水、冲浪等水上娱乐活动新奇刺激，一派东方热带的独特风光，是良好的海滨游泳场，每年接待游客100多万人次。东芭文化村有着秀丽的热带园林景色、古雅朴实的东南亚土风舞和令人难忘的大象表演。小人国是一座微缩主题公园，展出100多座小型建筑物，与实物的比例为1∶25，包括泰国古代和现代各种有代表性的名胜。

4. 素可泰

素可泰位于泰国北部永河左岸，素可泰府首府，是泰国历史上的第一王朝素可泰王朝的都城和文化艺术的主要发源地，泰国著名的旅游胜地，也是泰国有名的宗教文化名城。在这里诞生了泰国文字，还诞生了泰国的第一部文学作品，被誉为"泰国文明的摇篮"。素可泰古城离新城8千米，规模宏大。现存三道围墙，长约2.6千米、宽约2千米，四面各有一座城门。古城内外有大量佛教古迹，包括王宫、寺庙、古塔、佛像、碑石等。1991

年，素可泰古城作为文化遗产被联合国教科文组织列入《世界遗产名录》。玛哈泰寺是素可泰规模最大、最庄严的寺院，寺内有尊巨型佛祖像，曾是素可泰皇室成员祈福作礼的神庙。

5. 大城

大城（Ayutthaya）在曼谷北部约80千米处，位于湄南河、洛汶里河、巴塞河三条河流交汇处的小平原上，距离海洋不远，四周环绕着肥沃的稻田，总人口约9万，现在是泰国内地的商业中心。1350年至1767年，为泰国的第二个首都，有400多年的辉煌历史。大城的33位统治者吸收了高棉天授神权的观念，糅合婆罗门教的仪式，兴建了许多壮丽美观的宫殿和雄伟万千的佛寺。大城历史名城及相关城镇作为文化遗产于1991年被联合国教科文组织列入《世界遗产名录》。大城则像一个手艺精湛的雕刻家，当地的寺庙、皇宫及佛像的镂刻，是其庄严典雅的作品。瓦崖差蒙空寺、帕楠称寺、帕兰寺、帕席桑碧寺、拉嘉布拉那寺等，都是极具代表性的寺庙。

6. 普吉岛

普吉岛一词源自马来西亚，所代表的意思就是山丘。它是泰国南部最小的府城，距离首都曼谷约800千米，是泰国境内唯一有行省辖治地区的岛屿。占地约540平方千米，南北长48千米、东西宽21千米，面积大概与新加坡相近，是泰国最大的锡矿产地。海岸蜿蜒曲折，海滩水清沙细，风光旖旎，素有"海月仙阁""泰南珍珠"之称。岛上的主要地形是绵延的山丘，其间或点缀着盆地，有39个离岛。普吉岛最自豪的，便是拥有岛的西边、临近安达曼海的10多个美丽海滩，如巴东海滩（Patong Beach）、素林海滨（Hat Surin）、奈函海滨（Hat Nai Harn）等。普吉湾内，石灰岩岛屿星罗棋布，怪石奇岩屹立，人称"小桂林"。每年12月初举行的国王船赛，是泰国目前非常热门的竞赛项目。特别是由普吉岛出发，向东航行可以抵达攀牙湾——这儿的海景因为耸立在海中的数百座石灰岩而显得壮丽无比。

（二）旅游小常识

1. 货币知识

泰国的法定货币为泰铢（Thai Baht），由泰国银行发行，标准货币符号为THB。泰国还有辅助货币单位撒丹（Satang）和撒郎（Salueng）。1泰铢等于100撒丹，1撒郎等于25撒丹。硬币有25、50撒丹和1、2、5、10泰铢六种，分为铜黄色和锡白色。纸币有20、50、100、500、1000泰铢五种，货币正面2018年4月前发行的均有泰王拉玛九世普密蓬·阿杜德的头像，2018年4月起发行的货币均改为泰王拉玛十世玛哈·哇集拉隆功的头像。

汇率：100泰铢约合人民币20.9元（2023年7月）。

2. 最佳旅游季节

泰国绝大部分地区处于热带，全年温差不大，但是白天与傍晚的温差明显，可谓白天"四季如夏"，晚上"四季如秋"。全年皆宜旅游，但11月至次年3月是最佳的旅游季节——雨水较少，天气相对凉爽。

3. 小贴士

泰国有浓郁的佛教文化，人们对佛教建筑和僧侣十分敬重。参观寺院时，衣着要整齐，不可太暴露，必须穿长裤（女士要穿长裙）。进入寺庙大殿要脱鞋，对各种雕塑菩萨和僧侣要尊敬。女士如要交任何物品给僧人，必须由男士代劳或把物品放入僧人摊开的黄袍或手帕上。

第六节　印度尼西亚

一、自然概况

印度尼西亚（如图2-13所示）简称"印尼"，位于亚洲东南部，北连马来西亚，西北隔马六甲海峡与马来西亚和新加坡相望，东北与菲律宾隔苏拉威西海相望，东与巴布亚新几内亚、东帝汶相邻，东南与澳大利亚隔海相对。

图2-13　印度尼西亚

印尼东临太平洋，西濒印度洋，东西延伸5000多千米，南北相距2000多千米，领土面积约191.36万平方千米，由星罗棋布地散落在两大洋之间的约1.75万个岛屿组成，素有"千岛之国"之称。其中苏门答腊岛、苏拉威西岛、爪哇岛以及加里曼丹岛（南部）、伊里安岛（西部）五大岛屿占总面积的90%。岛屿之间构成许多海峡和内海，内海面积约是陆地面积的3倍，海岸线长3.5万千米。印尼地跨南北半球及亚洲、大洋洲，是一个拥有岛屿最多的群岛国家。

印尼地处世界三大板块的交界之处，是世界上火山、地震最频繁的地区之一，也是世界上地热资源最丰富的国家之一，有"火山之国"之称。印尼地跨赤道，是典型的热带雨林气候，以高温、多雨、湿度大、风力小为基本特征。全年气温无多大变化，年平均温度为26℃，各地年平均雨量约为3000毫米，季节分配均匀。空气对流旺盛，降水多为阵雨。爪哇岛是世界上雷雨最多的地区，"雷都"——茂物平均每年多达332个雷雨日。

印尼物产丰富，森林覆盖率达64%，植物多达4万余种，盛产棕榈、咖啡、椰子、橡胶等热带经济作物和檀木、铁木、乌木等名贵木材；热带动物种类共有20多万种，如虎、犀牛、狮及原始哺乳动物，还有各种珍奇鸟类。

二、人文概况

（一）人文地理

1. 人口与民族

印尼人口约2.76亿（2022年12月），是世界第四人口大国。全国人口居住在约6000个岛屿上，但分布不平衡，约60%的人口集中居住于爪哇岛，爪哇岛是世界人口最稠密的地区之一。

印尼是一个多民族的国家，共有100多个民族，其中爪哇族占总人口的45%、巽他族占14%、马都拉族占7.5%、马来族占7.5%、华人约占5%。

2. 语言与宗教

印尼语为官方语言，英语为第二语言。民族语言和方言约300种。政府部门、商业活动广泛使用英语。

印尼居民中约87%信奉伊斯兰教，是世界上穆斯林人数最多的国家。印尼还有6.1%的人口信奉基督教新教，3.6%信奉天主教。此外，还有印度教、佛教和原始拜物教等。巴厘岛居民多信仰印度教。

> **视野拓展**
>
> **印尼的国旗、国徽、国歌、国花、国鸟**
>
> 国旗：旗面由上红下白两个相等的横长方形构成，长与宽之比为3∶2。红色象征勇敢和正义，还象征印度尼西亚独立以后的繁荣昌盛；白色象征自由、公正、纯洁，还表达了印尼人民反对侵略、爱好和平的美好愿望。
>
> 国徽：由一只金色的鹰、一面盾和鹰爪抓着的一条绶带组成。鹰象征创造力。鹰两翼各有17根羽毛，尾羽8根，这是为了纪念印度尼西亚的独立日——8月17日。鹰爪抓着的绶带上用印尼文写着"异中有同"。
>
> 国歌：《伟大的印度尼西亚》。
>
> 国花：茉莉花。
>
> 国鸟：天堂鸟。
>
> 资料来源：张熠，宋朝晖《世界各国国旗国徽国歌》，北京：中国民族摄影艺术出版社，2003。

（二）简史

五六十万年以前，在爪哇岛的梭罗河畔的原始森林里就有人类繁衍生息。大约公元前5世纪，原先的印尼民族沿马来半岛东下，逐渐散布到了印度尼西亚各岛屿上，建立了一些古代奴隶制王国。公元1世纪前后，又有一部分印度民族移入；到了7世纪，在苏门答腊岛上以现在的巨港为中心地区，建立了室利佛逝封建王朝。14世纪初，在东爪哇建立印尼历史上最强大的麻喏巴歇封建帝国。从15世纪起，印尼先后被葡萄牙、西班牙、英国入侵。1596年荷兰侵入，1602年成立荷属东印度公司，1799年改设殖民政府。1942—1945年被日本占领。1945年8月17日，宣布独立，成立印度尼西亚共和国。1949年成立印度尼西亚联邦共和国，加入荷印联邦。1950年恢复为印度尼西亚共和国。1954年脱离荷印联邦。由于全国一半以上的人口集中在爪哇岛，印尼独立后曾长期执行大爪哇沙文主义，其他族群对此深有怨言，矛盾冲突较多，2002年东帝汶恢复主权独立。

（三）政治

印尼实行总统内阁制。人民协商会议是国家最高权力机构，负责制定、修改与颁布宪法和国家总方针政策，监督和评价总统执行国家大政方针情况以及在总统违背宪法时对其进行弹劾或罢免。国会全称人民代表会议，是国家立法机构，行使修改宪法和制定国家大政方针之外的一般立法权。国会无权解除总统职务，总统也不能宣布解散国会。总统是国家元首、政府行政首脑和武装部队最高统帅，直接领导内阁，有权颁布政令和宣布国家紧急状态法令，对外宣战或媾和等。自2004年起，总统和副总统由全民直选，任期5年。内阁是总统行使政府权力最重要的机构，对总统而不是对国会负责。

（四）经济

刚独立时，印尼是一个落后的农业国，主要种植橡胶，开采锡和石油，粮食不能自给。20世纪60年代后期调整经济结构，经济开始提速，1970—1996年国内生产总值年均增长6%，跻身中等收入国家。1997年受亚洲金融危机重创，经济严重衰退，货币大幅贬值。1999年底开始缓慢复苏，国内生产总值年均增长3%~4%。2003年底按计划结束国际货币基金组织（IMF）的经济监管。苏希洛总统2004年执政后，积极采取措施吸引外资、发展基础设施建设、整顿金融体系、扶持中小企业发展，取得积极成效，经济增长一直保持在5%以上。2008年以来，面对国际金融危机，印尼政府应对得当，经济仍保持较快增长。2014年以来，受全球经济不景气和美联储调整货币政策等影响，经济增长有所放缓。近年印尼政府陆续出台一系列刺激经济政策，经济显现加速复苏迹象，保持较快增长。2022年，国内生产总值约为1.31万亿美元，人均国内生产总值为4798美元，是东盟最大的经济体。

印尼资源丰富，有"热带宝岛"之称。印尼是石油输出国组织成员国，石油产量居东南亚各国首位，油气产业是其传统支柱产业。近几年，印尼政府采取经济多元化的方针，造船工业、汽车和飞机装配工业、化肥、水泥工业都有较大发展。

印尼是个农业大国，粮食作物主要是大米、玉米、木薯、大豆等，经济作物主要有橡胶、棕榈油、椰子、可可、胡椒、木棉、金鸡纳霜等，产量均居世界前列。此外，出产各种名贵木材，如铁木、檀木、乌木、柚木等。印尼政府重视旅游业，注意开发旅游景点，旅游业已成为印尼创汇的重要产业。

（五）文化

1. 教育

独立后，印尼政府重视教育，教育事业获得飞速发展。印尼实行9年制义务教育，学制为小学6年，初、高中各3年，大学3至7年。全国有国立大学77所，私立大学约1300所，其中著名大学有印度尼西亚大学、艾尔兰加大学、加查玛达大学、万隆理工学院等。

2. 科学技术

印尼政府重视科学技术在国民经济发展中的作用，以达到国家富强的目的。重视发挥和优化中小企业的作用和面向知识型社会的人才资源建设，以知识促经济发展。2006年，制定了《科学技术研究、发展与应用白皮书》，这是印尼中长期科技发展规划，提出了2005—2025年科学技术中长期发展的6个优先领域。

3. 文学与艺术

（1）文学

印尼有悠久的历史、古老的文化。在伊斯兰教传入之前，印尼的古典文学长期受印度梵文文学影响。10世纪开始发展的爪哇古典文学，就是从移植印度两大史诗《摩呵婆罗多》和《罗摩衍那》开始的，后来结合本国实际得以迅速发展，代表作品为思蒲·达尔玛扎的《玛拉达哈那》。13世纪末，随着伊斯兰教文化的传入，开始出现传奇小说和长篇叙事诗两种新的文学体裁。16世纪后，印尼沦为荷兰殖民地，民族文化受到严重摧残。20世纪初，随着印尼民族解放运动兴起，诞生了现代文学。

（2）戏剧

哇扬戏是印尼文化最突出的、最具民族特色的一种戏剧表现形式。今天在印尼，人们把所有的戏剧表演，不论是画卷戏、木偶戏、皮影戏等各种形式的影戏，还是由人扮演的面具舞剧和不戴面具的戏剧统统都叫"哇扬"，意思是"影子"。哇扬戏源于古爪哇人的祭祖活动，后演变成娱乐性质的影戏。印度宗教文化传入后，剧目受印度梵语文学和梵剧的影响，多取材于两大史诗《摩呵婆罗多》和《罗摩衍那》。伊斯兰教传入后，在一些传统剧目中又注入伊斯兰教思想。后来形式趋于多样化，除皮影哇扬戏外，先后出现木偶哇扬戏、假面哇扬戏等，19世纪出现了人扮哇扬戏。在传统戏剧中，除哇扬戏以外，爪哇岛尚有几种地方戏剧，其中较重要的有假面戏、格多柏拉（Ketoprak）戏、鲁德鹿（Ludruk）戏等。印尼的现代戏剧萌发于19世纪末20世纪初。在西方文化和戏剧的影响下，1891年创立了一个商业性的新剧团，上演伊斯坦布尔戏剧，20世纪后开始演反映印尼生活的现代剧。

（3）舞蹈

流行于印尼中爪哇和西爪哇的古典舞对印尼舞蹈文化有重大影响。西爪哇古典舞产生于万隆地区，以巽他族为中心，自成流派。中爪哇古典舞有日惹和梭罗两派。10世纪前后，爪哇古典舞大多单纯模仿动物的形态，有万物有灵的倾向，流传至今的有模仿大象的

《乌格尔·卡迦·珑林》和模仿鹫鹰的《安路达》等。12世纪，出现取材于神话传说的舞蹈，其舞蹈动作和造型大多源于哇扬戏，有多种手势，每种手势都有一定的含意。

印尼巴厘岛的居民以擅长各种舞蹈著称，被誉为"舞之岛"。巴厘岛的舞蹈带有宗教性质，扎根于岛民的宗教信仰。岛内有众多寺院庙宇，庙前的空地是人们跳舞的好场所。巴厘人的舞蹈，讲究手和指头的动作。全岛流行的"狮子舞"，模仿狮子的吼叫和各种动作，难度极大。另外也有充满讽刺、滑稽、幽默的舞蹈。

（4）音乐

印尼是一个多民族的国家，音乐的形态多种多样。其中，最有代表性的是在中爪哇发展并流行于全爪哇岛和巴厘岛的一种叫"佳美兰"的音乐。印尼人视"佳美兰"音乐为国宝，它在世界上特别在西方国家中有很大的影响。佳美兰音乐使用叫"斯连德罗"的五声音阶和"佩洛洛"的七声音阶两种音阶。印尼歌曲中具有代表性的是流行于西爪哇的传统歌曲"邓邦"，它分为大、中、小三种类型。不同类型的歌曲，表现其特定的内容，如爱情、思乡、道德等。"邓邦"的节奏缓慢，曲调一般带有伤感孤寂的情调。近代，在印尼各地流行着一种叫"克龙宗"的歌曲，是一种受西方文化影响而发展起来，并与佳美兰音乐和邓邦歌曲的一些因素融合而形成的歌曲形式。

4. 斗牛

印尼的斗牛与西班牙斗牛不同，是牛和牛之间相斗。用来斗牛的牛是主人精心喂养、经过严格挑选的赛牛。为了使自己的赛牛取胜，主人把牛角削得十分尖利，还把牛打扮得十分威武。斗牛开始时，先牵来一头母牛，然后把参赛的两头公牛分别牵入斗牛场，当两头公牛见到母牛同时扑上来时，便立刻把母牛牵出场地，两只公牛便互相怒视，一场凶猛的决斗便开始了。这种斗牛主要在爪哇岛，特别是在东爪哇省的一些村子里十分盛行。

三、民俗风情

（一）服饰

印尼人一般着上衣和纱笼，并配有色调一致的披肩和腰带，喜欢穿拖鞋和木屐，不喜欢穿袜子。晚上睡觉时，纱笼可盖在身上防凉、防蚊虫叮咬。在公开场合，人们的服装都较朴素。印尼女子喜欢佩戴金银首饰，留长发、卷发髻；上衣长而宽敞，对襟长袖，无领，多配以金色大铜扣。女性在办公室穿裙子和有袖的短外套，并避免色彩过于鲜艳。男性在办公室，通常穿长裤、白衬衫并打领带。长袖蜡染衫在多数正式场合都可以穿。现在随着时代的发展，服装也发生了重大变化。

（二）饮食

印尼地处热带，居民主食是大米，口味喜辣、酸、甜味。印尼人喜食"克杜巴"，即用香蕉叶或棕榈叶把大米或糯米包成菱形后蒸熟的食物。印尼人大多信奉伊斯兰教，不吃猪肉，爱将牛、羊、鸡、鱼及内脏用炸、蒸、煎、爆的方法烹调，再用咖喱、胡椒、虾酱等做调料，味道鲜美可口。著名的菜肴有辣子肉丁、虾酱牛肉、香酥百合鸡、酥炸鸡肝、红焖羊肉、锅烧全鸭、清炖鸡等。一般不喜欢带骨刺菜肴。印尼人喜吃沙嗲、咖喱等风味小吃。吃饭时，不用筷子，而是用勺和叉子，也习惯手抓饭，嚼槟榔。此外，还喜喝咖啡和各种饮料。

（三）礼貌、礼节

印尼人很重视礼节，讲究礼貌。"谢谢、对不起、请原谅、请"等敬语经常挂在嘴上。与人见面点头或行握手礼，一般不主动与异性握手。印尼人对来访的客人并不一定要求非送礼不可，但出于礼节，可以送给主人一束鲜花，或最好说上几句感谢的话等。在与印尼人谈话时，要摘掉墨镜，最好避开与当地政治、社会和国外对他们的援助等相关的话题。印尼人注重面子，有分歧时不会公开辩论。印尼爪哇人在社交场合接送礼物时，用右手，对长辈用双手，收礼后不能当面打开礼品。印尼有敬蛇的习俗，认为蛇是善良、智慧、本领、德行的象征，敬蛇如敬神，也偏爱茉莉花，喜爱带蛇或茉莉花图案的商品。

（四）禁忌

印尼人忌讳用左手接触别人的身体、吃东西和指着对方，也不能用左手递送物品，忌用手碰别人头部。忌讳乌龟、老鼠，认为乌龟是一种令人厌恶的低级动物，给人以"丑陋"的印象；认为老鼠是一种害人的动物，给人以"瘟疫"和"肮脏"的印象。爪哇岛人最忌讳有人吹口哨，认为这是一种下流的举止，并会招来幽灵。印尼人大多信仰伊斯兰教，忌讳有猪图案的物品，忌食猪肉，不饮酒。

四、旅游业概况

（一）著名旅游城市和景点

印尼是东南亚旅游区旅游资源最具特点的一个国家，旅游资源丰富。这里曾经生活着古老的人类——爪哇人，也曾经诞生了东南亚历史上最伟大的帝国。作为世界上最大的伊斯兰教国家，印尼有自己灿烂的文化与独特的民俗。众多的岛屿星罗棋布地散落在赤道碧波荡漾的太平洋中，如一串晶莹的珍珠镶嵌在赤道带上。这里迷人的热带自然景观、悠久的历史古迹和多元的民族文化，构成了一幅幅令人向往的美丽图画。印尼发展旅游业具有得天独厚的优越条件。

1. 雅加达

雅加达意为"胜利和光荣之堡"，位于爪哇岛西北部，濒临雅加达湾，是印尼的首都，全国的政治、经济、文化中心和海陆空交通枢纽，是印尼和东南亚最大的城市，重要的旅游城市。雅加达是太平洋与印度洋之间的交通咽喉，也是亚洲通往大洋洲的重要桥梁。早在14世纪，印尼就已成为初具规模的港口城市，以输出胡椒和香料闻名，当时叫"巽他加拉巴"，意思是"椰子"，华侨称其为"椰城"。1527年，印尼人民赶走了葡萄牙侵略者，把这个城市改名为雅加尔达（意思是"胜利之城""光荣的堡垒"），简称"雅加达"，1961年改为大雅加达特区至今。雅加达建城日为6月22日，每年这一天都要举行大型的纪念活动。市区分为两部分，以中央区为界，北面的旧市区称为下城，南面的新市区是国家的行政中心，称为上城。旧市区是繁荣的经济和商业中心，也是主要的旅游区，历史古迹多，有伊斯蒂赫拉尔清真寺等各类寺庙、教堂数百座，有中央博物馆、独立广场、水族馆、植物园、印尼缩影公园、印尼最大的游乐场——安佐尔梦幻公园等著名的旅游景点。

2. 巴厘岛

巴厘岛（如图 2-14 所示）是印尼众多岛屿中最耀眼的一个，位于爪哇岛以东小巽他群岛西端，大致呈菱形，面积约 5620 平方千米，人口约 315 万，人口密度仅次于爪哇，是世界旅游胜地之一。巴厘岛地处热带，日照充足，温和多雨。全岛山脉纵横，地势东高西低，岛上的最高峰阿贡火山海拔 3142 米，被称为"世界的肚脐"。巴厘岛是印尼旅游业的领头雁，连续几年占印尼旅游收入的 45%，以金色的海滩、蔚蓝的海洋、众多的庙宇、优美的舞蹈、美丽的湖光山色、灿烂的民族艺术、独特的工艺产品和迷人的风土人情闻名于世，素有"诗之岛""舞之岛""千庙之岛""神仙岛"的美誉。人们用"诗一般的情调，画一般的美丽"来形容巴厘岛的景色。巴厘岛北有风景优美的比都库湖、巴都尔湖，东南部的格龙宫是著名的古代巴厘王朝法庭所在地，宫殿气派雄伟。布撒基寺是众多寺庙中最著名、面积最大的一座印度教寺庙群。位于岛中部的乌穆是绘画中心，玛斯是著名的木雕中心。以狮子舞与剑舞为代表的古典舞蹈典雅多姿，雕刻（木雕、石雕）、绘画和手工艺品技艺精湛、风格独特。居民每年举行的宗教节日近 200 个，每逢节日，歌舞杂陈。

图 2-14　巴厘岛

3. 日惹

日惹是位于爪哇中南部的直辖特区，北邻中爪哇省，南临印度洋。首府日惹是古代马特兰地区的中心，是爪哇国和爪哇文化的发源地，1755 年日惹王国在此建都。悠久的历史孕育了日惹灿烂的文化。日惹名胜古迹云集，主要旅游景点有巴玛南神庙、婆罗浮屠、日惹王宫、麦拉比火山等。

视野拓展

婆罗浮屠

婆罗浮屠在古梵文中的意思是"山丘上的佛塔",俗称"千佛塔",是世界最大的古老佛塔,举世闻名的佛教千年古迹。位于爪哇岛中部的马吉冷婆罗浮屠村,在日惹市西北40千米的一个长123米、宽113米的矩形小山丘上。婆罗浮屠与中国的万里长城、埃及的金字塔、柬埔寨的吴哥窟合称为东方的四大奇迹,1991年作为文化遗产被联合国教科文组织列入《世界遗产名录》。婆罗浮屠约建于8世纪后半期,相传是10万奴隶用15年时间建成的,目的是供奉释迦牟尼的舍利子和遗物。15世纪伊斯兰教传入印尼以后,佛教衰微,婆罗浮屠被火山灰及丛莽埋没,直至1814年才被重新发掘,1973年开始全面修缮,用了10年时间全部完工。整个佛塔共有十层。第一层是正方形塔基,面积1.23万平方米;第二至第六层是五层角锥体同心方台,各层共建有石壁佛龛432个,每座佛龛内均有一莲座及盘足趺坐的佛像;第七至第九层是三层环形平台,呈圆锥体,各层共建有72座透雕细工的钟形印度塔,内有佛龛,每个佛龛供奉一尊成人大小的趺坐佛像,形状别致;第十层是钟形的大佛塔,直径是9.9米。四周的中间各有一条笔直的石级通道直达顶层,从塔底到塔顶最尖端,原高42米,据传塔顶钟形大佛龛的尖端因触雷而被毁掉,现在实际高度近35米。佛塔的层次结构象征了由尘世走上极乐世界的途径。每层回廊和栏杆上的浮雕表现不同的内容,全部浮雕连接起来总长可达4000米,堪称艺术珍品,有"石头上的画卷"之称,为世界闻名的石刻艺术宝库。婆罗浮屠佛塔不同于佛教世界中一般的佛塔寺院,据说这座实心佛塔使用了200多万块火山岩石垒砌而成,仅佛塔底层的巨石每块就重1吨,其稳如泰山的绝妙几何体如同古埃及的金字塔,素有"印尼的金字塔"之称。

资料来源:《畅游东南亚》编辑部《畅游东南亚》,北京:华夏出版社,2019。

(二)旅游小常识

1. 货币知识

印尼的法定货币为印度尼西亚卢比(Indonesian Rupiah),也称印尼盾,由印度尼西亚银行(Bank Indonesia)发行,货币符号为IDR。印尼现在流通的有1000、5000、10 000、20 000、50 000、100 000盾等面额的纸币,此外还有50、100、500盾等面额的硬币。

汇率:10 000印尼盾约合人民币4.77元(2023年7月)。

2. 最佳旅游季节

印尼终年高温潮湿,晴雨不定,气候炎热。较明显的雨季从每年的11月起至次年2月。5月至9月是最佳旅游时节。

3. 小贴士

在雅加达旅游,需经常补充水分,不要长时间日晒或运动。除加里曼丹岛外,各岛均有活火山，地震频繁。

第七节　澳大利亚

一、自然概况

　　澳大利亚全称澳大利亚联邦。澳大利亚地处太平洋西南部和印度洋之间，四周环海，由澳大利亚大陆、塔斯马尼亚岛及大洋中的其他一些小岛和海外领土组成，东南隔塔斯曼海与新西兰为邻，北部隔帝汶海和托雷斯海峡与东帝汶、印度尼西亚和巴布亚新几内亚相望，南部与布满冰川的南极洲隔海相望。澳大利亚南北距离约为3700千米，东西之间的距离约为4000千米，国土面积约769.2万平方千米，仅次于俄罗斯、加拿大、中国、美国和巴西，居世界第六位，是世界上唯一一个国土跨越整个洲的国家。

　　澳大利亚海岸线绵长，总长约3.67万千米。虽四面环水，沙漠和半沙漠却占全国面积的35%。全国分为东部山地、中部平原和西部高原三个地区。澳大利亚大陆古老而又平坦。海拔2230米的科西阿斯科山为全国最高峰，最长河流墨累河长3490千米。内陆中部的北艾尔湖是澳大利亚的最低点，湖面低于海平面12米。在东部沿海有全世界最大的珊瑚礁——大堡礁。

　　澳大利亚位于南纬10°41′至43°39′之间，北部为热带，中部为干旱地带，南部为温带；其季节和北半球正好相反，每年的12月到次年2月为夏季，3月到5月为秋季，6月到8月为冬季，9月到11月为春季。由于没有特别高的山脉阻隔，加之大洋环绕带来的调节作用，气候的主要特征是炎热干燥，雨量较小，是除南极洲以外降雨量最少、最干燥的大陆。年平均气温从最北部的27℃到最南部的13℃，最冷的地区位于塔斯马尼亚的高原地区和东南大陆的边缘地带。平均年降雨量为465毫米，每年雨量的变化幅度很大，分布也很不均匀，最湿润的地方是东北热带地区和塔斯马尼亚州西南地带。

　　澳大利亚生物原始性明显，生物旅游资源独特。澳大利亚大陆从第三纪以来，就与世界其他大陆相脱离，在漫长的年代里生物界长期独立发展，渐渐形成了独特的演化过程，与其他大陆上的生物区别显著，又因没有受到第四纪冰川的影响，使得古老的动植物得以繁衍，故有"世界活化石博物馆"的美称。这里缺少有胎盘类哺乳动物、没有大型食肉类的野兽，其中最具代表意义的两大哺乳动物是有袋类动物和有胎类动物及最古老的原始哺乳动物——单孔目动物（主要包括针鼹和鸭嘴兽）。这里还是植物的王国。澳大利亚是世界上桉树的原产地和集中地，现已发现600多种。

特别提示

国名释义

澳大利亚（Australia）一词，源于拉丁语"terra australis"，意为"南方的土地"，指赤道以南的陆地和海洋。欧洲人在17世纪初叶发现这块大陆时，误以为这是一块直通南极的陆地，故取名"澳大利亚"。

资料来源：《中国大百科全书》网络版https://www.zgbk.com。

二、人文概况

（一）人文地理

1. 人口与民族

澳大利亚人口约2609万（2022年7月）。由于大部分地区极为干旱或是半沙漠，并不适宜居住，人口密度仅为2.91人/平方千米，是世界上人口密度最小的国家之一。人口分布很不平衡，85%以上的人口聚居在城市，土著居民大多生活在政府划定的土著人保护地内。

澳大利亚是典型的移民国家，被社会学家喻为"民族的拼盘"。自英国移民踏上这片美丽的土地之日起，已先后有来自世界200多个国家、140多个民族的移民到澳大利亚谋生和发展。多民族形成的多元文化是澳大利亚社会的一个显著特征。澳大利亚居民中74%为英国及爱尔兰裔，亚裔占5%，土著人占2.7%，其他民族占18.3%。

2. 语言与宗教

澳大利亚的官方语言为英语，少数土著人讲本民族语言。土著语言有多种，在欧洲人到来之前大约有250种方言，现在仅存100多种，真正在使用的只有20多种。

澳大利亚约63.9%的居民信仰基督教，5.9%的居民信仰佛教、伊斯兰教、印度教等其他宗教。无宗教信仰或宗教信仰不明人口占30.2%。

视野拓展

澳大利亚的国旗、国徽、国歌、国花、国鸟

国旗：呈横长方形，长与宽之比为2∶1。旗地为深蓝色，左上方是红、白"米"字，"米"字下面为一颗较大的白色七角星，右边有四颗白色七角星和一颗白色小五角星。"米"字为英国国旗图案，象征英联邦成员，表明两国的传统关系。最大的七角星象征组成澳大利亚联邦的六个州和联邦区（北部地区和首都直辖区）。五颗小星代表南十字星座（南天小星座之一，星座虽小，但明亮的星很多），为"南方大陆"之意，表明该国处于南半球。

国徽：左边是一袋鼠，右边是一只鸸鹋，这两种动物均为澳大利亚所特有，是国家的

标志、民族的象征。中间是一个盾，盾面上有六组图案分别象征这个国家的六个州：红色的圣乔治十字形（十字上有一只狮子、四颗星），象征新南威尔士州；王冠下的南十字星座代表维多利亚州；蓝色的马耳他十字形代表昆士兰州；伯劳鸟代表南澳大利亚州；黑天鹅象征西澳大利亚州；红色狮子象征塔斯马尼亚州。盾形上方为一枚象征英联邦国家的七角星。周围饰以国花金合欢，底部的饰带上用英文写着"澳大利亚"。

国歌：《前进，美丽的澳大利亚》。

国花：金合欢。

国鸟：琴鸟。

资料来源：张熠，宋朝晖《世界各国国旗国徽国歌》，北京：中国民族摄影艺术出版社，2003。

（二）简史

人类在澳大利亚的居住历史估计已达6万年之久。在欧洲移民到来之前，土著人和托雷斯海峡岛民就已居住在澳大利亚的大部分地区。17世纪初，西班牙、葡萄牙和荷兰人先后到此。1770年4月20日，英国航海家詹姆斯·库克在澳大利亚东海岸登陆，并宣布这片土地为英王的属地，自此，詹姆斯·库克船长的名字与澳大利亚紧密地连在一起。1788年1月26日，英国航海家菲利普率首批移民（750名罪犯、294名海军官兵）抵达杰克逊湾，发现了"世界上最好的港口"，为了向英国内政大臣悉尼勋爵致以敬意，将该地命名为悉尼。此后，英国陆续在澳大利亚各地建立了一些分散的殖民区。此后各殖民区先后成立自治政府。1900年7月，英国议会通过《澳大利亚联邦宪法》。1901年1月1日，各殖民区改为州，组成澳大利亚联邦，成为英国自治领。1931年，澳大利亚获得内政、外交的独立自主权，成为英联邦内的独立国家。1986年，英议会通过《与澳大利亚关系法》，澳大利亚获得完全立法权和司法终审权。1999年11月6日，在全民公决决定澳大利亚是实行共和体制还是维持现有体制的表决中，54%的投票者同意继续拥戴英国女王为他们的国家元首。这块土地十分古老，但是作为一个国家的历史则很短，故有"古老土地上的年轻国家"之称。

（三）政治

澳大利亚为英联邦成员国，采用英国的议会制度，实行政党政治和责任内阁制。联邦议会是澳大利亚的最高立法机构。英国国王是澳大利亚名义上的国家元首；总督为法定的最高行政长官。总督由总理提名，由英国国王任命。澳大利亚总督代表英国国王行使在澳大利亚联邦内的职权。联邦行政议会是联邦最高行政机构，由总督、担任议员的各部部长和一些名誉委员组成。内阁是行政领导机构，内阁总理由众议院多数党领袖担任，并由联邦总督任命。联邦议会和政府负责处理涉及全国利益的所有事务。

（四）经济

澳大利亚地处南太平洋和印度洋，是南太地区经济最发达的国家。自20世纪90年代以来，澳大利亚经济保持持续增长，人均国内生产总值在OECD（经济合作与发展组织）国家排名前列。澳大利亚连续多年保持快速增长，并维持了较低的通胀率和失业率，连续被OECD评为世界最具活力的经济体。2022年，澳大利亚国内生产总值约为1.7万亿美元，人均国内生产总值为6.55万美元。

服务业、制造业、采矿业和农业是澳大利亚的四大主导产业。其中，服务业是澳大利亚的优势产业。近年来，在新兴经济体对原材料巨大需求的带动下，澳大利亚采矿业快速增长。澳大利亚农业在国民经济中的比重虽有所下降，但农业的产量、产值和效益均不断提高，农产品出口也在大幅增加。

澳大利亚矿产资源丰富，是世界重要的矿产资源生产国和出口国，有"坐在矿车上的国家"之称。矿产不仅储量大，而且具有埋藏浅、易开采、品位好、质量优等特点，已探明的矿产资源多达70种，其中铅、镍、银、钽、铀、锌的储量居世界首位。澳大利亚是世界上最大的锂、锆生产国，黄金、铁矿石、煤、锂、锰矿石、镍、银、铀、锌的产量也居世界前列。澳大利亚还是世界最大的烟煤、铝矾土、钻石、锌精矿出口国，第二大氧化铝、铁矿石、铀矿出口国，第三大铝和黄金出口国。

澳大利亚是世界主要贸易国家之一，对国际贸易依赖很大，以出口初级农牧产品和矿产品而闻名于世，主要贸易对象是日本、美国、欧洲共同体、中国、东盟、韩国和新西兰等。服务业在经济中所占比重最大，旅游业是澳大利亚发展最快的行业之一。

（五）文化

1. 教育

澳大利亚教育比较发达。宪法规定，各州中小学及工业学院均由各州教育主管部门负责领导、管理，由联邦政府拨款资助，大学则由联邦政府统一管理。凡澳大利亚的公民，都是免费接受教育。学校分为公立和私立两种，实行学龄前教育、中小学12年义务教育。澳大利亚的职业培训教育由职业技术学院以及私人机构，如企业公司、私立学院、社区团体、专业组织和学校等负责提供。著名高等院校有澳大利亚国立大学、格里菲斯大学、墨尔本大学、悉尼大学、新南威尔士大学、莫纳什大学等。

2. 科学技术

澳大利亚重视科学研究与科学教育。基础科学研究主要在各大学和政府的研究机构中进行。科研工作主要服务于农牧业和矿业。澳大利亚科学技术委员会于1978年成立，是总理的顾问机构。其他研究机构有联邦科学和工业研究组织、澳大利亚科学院、原子能委员会和海洋科学研究所。政府已出台名为《科学创新、成就未来——提升澳大利亚国力》的行动计划，以坚持不懈地支持积极创新、追求卓越。

3. 文学与艺术

澳大利亚政府在"自由、民主、公正"的原则下倡导多元文化政策。这一特色一方面反映在土著人的绘画、文学和音乐中，另一方面又在从西方传统中吸收来的艺术、文学、现代舞蹈、电影、歌剧和戏剧中得到了体现。亚太地区的文化是影响澳大利亚文化的一个重要因素。在现代英语著作方面，澳大利亚的文学作品在国际上享有盛誉。澳大利亚作家的文学创作活动日益兴盛，长篇、中篇、短篇小说作品不断问世，曾多次获奖。著名作家帕特里克·怀特获得1973年诺贝尔文学奖，使澳大利亚文学在世界上产生了新的影响。

4. 体育

澳大利亚人酷爱运动，认为体育运动是热爱生活的表现。冲浪、帆板、赛马、滑雪、钓鱼都有众多的热衷者和爱好者。澳式橄榄球、网球、滚球、游泳、钓鱼都是热门项目。特别是网球和游泳是无人不学、无人不会。游泳是澳大利亚夺金的"拳头"项目，在历次奥运会上，游泳都是澳大利亚队的重点夺金项目。澳大利亚代表团几乎有1/3的奖牌来自泳池。澳大利亚与英、法、美并称世界四大网球王国。澳大利亚人赛马成癖，赛事频繁，赌马之风盛行。全国性的跑马锦标赛于每年11月第一个星期二在墨尔本城西举行，届时，整个澳大利亚进入一种如痴似狂的状态，纷纷收听、收看比赛实况，当日也成为约定俗成的全国性假日。

视野拓展

澳大利亚土著

最早的土著居民在最近的一次冰期时来到澳大利亚。当时的海平面较低，故他们能够通过大陆桥和小片的水域来到这里。随着冰川消融，海平面再次上升，该大陆被完全隔离。最初，人们沿海岸和河流定居，后来逐渐移居到大陆各地。

最早的土著人种属于大洋洲诸岛和东南亚一带的尼格利陀人种，但随着时间的推移，加入了其他人种的基因，包括高加索暗色人种、斯里兰卡的唯达人、日本的阿伊努人、印度的托达人，甚至中国的苗族也融入其中。这就是澳大利亚土著——古利人（Kooris）。土著人传统上以打猎和采集为生。他们属于游牧人口，游牧地域很广，在水源附近搭起临时帐篷，食物耗尽后便再次迁移。他们与别的部落进行贸易，交换商品，如矛等。土著人靠猎取袋鼠等动物为生，以野生植物、坚果、浆果等为辅助食物。在狩猎时，他们使用哑语以免惊跑猎物。在哑语中，将拳头握紧再展开即表示袋鼠。

今天的澳大利亚土著人在融入白人社会的同时，保留了很多传统文化。如在歌舞会上通过歌声和舞蹈将土著人的故事代代相传；举办成丁礼，纪念儿童进入成年期等。

资料来源：斯图亚特·麦金泰尔《苏醒大陆：澳大利亚史》，上海：东方出版中心，2022。

三、民俗风情

在澳大利亚人口中，白种人约占92%，其中绝大多数人形成了接近英国传统的习俗，只有土著人仍保持着自己特有的习俗。

（一）服饰

澳大利亚人，特别是英国后裔曾十分注重公共场所的仪表，脑力劳动者和体力劳动者之间亦有"白领阶层"和"蓝领阶层"之分，但是现在这类区别不甚明显。男子出席正式场合时西装革履，女性是西服上衣西服裙。在购物、游览等闲暇活动中，人们更加偏爱便装。时至今日，各式各样的土著艺术已融入时装设计之中，土著的古代艺术对现代澳大利亚时装潮流有重大影响，这也是澳大利亚时装与众不同，具有线条硬朗、色彩鲜明的原始风格的原因。

（二）饮食

澳大利亚人在饮食上与欧美国家相似，家庭中一般是三餐加茶点。早餐主要食品有牛奶、麦片粥、火腿、煎蛋、黄油、面包；午餐多食快餐，通常食冷肉、凉菜、三明治、汉堡包、热狗等；晚餐是一天中的正餐，食物丰盛，多有热菜、炖煮、烤烧肉食等，并饮用配餐酒和啤酒等。早茶、午茶以咖啡和茶为主，加上饼干、小点心等甜食。澳大利亚人注重菜品的质量，讲究菜肴的色彩，喜吃鸡、鸭、鱼、海鲜、牛肉、蛋类等，偏爱煎、炸、炒、烤烹调制成的菜肴。澳大利亚人十分喜欢野餐，爱饮酒，通常在郊外的野餐以烤肉为主；非常喜欢中国菜，特别爱吃中国风味的清汤饺子，华人餐馆在各大城市中均可见到。特色食品有袋鼠肉、皇帝蟹、鲍鱼等。

（三）民居

在澳大利亚通常见到的是宽大的住宅而不是高楼大厦，72%的澳大利亚人拥有自己的单家独院，这些院落在中国被称为别墅，是澳大利亚最普遍的住宅形式。大部分住宅的建筑格局是有4至6个房间的一层庭院式，房舍周围为种满花草和蔬菜的花园和菜园，人口较多、十分富有的人家多为二层房。澳大利亚人的住宅或公寓都有很高的建筑标准，而且住宅内一般都拥有现代化的家用电器设备，绝大多数住宅装有空调和现代化供暖设备。

（四）礼貌、礼节

澳大利亚人流行西方礼仪，讲究礼貌，待人彬彬有礼。人们相见总是热情地打招呼，彼此称呼对方的名字。握手是一种相互打招呼的方式，拥抱亲吻的情况比较少见，但在亲朋好友之间通常贴面以示感情。在社交场合，澳大利亚人待人接物非常随和，喜爱同陌生人交往，对待外来客人也是这样。在公共场合从来不大声喧哗。"保持距离"是社交场合、日常交谈以及茶余饭后闲聊时必须注意的行为准则。与澳大利亚人交谈时不要涉及金钱、婚姻、年龄、职业、宗教等私事。澳大利亚人时间观念很强，约会必须事先联系并准时赴约，比预定时间晚到5分钟还是可以接受的，但是迟到方必须道歉，并简单说明原因。澳大利亚人请客一般提前一周左右向被邀请人发出邀请，被邀请者是否赴约应明确告知邀请人。接受邀请后因故不能前往者，应及时通知邀请人，否则便是失礼。被邀请到澳大利亚人家中做客，最合适的礼物是给女主人带上一束鲜花，也可以给男主人送一瓶葡萄酒。吃东西发声大、刀叉碰撞声大、边咀嚼边讲话等，都被认为是失礼的行为。

（五）禁忌

澳大利亚人忌讳数字13，视13日、星期五为不祥日。忌讳兔子及兔子图案。喜爱袋鼠、琴鸟和金合欢花图案。忌送菊花、杜鹃花、石竹花和黄颜色的花。澳大利亚人平等意识浓厚，交往时应注意一视同仁，不要厚此薄彼。乘出租车必须有一人与司机并排坐，以示尊重。切忌对其国内事务发表议论，也不要说"自谦"的话。不可竖大拇指表示赞扬

（在当地被认为下流动作），切忌对人眨眼。

特别提示

澳大利亚的多元民族文化

澳大利亚是由来自许多不同民族背景的人建设起来的国家。澳大利亚人来自世界的每一个角落，包括土著人、托雷斯海峡岛民和来自世界各地约200个国家和地区的移民。约23%的澳大利亚人出生于另一个国度，约1/4人口的父母亲中至少有一个出生于海外。文化的多样性已成为其国家特性的试金石。同时，面对快速变化的世界所带来的挑战，文化的多样性正成为澳大利亚最重要的优势之一。几代澳大利亚人选举的政府都支持通过政策、立法和公共计划将澳大利亚建设成一个宽容、包容和文化多元的社会。国家的多元文化政策平衡了权利与义务之间的关系。澳大利亚人享有表达及分享他们的文化传统和信仰的权利，同时也支持澳大利亚的民主制度和价值观，尊重他人表达自身文化和信仰的权利，移民政策完全不带有歧视性。

资料来源：杨龙《浅析澳大利亚的多元文化政策》，《沧桑》2010（8）。

四、旅游业概况

（一）著名旅游城市和景点

澳大利亚旅游资源极为丰富，著名的旅游城市和景点遍布全国。其季节和北半球正好相反，奇异的自然风貌、独特的生态环境、对比强烈的多元文化和发达的经济是旅游业高速发展的基本条件。这里明媚秀丽的海滩、色彩斑斓的海底花园、险峻奇绝的壮丽峡谷、辽阔荒凉的内陆风光、举世无双的动物奇观、奇特古老的民俗风情，吸引着世界各地的旅游者前来度假休闲。

1. 堪培拉

堪培拉（如图2-15所示）是澳大利亚的首都，全国的政治中心。位于澳大利亚东南部山脉区的开阔谷地上，处于墨尔本和悉尼之间，东北距悉尼240千米，西南距墨尔本500千米。面积约2395平方千米，50%以上的面积为国家公园或保留地。城市的设计受到花园城市风潮影响，抛掉以公园作为点缀的旧有观念，将许多重要区域直接融入天然植被，因而享有"天然首都"美誉。堪培拉是一座典型的政府城市，始建于1913年，1927年联邦政府从墨尔本迁到这里。现在已经是全国的政治中心，以服务业为主要经济支柱，无重工业。气候温和，全年降雨量平均，四季都有阳光普照的日子。每年9月，堪培拉都举办花节，以数十万株花迎接春天的到来，被誉为"大洋洲的花园城市"，是世界上名列前茅的花园城市，人均占有绿地面积约71平方米。这座在旷野上建造起来的城市，从城市的布局到整齐划一的街道，从唯美时尚的建筑物到鲜花遍地的绿茵草坪，从庄严堂皇的国会大厦到精美小巧的外国使馆，从幽静的人工湖到喷云吐雾的喷泉柱，无不是一幅幅精心雕琢的美丽图画。著名的建筑和景点有国会大厦、战争纪念馆、国家图书馆、国家艺术馆、水族馆、格里芬湖等。其中，国会大厦位于堪培拉的中心，是世界上最著名的建筑之一。

图 2-15 堪培拉

视野拓展

格里芬湖

如果不去格里芬湖，不看喷射式喷泉，就不能说到过堪培拉。格里芬湖是以昔日首都建设总监伯利·格里芬命名的长达 20 多千米的人工湖，湖岸周长 35 千米，面积 704 万平方米。格里芬湖把城市一分为二，城区以联邦桥和国王桥相连，道路呈放射状扩散，环湖建有公路，路边遍植花木。景色宜人的湖畔点缀着许多形态各异的建筑，高楼大厦倒映于水中，雄伟而壮丽。湖中有为纪念库克船长而建造的喷泉，它从湖底喷出的水柱高达 137 米，站在全城任何地方，都可以看到高大的白色水柱直刺蓝天，水柱四周的水珠和雾粒在阳光的照耀下，闪烁着一道道彩虹，颇为壮观。格里芬湖湖区辽阔，碧波荡漾，景色十分美丽。

资料来源：《畅游澳大利亚》编辑部《畅游澳大利亚》，北京：华夏出版社，2020。

2. 悉尼

历史名城悉尼位于澳大利亚的东南部，是澳大利亚第一州新南威尔士州的首府，全国的文化、经济和金融中心，也是澳大利亚最大的城市和港口。悉尼作为城市的历史始于 1788 年，以菲利普船长率领的首批英国殖民者在悉尼登陆为开端，1842 年 7 月 20 日正式建市。广义的悉尼即所谓大悉尼包括悉尼市和附近 44 个小城市，居民来自 160 多个不同的国家和地区，占澳大利亚总人口的 1/5，是澳大利亚人口最稠密的地方。悉尼是世界上最美丽的海港城市之一，连续多年被评为世界最佳旅游城市，有白帆逐浪的海港、细腻迷人的沙滩、终年阳光明媚的地中海式气候。空气清新，绿草葱茏，繁花似锦，与碧水蓝天相映，美不胜收。悉尼有南半球最大的海港大桥、风格独特的歌剧院、南太平洋地区最大的国际机场、305米高的悉尼塔、维多利亚大厦、唐人街、水族馆、皇家植物园和野生动物园等景观，有"澳大利亚门户"和"南半球的纽约"之称。悉尼歌剧院与悉尼塔、海港大桥并列为悉尼三大标志建筑，登上悉尼塔可以鸟瞰整个市景。

视野拓展

悉尼歌剧院

悉尼歌剧院（如图2-16所示）位于澳大利亚新南威尔士州的首府悉尼市贝尼朗岬角。这座综合性的艺术中心，在现代建筑史上被认为是巨型雕塑式的典型作品，也是澳大利亚的象征性标志。其外形犹如即将乘风出海的白色风帆，与周围景色相映成趣。2007年，悉尼歌剧院作为文化遗产被联合国教科文组织列入《世界遗产名录》。

悉尼歌剧院从20世纪50年代开始构思兴建，1955年起公开征求世界各地的设计作品，至1956年共有32个国家233个作品参选，后来丹麦建筑师约恩·伍重（Jørn Utzon）的设计雀屏中选。建设从1959年3月开始，直至1973年10月竣工，斥资1.02亿澳大利亚元完成建造。

妩媚动人的悉尼歌剧院全部建筑群长183米、宽118米，占地约1.84万平方米，最高处距海平面66米。几层重叠的巨帆傲然展首，犹如一群欲展翅腾飞的白天鹅，洁白的轮廓倒映在湛蓝的海水中，与横跨于杰克逊湾长虹般的海港大桥互为映衬，蔚为壮观。歌剧院内部有5间豪华的厅堂，分别为演奏厅、歌剧厅、话剧厅、音乐厅和展览厅，另有900多个大小厅室，可同时容纳7000人，各种音响设备皆为一流。它是世界上最繁忙的歌剧院之一，每年演出场次高达2000场，世界上的著名乐队、剧团、歌唱家、舞蹈家均以能在此演出为殊荣。

图2-16　悉尼歌剧院

悉尼唐人街

悉尼唐人街位于悉尼市南部，是澳大利亚最大的华人社区，以德信街为中心，位置优越，是一个重要的购物和旅游区。德信街南北尽头各有一座绿瓦红楹的牌坊为标志，街口牌坊上有"通德履信"和"四海一家"八个金光闪闪的大字，路牌写有中文街名"德信街"。街长约百米，宽仅10米，设有亭台、座椅，极富中国园林色彩。街道两边琳琅满目，百业俱全，华人开设的茶楼、酒家、餐厅、商店、银行、超级市场鳞次栉比，热闹非凡，是旅游者的一个好去处。此处的中餐在澳大利亚很负盛名。

资料来源：《畅游澳大利亚》编辑部《畅游澳大利亚》，北京：华夏出版社，2020。

3. 墨尔本

墨尔本位于澳大利亚东南部的亚拉河畔，是澳大利亚第二大城市，是有着"花园之州"美誉的维多利亚州的首府，有"金融首都"之称。大墨尔本地区包括墨尔本中心区和几百个郊区，总面积8831平方千米，人口约500万。墨尔本市建立于1835年，1927年以前是澳大利亚联邦政府的首都。在墨尔本的发展史中，"淘金热"始终占有重要的位置。1851年在墨尔本附近发现了金矿，大量的人从世界各地前来墨尔本淘金，城市得到迅速发展，所以也有"新金山"之称，以别于美国的旧金山。墨尔本城西的巴拉腊特和城北的本迪戈这两个过去的淘金地，都建有主题公园，再现当年采金时期的生活与习俗。公园中的工作人员都按照当时的情况进行穿着、打扮，并且仿造了当年采金者的遗物、店铺、铁匠铺、四轮马车等设施和交通工具，真实地再现了淘金时期的生活风貌。

4. 布里斯班

布里斯班地处澳大利亚东南沿海，是澳大利亚昆士兰州的首府和港口、澳大利亚第三大城市。布里斯班河流经市区，两岸树木葱茏，景色秀丽。城市面积3080平方千米，大都会区人口210万。城市规划很有特色。市区分割区域的街道，南北方向以女性名字命名，东西方向则以男性名字命名。由于布里斯班位于南回归线以南，所以日照时间长，每天日照达7.5小时，有"艳阳之都"和"阳光之州"的称号。布里斯班之名源于殖民时代新南威尔士殖民区总督官的名字，这个城市最初叫摩尔顿湾，属新南威尔士州管辖。1824年开始建为流放囚犯的地方，随着罪犯流放制度的取消，开放为自由定居点，城镇也不断扩大。1859年，昆士兰脱离新南威尔士单独成立殖民区后，布里斯班便成为殖民区首府，1902年设市。

布里斯班是一座现代化的旅游城市。由于与黄金海岸、大堡礁等世界闻名的旅游景点相距不远，布里斯班成为全球瞩目的度假休闲胜地，每年吸引着世界各地成千上万的游客。市内有大小公园近170处，其中以艾伯特公园、鲍恩公园、斯劳特瀑布公园、罗马街公园、皇后公园等较为有名。市区东北广场上有为纪念战争中死难者而立的纪念亭，市政大厦正门上矗立着一座106.67米高的钟楼。市东南河畔是植物园，内有全国最大的天文台。附近有森林公园，园内银瀑飞溅；有孤松保护区和树龄达3000年的南极毛榉以及上万株玫瑰和兰花、九重葛等名花异草；孤松无尾熊保护区有着全澳大利亚最多的无尾熊，还是袋鼠和鸸鹋栖息的地方。布里斯班市文化活动都集中在河流南岸市中心附近的昆士兰文化中心，这里设有新昆士兰美术馆、大会堂、联合演出剧场、昆士兰博物馆和州立图书馆等。

视野拓展

黄金海岸

澳大利亚四面环海，海岸线绵长，拥有许多优良的海滨浴场。其中，位于东海岸昆士兰州布里斯班市区以南96千米处、长约32千米的一段金黄色沙滩，最令人叫绝，被称为黄金海岸（如图2-17所示）。这里是太平洋暖流冲击地带，终年阳光普照，气候宜人，有蔚蓝色清澈见底的海水、洁净如粉的细沙，最适于人们游泳和滑水，是澳大利亚首屈一指的避暑胜地。这里拥有世界一流的住宿饭店、风景名胜，以及各种富有吸引力的主题游览区30多个、世界级的主题公园3个，因此享有"主题公园之都"的美誉。各种游乐项目应有尽有：华纳兄弟电影世界、儿童公园、鸟瞰名胜的空中缆车、海豚表演、展示奇花异兽的公园、全国最大的海洋公园、梦幻世界、直升飞机的低飞游览、令人眼花缭乱的水上芭蕾等，还可以到附近的农庄去体验澳大利亚最原始的生活方式。

图2-17 黄金海岸

资料来源：《畅游澳大利亚》编辑部《畅游澳大利亚》，北京：华夏出版社，2020。

5. 大堡礁

世界自然遗产——大堡礁，位于澳大利亚东海岸的昆士兰州，从大陆小镇道格拉斯港口（Port Douglas）向南延伸至班达伯格（Bundaberg），绵延2000多千米，堪称举世无双的水上奇观。

大堡礁是世界上最大、最长的珊瑚礁区，是世界七大自然景观之一，也是昆士兰州最大的观光招牌、澳大利亚人最引以为傲的天然景观，被称为"透明清澈的海中野生王国"。它位于巴布亚湾与南回归线之间的热带海域、南太平洋珊瑚海西部，北起托雷斯海峡，南至弗雷泽岛附近，沿着昆士兰州的海岸线绵延2400千米，最宽处161千米，宛如一道天然的防波海堤，像堡垒护卫着海岸，故称堡礁。总面积20多万平方千米。大堡礁约由3000个不同阶段的珊瑚礁、珊瑚岛、沙洲和潟湖组成，这里是海洋中的热带雨林，是350多种活珊瑚、1500多种鱼类、4000多种软体生物及240多种鸟类和海龟等成千上万种海洋生物的安居之所，是一处举世无双的海底大花园、地球上最让人向往的海上乐园。大堡礁形成于中新世时期，距今已有2500万年的历史，面积还在不断扩大。退潮时，部分礁体露出水面；而涨潮时，大部分礁体被海水掩盖，剩下600多个岛礁忽隐忽现。在其中17个较大的岛屿上，建有旅馆和公寓，其中以绿岛、丹客岛、磁石岛、海伦岛、哈米顿岛、琳德曼岛、芬瑟岛等较为有名，每年都会吸引无数的游客。1975年澳大利亚政府颁布了《大堡礁海洋公园法》，1981年整个区域作为自然遗产被联合国教科文组织列入《世界遗产名录》。

6. 蓝山

蓝山是澳大利亚东部最高的山脉，位于澳大利亚新南威尔士州东部，悉尼市以西约65千米处。之所以得名为蓝山，是因为当地的桉树所挥发的油滴在空气中经过阳光折射呈现出独一无二的蓝色景观。这里溪谷幽深狭长，风景秀丽。溪流经年累月地冲刷砂岩，形成了一个个竖直的缝道。很多溪谷深达50米，入口宽度却不到1米。浩大的原始森林里藏有瀑布、深潭、岩洞、隧道和各种珍奇漂亮的动植物，是澳大利亚人理想的郊游场所。最值得称道的是游客可以乘坐火车登山，这是一条世界上最陡的铁路，澳大利亚人称这段铁路为"之"字形铁路。在山顶上有巨大的宽银幕电影院，仅银幕就有6层楼高。三姐妹峰是蓝山的标志性景观，三块巨石并排屹立在高出云雾的山崖之上，酷似三位亭亭玉立的少女。温特沃思瀑布从一个悬崖上飞泻而下，银花四溅，气势磅礴。蓝山西麓100余千米处有个锦瑙兰洞，山洞中大量分布着形态各异的钟乳石，是一处著名的旅游胜地。

（二）旅游小常识

1. 货币知识

澳大利亚的法定货币为澳大利亚元（Australian Dollar），简称"澳元"，由澳大利亚联邦储备银行发行，货币符号为AUD。目前，澳大利亚流通的有5、10、20、50及100澳元共五种面额的纸币，另有5、10、20、50分和1澳元及2澳元六种面额的硬币。1澳元等于100分（Cents）。所有硬币的正面图案均为英国女王伊丽莎白二世的头像。

汇率：100澳元约合人民币485.91元（2023年7月）。

2. 最佳旅游季节

位于南半球的澳大利亚，大部分地区处于亚热带和温带，气候宜人。季节与地处北半球的中国恰好相反：夏季从12月开始，3至5月是秋季，6月进入冬季，9月则是春季的开始。全年大部分时间适宜旅游。秋冬季节气温适宜，是观光旅行的最好季节，但要注意夜间气温较低，须带上毛衣、外套等。

中国旅游客源地概况

本章关键词

韩国　日本　马来西亚　新加坡　泰国　印度尼西亚　澳大利亚　地理概况简史　政治经济　文化　民俗风情　著名旅游城市和景点

专题活动

1.班级分小组简介马来西亚、新加坡、泰国的著名旅游城市和景点，最后通过小组自评、小组间互评、老师点评的方式选出讲解最佳小组。

2.假设有日本旅游团来到你所在的城市，在接待过程中如何安排能让游客更满意呢？请班级分小组讨论，制定相应的接待方案并展示，最终通过小组自评、小组间互评和老师点评的方式总结如何根据游客的特点，来制订最合适的接待计划。

课后练习

1. 韩国、新加坡、澳大利亚等国家是如何根据本国的旅游资源特点来发展旅游业的？对中国开拓国际旅游市场有何启发？

2. 试设计新马泰10日游旅游线路。

学习效果评价表

序号	任务内容	任务要求	等级	待改进技能	备注
1	各国的自然概况	辨认各客源国地图			
		讲解各客源国面积、地貌、气候			
2	各国的人文概况	辨认各客源国国旗和国徽			
		介绍各客源国简史			
		分析各客源国政治和经济的不同之处			
		总结各国文化精髓			
3	各国的民俗风情	分角色扮演，演示各国礼仪			
		列表分析各国禁忌			
4	各国的主要旅游资源	选择任一国，根据自己搜索的旅游景点资料制作成PPT，进行现场景点讲解			

欧洲地区

本章在线习题

本章概览

欧洲地区包括英国、法国、德国、意大利、西班牙、俄罗斯等40多个国家和地区。欧洲大陆地势平坦，气候宜人，海岸线曲折绵长，多岛屿、半岛，自然旅游资源丰富。欧洲是产业革命的发祥地，也是世界近代科学文化与技术发展最早的地区，现仍是世界经济最发达的地区之一。城市文化是欧洲历史的载体，也是欧洲文化的象征，很多国家语言相近，文化渊源关系密切，留下了丰富多彩的历史文化遗产，成为世界文化的瑰宝。

欧洲旅游业发达，旅游基础设施、接待服务设施完善，重视旅游教育与研究，管理规范，区域旅游合作成功，是世界上接待国际旅游的中心地区。本区域经济发达，人们生活富裕，外出旅游相当普遍，也是世界最大的旅游客源区。

学习目标

1. 了解欧洲客源国的自然、人文概况；
2. 熟悉欧洲客源国的民俗风情；
3. 掌握欧洲客源国的旅游业发展概况、主要旅游资源；
4. 分析影响欧洲客源国经济发展的因素，思考保持和扩大该区域客源市场的方法。

第一节 英国

一、自然概况

英国全称大不列颠及北爱尔兰联合王国，是欧洲西部大西洋上的岛国，由大不列颠岛和爱尔兰岛东北部及其附近许多岛屿组成。英国国土面积24.41万平方千米。其中，英格兰13.04万平方千米，苏格兰7.88万平方千米，威尔士2.08万平方千米，北爱尔兰1.41万平方千米。

海岸线总长11 450千米。陆地南北最长966千米，东西最宽483千米。隔北海、多

· 83 ·

佛尔海峡、英吉利海峡与欧洲大陆相望。

英国属温带海洋性气候，终年温和湿润，多雨雾，天气多变。最高气温不超过32℃，最低气温不低于-10℃，年平均气温1月5.5℃、7月15℃。平均降水量约1100毫米。每年2~3月最为干燥，10月至翌年1月最为湿润。

二、人文概况

（一）人文地理

1. 人口与民族

英国总人口约6751万（2022年）。英国是一个多元化民族国家，各民族人民和睦相处、各民族文化兼容并包。英国人口主要由英格兰人、苏格兰人、威尔士人和北爱尔兰人组成，还有少数犹太人、印度人、巴基斯坦人、美国人等。

2. 语言与宗教

英国官方语言和通用语言为英语，威尔士北部还使用威尔士语，苏格兰西北高地及北爱尔兰部分地区仍使用盖尔语。

英国居民多信奉基督教新教，主要教派有英格兰教会（亦称英国国教圣公会，其成员约占英总人口的59.5%）和苏格兰教会（亦称长老会）。另有天主教、伊斯兰教、印度教、锡克教、犹太教和佛教等较大的宗教社团。

视野拓展

英国的国旗、国徽、国歌、国花、国鸟、国石

国旗："米"字旗。呈横长方形。由深蓝底色和红、白色"米"字组成。旗正中带白边的红色正十字代表英格兰守护神圣乔治，白色交叉十字代表苏格兰守护神圣安德鲁，红色交叉十字代表爱尔兰守护神圣帕特里克。此旗产生于1801年，是由原英格兰的白底红色正十旗、苏格兰的蓝底白色交叉十字旗和爱尔兰的白底红色交叉十字旗重叠而成。

国徽：英王徽。中心图案为一枚盾徽，盾面左上角和右下角为红地上三只金狮，象征英格兰；右上角为金地上半站立的红狮，象征苏格兰；左下角为蓝地上金黄色竖琴，象征北爱尔兰。盾徽两侧由一只头戴王冠、代表英格兰的狮子和一只代表苏格兰的独角兽支扶着。盾徽周围用法文写着一句格言，意为"恶有恶报"；下端悬挂着嘉德勋章，饰带上写着"天有上帝，我有权利"。盾徽上端为镶有珠宝的金银色头盔、帝国王冠和头戴王冠的狮子。

国歌：《上帝保佑国王》（*God Save the King*）。

国花：玫瑰花。

国鸟：红胸鸲。

国石：钻石。

资料来源：张熠，宋朝晖《世界各国国旗国徽国歌》，北京：中国民族摄影艺术出版社，2003。

（二）简史

根据考古发现，3500年前大不列颠岛上就有人类居住。约公元前700年前后，欧洲西部的克尔特人移居不列颠群岛。1~5世纪，大不列颠岛东南部受罗马帝国统治。后盎格鲁、撒克逊、朱特人相继入侵。7世纪开始形成封建制度。829年英格兰统一，史称"盎格鲁-撒克逊时代"。1066年，诺曼底公爵威廉渡海征服英格兰，建立诺曼底王朝。1536年，英格兰与威尔士合并。1640年，英国在全球第一个爆发资产阶级革命，1649年5月19日宣布成立共和国。1660年王朝复辟。1688年发生"光荣革命"，确定了君主立宪制。1707年，英格兰与苏格兰合并，1801年又与爱尔兰合并。18世纪60年代开始工业革命，至19世纪30年代完成，是世界上第一个完成工业革命的国家。19世纪是大英帝国的全盛时期。1914年占有的殖民地比其本土大111倍，是第一殖民大国，自称"日不落帝国"。第一次世界大战后英国开始衰落，其世界霸权地位逐渐被美国取代。1921年，爱尔兰南部26郡成立"自由邦"，北部6郡仍归英国。第二次世界大战严重削弱了英国的经济实力。随着1947年印度和巴基斯坦相继独立，英殖民体系开始瓦解，但英国仍是英联邦53个成员国的盟主。目前，英国还有13个英属海外领地。1973年1月加入欧共体，2020年1月退出欧盟。

（三）政治

英国有着悠久的议会民主传统，政体为君主立宪制。国王是世袭的国家元首、最高司法长官、武装部队总司令和英国圣公会的"最高领袖"。议会是英国的最高司法和立法机构，由国王、上院（贵族院）和下院（平民院）组成。上议院是英国的最高司法机关，拥有最高司法权。立法权主要掌握在下议院手中。首相是每届议会大选后，由多数党领袖担任，并由英王任命的。

（四）经济

英国是欧洲能源资源最丰富的国家，主要有煤、石油、天然气、核能和水力等，但主要工业原料依靠进口。英国目前是世界上第六大经济体。私有企业是英经济的主体，占国内生产总值的60%以上。服务业是英国经济的支柱产业，占国内生产总值的3/4。此外，能源产业在英国经济中占有重要地位，现有核电站14座，所提供的电力占英国总发电量的20%左右。近年来，英国政府强调提高能源利用效率和发展可再生能源，确立了建设"低碳经济"的目标。

英国主要工业有：采矿、冶金、化工、机械、电子、电子仪器、汽车、航空、食品、饮料、烟草、轻纺、造纸、印刷、出版、建筑等。生物制药、航空和国防是英国工业研发的重点，也是英最具创新力和竞争力的行业。

（五）文化

1. 教育

英国一向以其高水平的教育质量而著称，这里云集了许多世界上最古老、最著名的学院，每年都有成千上万的海外留学生赴英留学。英国的教育制度分为学龄前教育、小学教育、中学教育和高等教育等几个不同的阶段。英国实行5~16岁义务教育制度。义务教育归地方政府主管，高等教育则由中央政府负责。全国有110多所大学和高等教育学院。著名的高等院校有牛津大学（如图3-1所示）、剑桥大学、帝国理工学院、伦敦政治经济学院、曼彻斯特大学、伦敦大学学院、爱丁堡大学等。

图3-1　牛津大学

2. 科学技术

英国是一个总体科研实力相当雄厚的国家，其科学研究与发展一直保持着很高的水准，其科研几乎涉及所有科学领域。英国获国际大奖人数约占世界的10%，迄今已有130多位诺贝尔奖得主。在生物技术、航空和国防方面具有较强的竞争力。

3. 文学与艺术

（1）文学

英国文学源远流长。14世纪的乔叟是第一个作品中反映英国本土社会的诗人，其代表作为《坎特伯雷故事集》。16世纪到19世纪，是英国古典文学大放异彩的全盛时期。伟大的文学家、剧作家——莎士比亚就是文艺复兴时期的代表人物。莎士比亚一生写了《罗密欧与朱丽叶》《哈姆雷特》《奥赛罗》《李尔王》《麦克白》等37部剧本。18世纪，笛福著有《鲁滨逊漂流记》与《女混混》两部小说，被称作现代小说之祖。19世纪，出现了浪漫主义诗人拜伦、雪莱和济慈，戏剧兼评论家萧伯纳，批判现实主义小说家狄更斯等一批文学巨匠。狄更斯的小说不仅内容丰富、深刻，而且以其艺术上的创新对欧洲现实主义小说的发展作出了独特贡献。此外，萨克雷的《名利场》，夏洛蒂·勃朗特的《简·爱》，埃米莉·勃朗特的《呼啸山庄》，盖斯凯尔夫人的《玛丽·巴顿》等作品也深受全世界读者欢迎。第二次世界大战以后，英国文坛仍然名作不断。

（2）音乐

英国人对音乐会、戏剧、歌剧、舞剧和室内音乐等古典音乐有广泛的兴趣，音乐会和其他艺术节每年都会在英国的大小城镇举行，其中爱丁堡国际艺术节现已成为国际艺术盛会。古典音乐、流行音乐、民间音乐和爵士音乐非常发达，是世界上最知名的戏剧中心之一。全国约有300个剧院，其中伦敦的皇家歌剧院和英国国家歌剧院是世界上最好的歌剧院之一。著名音乐家主要有亨利·珀塞尔、爱德华·爱尔加爵士、本杰明·布里顿等。许多城镇都举行音乐节,如爱丁堡音乐节、巴斯国际音乐节和格拉斯顿伯里音乐节等。

三、民俗风情

(一) 服饰

英国人重视传统,十分注重穿着。上班、参加正式活动时,一般都穿得很正规。除年轻人外,一般平时都穿西服,如参加宴会或观剧、听音乐,则穿得更漂亮讲究,有时还穿晚礼服。英国的民族服饰很有特点。首先是帽子,其中最突出的就是英国绅士的圆顶硬礼帽——"波乐帽"。它是一种圆顶呢帽,通常是黑色的。其次是叫"基尔特"的苏格兰传统服装,这是一种用花格子呢料制作的从腰部到膝盖的短裙,短裙前面有一小块椭圆形的垂巾和很宽的腰带。它形成于中世纪,是男子专用的裙子。最后是英国人各种传统的工作服装和服饰,包括法院开庭时法官穿的黑袍、戴的假发,教堂礼拜时牧师所穿的长袍,历届国会开会时女王所穿的白色长裙礼服、戴的王冠,还有王宫卫士所穿的鲜艳的短外衣、黄束腰、高筒黑皮帽,伦敦塔楼卫士的黑帽、黑衣,近卫骑士的黑衣、白马裤、黑长靴等。

(二) 饮食

英国菜的特点是油少而清淡,量少而精,讲究花色,注意色、香、味、形。饮食习惯是一日三餐加茶点。传统的英式早餐(早上7点至9点)有煎培根、香肠和煎吐司,叫"煎食";上午茶点(上午11点)有咖啡或茶加饼干或点心;午餐(下午1点至2点)多为快餐,通常食冷肉、凉菜、炸鱼、三明治等;喝午茶(下午4点至5点)是一天中最重要的一项内容,通常会喝一杯放糖的红茶,同时吃些糕点;晚餐(晚上7点半左右)为一天中的正餐,食物丰盛,通常有两道菜——肉或鱼加蔬菜,之后有甜点,往往饮酒。英国人喜欢喝啤酒,尤其是苦啤酒或黑啤酒。喜欢饮红茶,且喝茶非常讲究环境、情调。点心在英国相当普遍,特别是巧克力点心。

(三) 礼貌、礼节

英国人习惯以握手表示友谊。与人握手时,无论男女,无论天多冷,都应先把手套脱掉,而且脱得越快越能体现对对方的尊重。在接到英国人邀请之后,去与不去都应明确告诉邀请人,以便其安排,并且早到是不礼貌的,晚到10分钟最佳。离开后的第二天要发一封便函向主人致谢,并随附一件小礼品如一盒巧克力或一束鲜花等。英国人时间观念强,比较保守。他们习惯按规矩办事。不爱交际,不喜欢将自己的事情随便告诉别人。乘车时常常埋头看报,常常是茶不离口,报不离手。尊重女性,女士优先是英国男子绅士风度的主要表现之一。保持克制,耐心行事是英国人的性格特征之一。在一般情况下,明显流露出烦躁情绪或发火会被认为欠修养。

(四) 禁忌

英国人认为数字13和星期五是不吉利的,尤其是13日与星期五相遇更忌讳,这个时候,许多人宁愿待在家里不出门。与英国人聊天忌问私事,如收入、婚姻、职业、年龄、政治倾向等,并保持至少50厘米的距离。在众人面前,忌讳交头接耳。如果多个人相会或道别，不应越过另两个人握着的手而去和第四个人握手。因为交叉握手正好形成一个十字架，据说这样做会招致灾难。烟友聚在一起，切忌一火点三支烟。据说一火点三支烟，会给三个人中的一个人招来不幸。英国人遵守纪律，在公共场合都有排队的习惯，加塞是一种令人不齿的行为。他们重契约，安排日程要求准确，旅游活动中应尽量避免日程的突然变动。购物时，英国人不喜欢讨价还价，认为这是很丢面子的事情。英国人不喜欢孔雀、黑猫和大象，忌送百合花、菊花，送花枝数和花朵数不能是13或双数，鲜花不用纸包扎。

四、旅游业概况

（一）著名旅游城市和景点

英国历史悠久，文化灿烂，旅游资源中人文资源最丰富、最具特色，其中以历史文化遗迹与建筑最具吸引力。英国至今仍完好地保留着许多王宫、城堡和教堂。英国的博物馆比比皆是，平均不到4万人就有一座，仅伦敦市就有大小100座博物馆。此外，还有著名的大学城、名人故居等。被联合国教科文组织列为世界自然与文化遗产的有伦敦塔、威斯敏斯特宫、巴斯城、布莱尼姆宫、达勒姆大教堂、坎特伯雷大教堂、爱德华一世城堡、罗马帝国边疆、斯塔德利皇家公园、巨人之路、巨石阵和铁桥峡谷等。

1. 伦敦

伦敦是英国的首都，英国政治、经济、交通中心和最大港口，也是国际大都会和文化艺术名城。伦敦位于英格兰东南部，横跨泰晤士河两岸，大体呈三个圈层的同心圆式，包括伦敦城、内伦敦（伦敦城外的12个市区）、外伦敦（内伦敦以外的20个市区），总面积1580平方千米。伦敦城是今日伦敦的发祥地，它是伦敦的"城中城"，是世界著名的金融中心。伦敦一直是英国历史上的政治中心，其名胜古迹和现代化建筑多姿多彩，美不胜收。主要旅游景点有白金汉宫、唐宁街10号、议会大厦、格林尼治天文台、圣保罗大教堂、威斯敏斯特教堂、海德公园、伦敦塔、伦敦塔桥（如图3-2所示）、大英博物馆、杜莎夫人蜡像馆、皇家植物园等。

图3-2 伦敦塔桥

视野拓展

议会大厦

议会大厦的真正名称是威斯敏斯特宫，位于泰晤士河畔，建于 11 世纪中叶，初为王宫，1547 年开始成为议会大厦。在 1834 年的一场大火中几乎全毁，只残留一座仅剩屋瓦的威斯敏斯特厅，其后耗费了 12 年的时间才重建成今貌。议会大厦是一座哥特式的华丽建筑，呈长方形，有着古典式的拱门、装饰精美的列柱与高耸挺立的尖塔，气派雄伟。占地 8 英亩，主体是三排宫廷大楼，两端和中间由 7 幢横楼相连，是世界上最大的哥特式建筑。有一座高达 97 米的钟楼，举世闻名的大本钟就安放于此。议会大厦前的议会广场，矗立着丘吉尔等一些历史人物的雕像。

资料来源：《畅游世界》编辑部《畅游欧洲》，北京：化学工业出版社，2016。

2. 牛津和剑桥

牛津因世界一流学府的地位和遍布各地的古迹而闻名。牛津处处都是优美的哥特式尖塔建筑，因此有"尖塔之城"之称。牛津大学创立于 1168 年，是英国最古老的大学。牛津大学相对更加重视人文、社会、政治等学科，英国历史上众多的政界、商界杰出人士毕业于该校，因而被誉为"象牙之塔"。现在牛津已经成为熙熙攘攘的世界城市。尽管还是那个古老的大学城，但遍布城市各个角落的商业企业，特别是高科技企业使牛津这座古老的城市焕发了青春的活力。

剑桥与牛津一样，也是座令人神往的传统大学城。剑桥大学创立于 1209 年，位于风景秀丽的剑桥镇，著名的康河横贯其间，是英国最热门的旅游景点之一。剑桥大学在自然科学方面的成就尤其突出，曾培养出牛顿、达尔文等科学巨人，80 多位诺贝尔奖得主曾在剑桥留下了足迹，这在全世界都是少有的荣光。

牛津和剑桥的风格迥然不同。牛津雍容富丽，具有王者气派，而剑桥则优雅出尘，宛若诗人风骨，人们称牛津是"大学中有城市"，而剑桥是"城市中有大学"。

3. 巨石阵

巨石阵又称索尔兹伯里石环、环状列石、太阳神庙、史前石桌等，是欧洲著名的史前时代文化神庙遗址。位于英格兰威尔特郡索尔兹伯里平原，约建于公元前 4000 年至公元前 2000 年，属新石器时代末期至青铜时代。这个巨大的石建筑群位于一个空旷的原野上，占地大约 11 公顷。巨石阵的主体由几十块巨大的石柱组成，这些石柱排成几个完整的同心圆，巨石阵的外围是直径约 90 米的环形土沟与土岗，土岗内侧紧挨着的是 56 个圆形坑，最外侧是一圈直径为 400 米的圆环，环内有 100 多块石头，每块石头约重 50 吨。巨石阵不仅在建筑学史上具有重要的地位，在天文学上也同样有着重大的意义：它的主轴线、通往石柱的古道和夏至日早晨初升的太阳，在同一条线上；另外，其中还有两块石头的连线指向冬至日落的方向。因此，人们猜测，这很可能是远古人类为观测天象而建造的，可以算是天文台最早的雏形了。1986年，巨石阵作为文化遗产被联合国教科文组织列入《世界遗产名录》。

4. 尼斯湖

尼斯湖位于苏格兰高原北部的大峡谷中，湖长39千米、宽2.4千米，是苏格兰境内最著名及参观游客最多的游览地。尼斯湖面积不大，平均深度却达200米，最深处有300米。湖水水温非常低，但终年不结冰。两岸陡峭，青山环翠，风景怡人，但它最能吸引人的却是因为它的传闻。据传尼斯湖内有一水怪，这一传闻为尼斯湖增添了一些神秘色彩，探险家、观光客均闻风而至，希望能一睹水怪的真貌。

（二）旅游小常识

1. 货币知识

英国的法定货币为英镑（Pound），主要由英格兰银行发行，标准货币符号为GBP，常用的符号是£。1英镑等于100新便士。目前，流通中的英镑硬币分为1、2英镑和1、2、5、10、20、50便士八种面额，纸币分为5、10、20和50英镑四种面额。所有英镑的正面都有英国女王伊丽莎白二世的肖像，反面的图案则根据钱币的面值各有不同。

汇率：100英镑约合人民币922元（2023年7月）。

2. 最佳旅游季节

受高纬度的影响，英国昼夜长短的变化特别明显。一般来说，去英国旅游的最好时节是5~8月。夏季日间长，活动时间多，而且温度适中，天气清爽。

3. 小贴士

英国交通规则与中国不尽相同。一定要在各种人行横道处过马路，不要任意横穿马路。英实行"左线行驶"，过马路时，一定要先向右边看。按秩序上车，不要抢上公共交通车辆、地铁或出租车；乘坐他人车辆，特别是在第一排时，一定要系好安全带。

第二节　法国

一、自然概况

法国全称法兰西共和国，位于欧洲西部，自东北至东南分别与比利时、卢森堡、德国、瑞士、意大利、摩纳哥等国接壤，西南与西班牙、安道尔为邻，西北隔英吉利海峡与英国相望。

法国国土略呈六边形，三面临水：南临地中海，西濒大西洋，西北隔英吉利海峡与英国相望。边境线总长度为5695千米，面积约为55.16万平方千米，为欧洲面积第三大的国家，西欧国土面积最大的国家。法国地势东南高西北低，平原占总面积的2/3。主要山脉有阿尔卑斯山脉、比利牛斯山脉、汝拉山脉等，许多高峰终年积雪。法意边境的勃朗峰海拔4810米，为西欧最高峰。河流主要有中部的卢瓦尔河、南部的罗讷河、北部的塞纳河。欧洲最大河流之一的莱茵河从法国边界流过，形成法德的分界线。法国的运河总长达8000多千米，在欧洲国家中是运河最多的国家之一。法国领土中还包括150多个岛屿，地中海上的科西嘉岛是法国最大岛屿。

法国位于终年盛行西风的地带，地处欧洲大陆西岸，兼受海洋性气候、大陆性气候和地中海气候的影响。中西部大部分地区具有海洋性气候特征，冬暖夏凉，常年有雨，降水量适中。东部属大陆性气候，冬季较寒冷干燥，夏季较热，并常有暴风雨。南部地中海沿岸为地中海式气候，夏季炎热干燥，冬季温和，秋季和春季多暴雨。南部地中海沿岸地区被誉为"蓝色海岸"，是冬季旅游胜地。

二、人文概况

（一）人文地理

1. 人口与民族

法国总人口约6804万（2023年1月）。法兰西民族是由多个民族混合构成的，除了主体法兰西民族外，边境地区还有阿尔萨斯、布列塔尼、巴斯克、科西嘉、佛拉芒等少数民族，少数民族大约占总人口的7.9%。

2. 语言与宗教

法国官方语言和通用语均为法语。法语优美、语法严谨、表达准确，一直被视作外交语言和法律语言。法语是联合国的正式语言，国际会议的工作语言，使用人数超过9000万。

有关调查数据表明，法国居民中64%信奉天主教，3%信奉伊斯兰教，3%信奉基督教新教，1%信奉犹太教，28%自称无宗教信仰。

视野拓展

法国的国旗、国徽、国歌、国花、国鸟

国旗： 呈长方形，长与宽之比为3∶2。旗面由三个平行且相等的竖长方形构成，从左至右分别为蓝、白、红三色。法国国旗的来历有多种说法，其中最具代表性的是：1789年法国资产阶级革命时期，巴黎国民自卫队就以蓝、白、红三色旗为队旗。白色居中，代表国王，象征国王的神圣地位；红、蓝两色分列两边，代表巴黎市民；同时这三色又象征法国王室和巴黎资产阶级联盟。三色旗曾是法国大革命的象征，据说三色分别代表自由、平等、博爱。

国徽： 法国没有正式国徽，但传统上采用大革命时期的纹章作为国家的标志。纹章为椭圆形，上绘有大革命时期流行的标志之一：束棒。束棒两侧饰有橄榄枝和橡树枝叶，其间缠绕的饰带上用法文写着"自由、平等、博爱"。整个图案由带有古罗马军团勋章的绶带环饰。

国歌:《马赛曲》。

国花:鸢尾花。

国鸟:公鸡。

资料来源:张熠,宋朝晖《世界各国国旗国徽国歌》,北京:中国民族摄影艺术出版社,2003。

(二) 简史

早在公元前11世纪高卢人就在此定居。公元前1世纪,罗马的高卢人总督恺撒占领了高卢全境。5世纪时,法兰克人移居到这里,建立法兰克王国。843年成为独立国家,国名也由高卢改为法兰西,意为"勇敢的、自由的国家"。1337—1453年英法之间爆发"百年战争"。15世纪末到16世纪初形成中央集权国家。17至18世纪路易十四统治时期是法国封建社会的鼎盛时期。1789年7月14日爆发资产阶级大革命,起义者攻占巴士底狱,1792年宣布成立法兰西第一共和国。1804年,拿破仑称帝,建立法兰西第一帝国。此后曾先后建立第二共和国、第二帝国、第三与第四共和国。1958年戴高乐领导建立第五共和国。

(三) 政治

法国采用的是多党制半总统半议会制的共和国政体。议会是国家的最高权力机构,实行国民议会和参议院两院制,拥有制定法律、监督政府、通过预算、批准宣战等权力。总统为国家元首和武装部队统帅,是国家的权力中心,由选民直接选举产生,任期5年。法兰西第五共和国宪法赋予总统很大的权力。法国总统手中的权力凌驾于行政、立法、司法三权之上,被称作"帝王总统"。

(四) 经济

法国是世界主要发达国家之一,2022年国内生产总值位居世界第七。法国是仅次于美国的世界第二大农产品出口国,第三产业在法国经济中所占比重逐年上升。其中电信、信息、旅游服务和交通运输部门业务量增幅较大,服务业从业人员约占总劳动力的70%。

法国农业极度发达,是世界主要农业大国。主产小麦、大麦、玉米和水果蔬菜。葡萄酒产量居世界首位。法国是欧盟最大的农业生产国,也是世界主要农副产品出口国。机械化是法国提高农业生产率的主要手段,法国已基本实现了农业机械化。农业食品加工业是法国外贸出口获取顺差的支柱产业之一。法国的农副产品出口居世界第一,占世界市场的11%。

法国是最发达的工业国家之一。法国主要工业部门有矿业、冶金、汽车制造、造船、机械制造、纺织、化学、电器、食品加工和建筑业等。核电设备能力、石油和石油加工技术居世界第二位,仅次于美国。钢铁工业、纺织业居世界第六位。但工业中占主导地位的仍是传统的工业部门,其中钢铁、汽车、建筑为三大支柱。

法国商业十分发达,创收最多的是食品销售。在种类繁多的商店中,超级市场和连锁店最具活力,几乎占全部商业活动的一半。巴黎是世界性的消费中心,大量的高档时装、香水、化妆品以及波尔多红酒吸引着世界各地的消费者前来购物消费。

（五）文化

1. 教育

依照法国法律，6~16岁的儿童，必须接受"义务、非宗教和免费"教育。法国高等教育体制的特点之一就是培养课程的极为多样化：既有长期课程，又有短期课程；既开设普通与职业化课程，又区分应用性和研究性培养训练；既能就读综合大学，又能报考专业学院；每一类课程都有其特殊的录取条件、学习时间、教学方法等方面的特点，这些特点既可满足不同的目的，又能使所有人都有可能获得一项受认可的文凭。有些专业如法律、医学、人文科学等，只有在综合大学才开设，但是，像工程学、管理、艺术类等学科专业则既可在综合大学学习，也可在公立或私立的专科学院或学院注册就读；当然，在录取方式、学制、教学形式以及培养目标上会有所不同。

法国比较有名的大学有巴黎大学、里昂大学等。但更负盛名的是法国的"Grande Ecole"，一般称高等学府。普通高中毕业生经过高中会考后，还需在预科班就读两年以上，才能参加淘汰率极高的考试，进入高等学府。高等学府实行三年学习制度，毕业文凭等同于硕士。法国企业和科学界领袖大多出自此类学府。其中较为出众的有：巴黎高等师范学校、巴黎综合理工大学、巴黎矿业大学、巴黎中央大学等。

2. 科学技术

法国的科技发展总体水平居世界前列，特别是在核能、航空航天、农业、医疗和生物等传统领域，具有世界领先水平。例如，在交通运输领域拥有空中客车、高速火车等世界领先项目；在航天技术领域拥有欧洲阿利亚娜火箭，在宇宙探索领域的成就具有世界先进水平；在电信技术领域拥有光纤、卫星图像等领先技术；在电子工业领域，发明了微集成线路板；在医药科学方面，最先研究出狂犬病疫苗并首先发现了艾滋病病毒。法国是世界科技大国与科技强国，但自20世纪90年代中期以来，法国科学研究水平出现了严重下降。

3. 文学与艺术

（1）文学

法国的文学艺术在世界上享有极高声誉，是世界文学艺术宝库的最重要的组成部分之一。法国的文学家、艺术家群星灿烂，为世界人民留下了无数不朽作品。842年的《斯特拉斯堡盟约》是法国文学起源的标志。18世纪是法国资产阶级启蒙文学时期，史称"光明世纪"，这一时期最重要的作家是让·雅克·卢梭，代表作有《忏悔录》《爱弥儿》等。此时还出现了大批被人称为"哲学党"的作家，主要包括孟德斯鸠、伏尔泰和狄德罗。19世纪上半叶，法国的文学艺术以浪漫主义和现实主义为主要标志。维克多·雨果是这个时期的杰出代表，代表作有《悲惨世界》《巴黎圣母院》《笑面人》等；亚历山大·大仲马是重要的通俗小说家，代表作品有《三个火枪手》《基度山伯爵》等。司汤达是法国现实主义的真正先驱，代表作有小说《红与黑》《巴黎修道院》等；另一位重要的代表作家是巴尔扎克，他的《人间喜剧》是一部丰伟的文学大厦。进入20世纪，法国的名作家辈出，自1901年颁发诺贝尔文学奖以来，截至2023年8月，已有16位法国人获此殊荣。法国每年都要颁发名目繁多的文学奖，但其中最有影响、历史最悠久的当数以龚古尔兄弟的遗产为基金设立的"龚古尔文学奖"。

（2）艺术

法国人在艺术上作出了杰出的贡献，在继承传统的基础上颇有创新，不但出现了罗丹这样的雕塑艺术大师，也出现了像莫奈和马蒂斯等印象派、野兽派的世界级的绘画大师及西方绘画史上划时代的艺术流派。从17世纪开始，法国在工业设计、艺术设计领域居世界领先地位。一些有关实用美术、建筑、时装设计、工业设计专业的学校也早已凭借其"法国制造"的商业硕果而闻名海外。

（3）戏剧、电影

法国的歌剧、芭蕾舞和音乐在世界上享有盛誉。巴黎歌剧院（如图3-3所示）建于1669年，是世界上历史最悠久的歌剧院之一；巴黎歌剧院芭蕾舞团创建于1661年，是享誉世界的芭蕾舞团；德彪西、柏辽兹是闻名世界的音乐大师。

图3-3　巴黎歌剧院

法国是最早发明电影的国家。戛纳国际电影节是世界五大电影节之一，每年5月在法国东南部海滨小城戛纳举行，它是世界上最早、最大的国际电影节之一，为期两周左右。1956年最高奖为"金鸭奖"，1957年起改为"金棕榈奖"。

三、民俗风情

（一）服饰

法国时装在世界上享有盛誉，一直引导着世界时装潮流。其选料丰富、优异，设计大胆，制作技术高超。世界最著名的服装设计师多出自法国，世界上最为流行的高级时装多来自法国。早在18至19世纪，法国人的服饰已举世闻名，"巴黎新式样"早已成为"最最时髦"的代名词。随着时间的推移，法国服装由缝制复杂、华丽考究逐渐向美观、大方、实用和舒适方向发展，第二次世界大战后这种演变趋势越来越明显。法国重视服装业的发展，设有金针奖和金顶针两项时装设计大奖赛，鼓励设计师们发挥其才华。高级服装是法国服装的精华,每件时装犹如一件艺术作品,针针线线无不凝聚着设计大师的智慧与创造。设计师可以自由地表现自己的创作理念,抒发对美的遐想和对潮流的感悟。在巴黎,每年均有"巴黎春夏时装博览会"和"巴黎秋冬时装博览会"。这是世界上最受瞩目的时装盛会,引导着全世界的服装潮流,影响着人们的时尚观念。

（二）饮食

法国人对饮食艺术有极高的追求,法国大菜在世界上享有很高声誉。法国烹饪用料考究、花色繁多,其特点是香浓味厚、鲜嫩味美,讲究色、香、味,但更注重营养的搭配。法国国内的名菜数不胜数,包括鹅肝酱、海鲜、蜗牛、芝士等。

法国是世界上引以为傲的葡萄酒、香槟和白兰地的产地之一,因此,法国人对于酒在餐饮上的搭配使用非常讲究。例如,在饭前饮用较淡的开味酒;食用沙拉、汤及海鲜时,饮用白葡萄酒或玫瑰葡萄酒;食用肉类时饮用红酒;而饭后则饮用少许白兰地或甜酒类。另外,香槟酒惯用于庆典,如结婚、生子、庆功等。

法国的干鲜奶酪世界闻名,有"奶酪王国"的誉称。奶酪种类繁多,法国各地大约出产450种不同风味的奶酪。通常食用奶酪时会附带面包、干果（如核桃等）、葡萄等。

法国人视美食为艺术,而且认为个人饮食应符合自己的教养和社会地位,讲究氛围与礼仪。法国人用餐时非常注重餐具的使用,无论是刀、叉、盘或是酒杯,因为这些均可衬托出法国菜高贵的气质。

（三）礼貌、礼节

法国是一个讲文明礼貌的国家,现在欧美流行的许多礼仪源于法国。在社交场合,法国人见面打招呼,最常见的方式莫过于握手,并处处体现女士优先原则,如为女性让道、为女性开门、上下车女性先行、为女性让座等,故以"殷勤的法国人"著称。法国是第一个公认以吻表示感情的国家,法国人的吻有严格的界限:亲友、同事间是贴脸或颊,长辈对小辈则是亲额头,情侣之间才亲嘴或接吻。法国人谈吐文雅,热情幽默,很重视建立良好的人际关系。他们有耸肩膀表示高兴的习惯,谈话过程中经常用手势来表达某种意思。法国人是世界上最著名的"自由主义者",纪律较差,约会迟到一刻钟,甚至半小时是常事。到法国人家做客,送礼是友好的表示,礼物不一定贵重,但讲究包装,鲜花是备受欢迎的礼物。

（四）禁忌

法国人大多喜欢蓝色、白色与红色,忌讳黄色、墨绿色。他们视孔雀为祸鸟,认为仙鹤是蠢汉和淫妇的象征,还视菊花为丧花,认为核桃、杜鹃花、纸花也是不吉利的。他们很忌讳13这个数字,认为13、星期五都是不吉利的,甚至是大祸临头的一种预兆。法国人忌讳别人打听他们的政治倾向、工资待遇以及个人的私事。到法国人家做客,千万不要用餐巾擦拭餐具,这样做是对主妇的莫大侮辱。送礼物是友好的表示,宜选具有艺术品位和纪念意义的物品,不宜送刀、剑、剪、餐具或是带有明显的广告标志的物品。在接受礼品时,若不当着送礼者的面打开并赞美礼物,被视为无礼。

四、旅游业概况

（一）著名旅游城市和景点

法国是欧洲浪漫的中心。它海滨优美、山川秀丽，历史悠久、文化灿烂，以其具有丰富文化内涵的名胜古迹及乡野风光吸引着世界各地的旅游者。风情万种的巴黎、美丽迷人的蓝色海岸、阿尔卑斯山的滑雪场等都是令人神往的旅游胜地。截至2023年7月，法国有49处风景名胜被联合国教科文组织列入《世界遗产名录》。

1. 巴黎

巴黎是法国的首都、历史名城、世界著名的最繁华的大都市之一，素有"世界花都"之称。这座美丽的城市不仅是法国的政治、文化、经济和交通中心，同时又是四大世界级城市之一。塞纳河蜿蜒穿过城市，一带活水给这座古老的城市带来生生不息的活力。

历史上，巴黎为法国历代王朝的都城，是历届资产阶级共和国的首都，也是法国资产阶级革命的发源地。今天，法国政府的许多行政机关、党派团体等机构依然设在这里，一些重要的国际组织也设在巴黎。巴黎还是法国的经济中心，全国最大的工商业城市。巴黎的工业生产总值约占全国的1/4。巴黎的工人数量约占全国的1/5。汽车工业居全国首位。在轻工业中，巴黎有传统的服装、化妆品、装饰品和时髦家具等，这些产品都享有世界声誉。巴黎香水驰誉全球，有"梦幻工业"之称，被法国人视为国宝。巴黎的金融、证券、保险业十分繁荣。这里有法国的金融中心、世界重要金融市场之一的巴黎金融市场。巴黎的商业也很兴隆。欧洲最大的购物中心——四季购物中心就坐落在巴黎的拉德芳斯区。著名的巴黎国际博览会、现代化的特罗卡德罗展览馆，形成一个可供常年展出的"博览会城"。巴黎是法国的交通枢纽，每天客流量达1300万人次。全国的陆路交通都向巴黎集中，形成一个辐射式的交通网。

巴黎著名的景点有：巴黎的标志——埃菲尔铁塔、巴黎圣母院、凯旋门和凡尔赛宫等。

视野拓展

埃菲尔铁塔

埃菲尔铁塔（如图3-4所示）矗立于巴黎市中心塞纳河右岸的战神广场上，它是为迎接在巴黎召开的世界博览会而于1889年建成的，以铁塔的设计者、杰出的建筑工程师居斯塔夫·埃菲尔的名字命名。铁塔高320.7米，塔身为钢架镂空结构，重达9000多吨，共用了1.8万余个金属部件，以100余万个铆钉铆成一体，全靠四条粗大的用水泥浇灌的塔墩支撑。全塔分为三层：第一层高57米，第二层高115米，第三层高276米。每层都建有平台，平台上设有餐厅、商店和影剧院、视听陈列馆，供游人眺望那独具风采的巴黎市区美景。从建成之日起，埃菲尔铁塔就被人们广为颂扬，被誉为西方三大著名建筑之一。今天，埃菲尔铁塔这一世界上独一无二的宏伟建筑仍展示着人类的聪明才智。它不仅是一座吸引游人观光的纪念碑,而且是巴黎这座美丽而具有悠久历史的城市的象征。登上埃菲尔铁塔,俯瞰"万城之冠"的巴黎风光,这是每一位来到巴黎的游客的最大心愿。

图 3-4　埃菲尔铁塔

罗浮宫

罗浮宫(如图 3-5 所示)位于巴黎市中心的塞纳河右岸,是巴黎的心脏。它的整体建筑呈U形,占地面积为24公顷;建筑物全长680米,占地面积4.8公顷。罗浮宫是世界上最著名、最大的艺术宝库之一,是举世瞩目的艺术殿堂和万宝之宫。同时,罗浮宫也是法国历史上最悠久的王宫。罗浮宫有着非常曲折复杂的历史,而这又是和巴黎乃至法国的历史错综地交织在一起的。人们到这里当然是为了亲眼看到举世闻名的艺术珍品,同时也是想看罗浮宫这座建筑本身,因为它既是一件伟大的艺术杰作,也是法国近千年来历史的见证。罗浮宫美术博物馆分为六大部分:希腊罗马艺术馆、东方艺术馆、埃及艺术馆、绘画艺术馆、雕塑馆和装饰艺术馆。罗浮宫有198个展览大厅,最大的大厅长205米,馆藏40多万件艺术珍品,其精品有《蒙娜丽莎》《胜利女神》《爱神维纳斯》等。

图 3-5　罗浮宫

资料来源:《畅游世界》编辑部《畅游欧洲》,北京:化学工业出版社,2016。

2. 里昂

里昂位于法国的东南部，是法国第二大都市和经济文化中心，是历史悠久的古老城市。里昂市位于罗讷河与索恩河两河汇合处，自古以来就是法国水陆交通的枢纽，又是连接欧洲的重要十字路口。里昂旧城区布满了中世纪的建筑和教堂，这就使它获得了"拥有一颗粉红的心脏"之城的美称。里昂是欧洲文艺复兴时期的名城，是法国的"文化之城""美食之都""壁画之都"；里昂也是电影的诞生地，是持续了三个世纪的欧洲丝绸之都，是法兰西第三共和国强大的工业城市。1998 年，里昂的历史遗迹作为文化遗产被联合国教科文组织列入《世界遗产名录》。著名的旅游景点有里昂大教堂、古罗马剧场遗址、高卢-罗马文化博物馆、富尔维耶尔山丘等。

3. 普罗旺斯-阿尔卑斯-蓝色海岸

普罗旺斯-阿尔卑斯-蓝色海岸是法国东南部一个大区的名称，是法国最美丽的地区之一。它东接意大利，南邻地中海，下辖 6 个临山靠海的省份。这些省份中的高山和大海构成了当地独特的地理环境和特殊的地方性小气候。这里到处是一派充溢着热带风情的南国风光，湛蓝的海岸线一望无际。这里有清爽的空气、充足的阳光、变幻的天气，这里是名副其实的蓝色海岸。花是法国的灵魂，世界上最美丽的薰衣草遍植法国的普罗旺斯，一年四季都有着截然不同的景观。这里的人们热情、活泼、开朗，被称为"法国最亲切的人"。该区是世界屈指可数的海滨旅游胜地、游客首选的旅游目的地之一，欧洲教育和科技资源最集中的地区之一。无论是夏季还是冬季，无论从接待游人数还是从旅游者的度假天数看，都名列法国各旅游区之首。

尼斯市是滨海阿尔卑斯省省会，法国南部地中海沿岸、蓝色海岸旅游区的核心，度假的天堂。尼斯还是法国第二大空港。城市依山傍水，全年气候宜人。被帕隆河分为两部分，西为新城，东为旧城和港口。市内有众多的历史古迹、博物馆、美术馆、游乐场。1873 年开始，每年举行的尼斯狂欢节，吸引着大量的旅游者前往。

4. 戛纳

戛纳是法国东南部城市，欧洲有名的旅游胜地和国际名流社交场所，因国际电影节而闻名于世。位于尼斯西南约 26 千米处，濒地中海。这里海水蔚蓝，棕榈葱翠，气候温和，风光明媚。戛纳与尼斯和蒙特卡洛并称为南欧三大游览中心。戛纳拥有世界上最洁白、漂亮的海滩，是度假的好场所。戛纳电影节的建筑群坐落在 500 米长的海滩上，其中包括 25 个电影院和放映室，中心是 6 层高的电影节宫。戛纳主要景点有海滨大道、老城区、11 世纪的城堡等。

5. 卢瓦尔河谷城堡群

卢瓦尔河全长 1012 千米，是法国第一大河，也是最美丽的一条河。卢瓦尔河最出名的不是它的自然风光，而是中游河谷间无数古老而美丽的城堡，这些城堡掩映在绿树丛中，景色优美，有"法国的后花园"之美称。这些古老的宫堡在法国辉煌的历史上各领风骚，是法国文明的见证。许多古堡兴建于中世纪战乱时期。英法"百年战争"期间，法国王室曾到卢瓦尔河谷避难，因此卢瓦尔河谷也被称作"帝王谷"。法国全境建有大小城堡3.6万多座，保存完好的是卢瓦尔河谷城堡群，包括尚博尔城堡、舍农索城堡、舍韦尼城堡及昂布瓦斯城堡等。

（二）旅游小常识

1. 货币知识

法国的法定货币为欧元。1999年1月1日，法国和其他11个欧洲国家共同参与使用欧元，并在2002年初正式开始使用欧元硬币和纸币，完全取代之前的法国法郎。

汇率：100欧元约合人民币799元（2023年7月）。

2. 最佳旅游季节

前往法国旅游，四季皆宜。不过，最理想的季节是春季。春季气候宜人，日照时间长，游人又相对少，很适合漫步在法国著名的香榭丽舍大街上、埃菲尔铁塔下，品品法国的葡萄酒，走走田园路。七八月的暑假，大家纷纷前往海边度假，南部尼斯、戛纳等地物价飞涨；秋季也不错，但日照时间渐短，渐渐变冷；冬季的阿尔卑斯山和比利牛斯山地区降雪丰富，每年都吸引着大批的来自世界各地的滑雪者。

第三节　德国

一、自然概况

德国全称德意志联邦共和国，位于欧洲中部，东邻波兰、捷克，南接奥地利、瑞士，西邻荷兰、比利时、卢森堡、法国，北与丹麦相连并临北海和波罗的海，是欧洲邻国最多的国家。

德国国土面积约为35.7万平方千米。地势北低南高，可分为四个地形区：北德平原，平均海拔不到100米；中德山地，由东西走向的高地块构成；西南部莱茵断裂谷地区，两旁是山地，谷壁陡峭；南部的巴伐利亚高原和阿尔卑斯山区，其间拜恩阿尔卑斯山脉的主峰祖格峰海拔2963米，为全国最高峰。地势从南德的阿尔卑斯山向北倾斜，直至北海和波罗的海沿岸。主要河流有莱茵河、易北河、威悉河、奥得河、多瑙河。较大湖泊有博登湖（如图3-6所示）、基姆湖、阿默湖、米里茨湖。

德国气候温和多雨，为温带海洋性向温带大陆性过渡型气候。西北部海洋性气候特征显著，向东、向南大陆性气候特征逐渐增强。平均气温7月约为17℃，1月为-2℃。年降水量500~1000毫米，山地则更多，降水量的季节分配较均匀。

图 3-6 博登湖

二、人文概况

（一）人文地理

1. 人口与民族

德国全国人口 8430 万（2022 年 12 月），是欧盟人口最多的国家，每平方千米人口密度为 232 人，也是欧洲人口最稠密的国家之一。主要为德意志人，另有少数丹麦人和索布族人。除此之外，还有 1094.54 万外籍人，占人口总数的 12.2%，其中土耳其人最多。

2. 语言与宗教

德语为官方语言，分为低地德语和高地德语两类方言。低地德语主要指荷兰语、佛拉芒语和德国北部及沿海地区的语言；高地德语是指德国中部与南部，以及瑞士、奥地利等地区的语言。书面德语是统一的，但口语在各地区却有很大差别。

德国的居民中基督教新教徒占 29.2%，罗马天主教徒占 30.2%，还有一小部分人信仰犹太教、伊斯兰教。

视野拓展

德国的国旗、国徽、国歌、国花、国鸟

国旗：呈横长方形，长与宽之比为 5∶3。旗面自上而下由黑、红、金三个平行相等的横长方形相连而成。黑、红、金三种色彩长久以来象征泛日耳曼民族争取统一、独立、主权的雄心：黑色象征严谨肃穆；红色象征燃烧的火焰，激发人民憧憬自由的热情；金色象征真理的光辉，决不会被历史的泥沙掩埋。

国徽：金黄色的盾徽。盾面上是一只红爪红嘴、双翼展开的黑鹰，黑鹰象征着力量和勇气。

国歌:《德意志之歌》。

国花:矢车菊。

国鸟:白鹳。

资料来源:张熠,宋朝晖《世界各国国旗国徽国歌》,北京:中国民族摄影艺术出版社,2003。

(二)简史

日耳曼人是欧洲的古代民族之一,大约在公元前5世纪,境内就居住着日耳曼人。之后大部分日耳曼人开始定居在莱茵河以东、多瑙河以北和北海之间的广大地区,该地区称为"日耳曼尼亚"。814年查理大帝去世,法兰克帝国形成了东、西两个王国。讲法语的西法兰克王国后来演变成今天的法国,而讲德语的东法兰克王国的居民不但用"德意志"来称呼自己的语言和人民,还用它来命名自己的国家。

962年建立德意志民族的神圣罗马帝国。13世纪中期走向封建割据。18世纪初,奥地利和普鲁士崛起,根据1815年维也纳会议,组成了德意志邦联。1871年统一的德意志帝国建立。1914年挑起第一次世界大战,1918年因战败而宣告崩溃。1919年2月德意志建立魏玛共和国。1933年希特勒上台实行独裁统治,并于1939年发动第二次世界大战,1945年5月8日战败投降。第二次世界大战后德国由美、英、法、苏四国分区占领。1949年5月,在美、英、法合并的西占区通过《德意志联邦共和国基本法》,宣布成立德意志联邦共和国(西德)。同年10月7日,苏联占领区内成立德意志民主共和国(东德)。1989年民主德国发生剧变,1990年10月3日并入联邦德国,德国实现统一。

(三)政治

《德意志联邦共和国基本法》(以下简称《基本法》)于1949年5月生效。1956年、1968年曾作过较大修改。1990年8月两德"统一条约"对《基本法》某些条款又作了适应性修订,10月3日起适用于全德国。《基本法》规定,德国是联邦制国家,外交、国防、货币、海关、航空、邮电属联邦管辖。国家政体为议会共和制,联邦总统为国家元首,由专门的联邦大会选举产生。议会由联邦议院和联邦参议院组成。联邦议院行使立法权,监督法律的执行,选举联邦总理,参与选举联邦总统和监督联邦政府的工作等。联邦参议院参与联邦立法并对联邦的行政管理施加影响,维护各州的利益。议长由各州州长轮流担任,任期1年,总统因故不能行使职权时代行总统职务。联邦政府又称内阁,由联邦总理和联邦各部部长组成,联邦总理为政府首脑。联邦宪法法院是德国宪法机构之一,主要负责解释《基本法》,监督《基本法》的执行。

(四)经济

德国是高度发达的工业国,经济总量居欧洲首位。德国工业侧重重工业,汽车和机械制造、化工、电气等部门是支柱产业。世界上非常有影响力的汽车品牌奔驰、宝马、奥迪、大众、保时捷的总部都位于德国。汽车生产量仅次于中国、美国和日本。食品、纺织与服装、钢铁加工、采矿、精密仪器、光学以及航空与航天工业也很发达。

德国是世界贸易大国,同230多个国家和地区保持贸易关系。德国产品以品质精良著称,技术领先,做工细腻,但成本较高。德国出口业素以质量高、服务周到、交货准时而享誉世界。主要出口产品有汽车、机械产品、化工产品、通信技术、供配电设备和医药制品等。主要进口产品有化学品、石油天然气、机械和钢铁产品等。主要贸易对象是西方工业国,其中进出口一半以上来自或销往欧盟国家。

(五)文化

1. 教育

德意志民族的文化、教育水准极高,对欧洲乃至世界文化有着重要影响。德国教育和文化艺术事业主要由各州负责,联邦政府主要负责教育规划和职业教育,并通过各州文教部长联席会议协调全国的教育工作。中小学教育、高等教育以及成人教育等,主要立法和行政管理权属于各州。全国性的文化艺术活动由联邦政府予以资助。对外文化交流由外交部负责协调。教师为终身公务员。德国的教育由普通教育、职业教育和成人教育三部分组成。德国著名高等学校有科隆大学、慕尼黑大学、明斯特大学、法兰克福大学、柏林自由大学、洪堡大学、柏林工业大学等。

2. 科学技术

德国在科学方面的成就相当显著。有100多位德国人获颁诺贝尔奖,德国的诺贝尔奖得主较其他国家多,尤其是在物理、化学、生理学或医学等科学领域。

德国基础研究非常发达,曾是许多科学发明和技术成果的发源地。德国在医疗技术、应用数学、数据处理、合成材料、电子技术、食品加工、热动力学、材料科学、生态和地理科学等研究领域,均处于世界领先水平。但德国在开发新产品和拓展市场方面明显落后,许多科学的种子在德国都变成了无花果,但移植到美国、日本后却结出了丰硕果实。在信息和通信技术领域,德国拥有世界先进技术,但产品开发速度落后于日本、韩国甚至亚洲其他地区。此外,在世界百强企业排名表上,德国除了汽车行业继续独占鳌头、医药和医疗行业处于领先地位外,其他重要行业均不敌美国,在通信、石化行业甚至不敌英国和日本。在多数领域,德国的技术创新能力正在受到严峻挑战。

3. 文学与艺术

(1)文学

日耳曼人有文字记载的文学可以追溯到8世纪的古高地德语文学,9世纪的《希尔布兰特之歌》是今天保存的古高地德语的唯一诗篇,被看作是德国文学的开端。11世纪中叶以后,出现了骑士文学和民间史诗。17世纪德国盛行巴洛克文学,突出代表是格吕菲乌斯的诗歌和格里美豪森的流浪汉小说《痴儿历险记》。18世纪欧洲资产阶级反对封建制度的斗争空前激烈,德国产生了启蒙运动。启蒙运动最主要的代表人物莱辛,在戏剧理论、戏剧创作和美学方面都有突出的建树。1786年进入了古典文学时期,歌德的长篇小说《威廉·麦斯特》和诗剧《浮士德》,席勒的《华伦斯坦》和《威廉·退尔》等是德国古典文学的代表。

19世纪30年代，海涅成了继歌德以后德国最杰出的抒情诗人和政治诗人。1871年德国统一前后，现实主义文学得到很大发展。19世纪末20世纪初，在尼采哲学和弗洛伊德精神分析学的影响下出现了各种思潮和流派，如印象主义、象征主义、新浪漫主义、新古典主义、新客观主义、唯美主义等。20世纪上半期德国现实主义文学迎来了繁荣时期。托马斯·曼的《布登勃洛克一家》《魔山》，海因里希·曼的《垃圾教授》和《臣仆》等小说反映了德国自由资本向垄断资本过渡的历史进程，是德国现实主义文学的高峰，在世界文学史上占有重要地位。20世纪最著名的作家海因里希·伯尔和君特·格拉斯分别于1972年和1999年获得诺贝尔文学奖。

（2）文化名人

德意志人有"欧洲的思想家"之称，德国历史上曾涌现出一批闻名世界的思想家、文学家、艺术家、音乐家和科学家，其中包括马克思、康德、黑格尔、歌德、海涅、席勒、贝多芬、巴赫、伦琴、爱因斯坦等。

马克思（1818—1883）是世界著名思想家、革命家、世界无产阶级的导师和领袖，与恩格斯共同创立了马克思主义哲学的精华——唯物辩证法。辩证唯物主义、国家学说、剩余价值论和无产阶级专政理论，成为世界无产阶级革命理论的基础。

黑格尔（1770—1831）是德国哲学家、德国古典唯心主义的代表人物之一。其客观唯心主义体系包括逻辑学、自然哲学、精神哲学三个有机组成部分。黑格尔哲学是马克思主义哲学的理论来源之一。

贝多芬（1770—1827）是世界著名作曲家，其创作成就对近代西洋音乐的发展有深远影响。主要作品有9部交响乐，5部钢琴协奏曲，32首钢琴奏鸣曲，几十部乐曲，以及歌剧、神剧、弥撒曲等。其中尤以《英雄》（第三交响曲）、《命运》（第五交响曲）、《田园》（第六交响曲）、《合唱》（第九交响曲）最为著名。

爱因斯坦（1875—1955）为美籍德裔著名物理学家，1921年诺贝尔物理学奖获得者。1933年因其犹太血统受纳粹政权迫害，迁居美国，并于1940年加入美国籍。主要贡献《相对论》揭示了空间和时间的辩证关系，加深了人类对物质和运动的认识，对20世纪物理学的发展，产生了极为深刻的影响。爱因斯坦在宇宙学、物理学、哲学等许多方面开展了深入研究，他的思想至今仍然指导着前沿学科前进的方向。

（3）音乐

德国以音乐闻名于世，是世界上著名的音乐之乡。德意志民族是极具音乐天赋的民族，音乐名家包括巴赫、贝多芬、门德尔松、舒伯特、舒曼、勃拉姆斯等。

在德国，对音乐的爱好可谓全民性的。音乐在德国人的文化生活中占有重要的地位。今天德国的年轻一代，每两个人中就有一人会弹奏一种乐器，人们听音乐的兴趣始终胜于看电视。合唱一直是德国的一种传统音乐形式，有着众多的爱好者。在德国，无论是儿童合唱团还是成人合唱团，都是由其爱好者组成的。

三、民俗风情

(一) 服饰

德国人在穿着上民族特征并不明显,只有少数几个地区,那里的居民还保留着一些本地独特的服饰风格。比如巴伐利亚地区,那里的男人多戴一种插有羽毛的小皮帽,身穿皮裤,挂着背带,脚穿长袜和翻毛皮鞋,上衣外套没有翻领,而且颜色多半是黑绿色。巴伐利亚的妇女着装多以裙装为主,上衣敞领、束腰,袖子有长有短,领边、袖口还镶有花边,并以白色为主。裙子的样式类似围裙,以显示劳动妇女的气质;裙子的颜色有的鲜艳、有的素雅,还有的则深沉庄重。裙边多用刺绣、挑花来点缀,腿部再配上以白色为主的长袜。传统的女装常常要佩有帽子,帽子的样式多种多样,有的妇女干脆用鲜花编成花环戴在头上。

在不同的场合,德国人对着装有不同的讲究和规定,无论是服装、鞋帽,还是手套、手包都要求在样式、颜色上搭配。每年春、秋两季的慕尼黑国际时装博览会是久负盛名的世界五大时装博览会之一,也是德国面向世界的时装橱窗,对国际时装的发展趋势有着决定性的影响。

(二) 饮食

德国人是名副其实的"大块吃肉、大口喝酒"的民族。每人每年的猪肉消耗量达66千克,居世界首位。由于偏好猪肉,大部分有名的德国菜都是猪肉制品。德国的食品最有名的是种类繁多的香肠,种类有1500种以上,并且都是猪肉制品;最有名的"黑森林火腿"销往世界各地,味道奇香无比。德国的国菜就是在酸卷心菜上铺满各式香肠及火腿。吃香肠必有面包与之相配,面包是德国人一日三餐不可缺少的最重要的主食。在面包的生产方面,德国也可称得上是质量和数量的世界冠军。据统计,德国人每人年平均吃面包81.5千克。德国是当今世界上著名的啤酒王国。德国人喜喝啤酒,人均啤酒消费量居世界首位,是世界"第一啤酒肚"。

视野拓展

德国啤酒

1516年,巴伐利亚公国的威廉四世大公颁布了"德国纯啤酒令",规定德国啤酒只能以大麦芽、啤酒花和水三种原料制作,所以500多年来德国啤酒即成为所谓纯正啤酒的代名词。今日的德国为世界第二大啤酒生产国,境内共有1300家啤酒厂,生产的啤酒种类高达5000多种;而根据官方统计,每个德国人平均每年喝掉138升的啤酒,世界上再也找不到比德国人更热爱啤酒的民族了!特别是在每年慕尼黑啤酒节期间,竟可消耗高达600万升的啤酒。多年来,经德国人培养形成的啤酒文化更是独具特色。

资料来源:《畅游世界》编辑部《畅游欧洲》,北京:化学工业出版社,2016。

（三）礼貌、礼节

在德国，朋友见面以握手礼为主，十分要好、长时间未见的朋友相见或长期分开时可以相互拥抱。在交往过程中，大多数人往往用"您"以及姓氏之前冠以"先生"或"女士"（也作"夫人"讲）作为尊称。只有亲朋好友和年轻人之间互相用"你"以及名字称呼。对女性，不管其婚否或长幼，都可以称"某女士"，但对已婚妇女应以其夫姓称之。与德国人交谈时，应避免涉及如年龄、收入等私人问题。应邀去别人家做客时，应备鲜花、画册或书等礼物，所送礼物要事先用礼品纸包好。德国人不习惯送重礼，所送礼物多为价钱不贵，但有纪念意义的物品，以此来表示慰问、致贺或感谢之情。收到礼物后应打开观看，并向送礼人表示感谢。

（四）禁忌

德国人忌讳数字13和星期五。忌讳在公共场合窃窃私语，不喜欢他人过问自己的私事。别人买到一样东西，即使喜欢，也不要问价格。遇到别人生病，除伤风感冒或外伤等常见的病外，不要问及病因及病情，否则会招来好窥视别人秘密之嫌。按德国的习俗，生日不得提前祝贺。访友时，切不可搞"突然袭击式"的登门拜访，都要事先约定。在他人的办公室或家中，非经邀请或同意，不要自行参观，更不要随意翻动桌上的书籍或室内的物品。德国人讨厌菊花、蔷薇图案、蝙蝠图案，还忌讳核桃。服饰和其他商品包装上忌用纳粹标志。

四、旅游业概况

（一）著名旅游城市和景点

德国拥有丰富的自然和人文旅游资源。南部的阿尔卑斯山是欧洲重要的夏季疗养地和冬季运动中心。西南部的黑林山犹如绿色海洋，是德国最受欢迎的旅游区之一。莱茵河是德国的黄金水道和最大河流，多瑙河沿岸景色秀丽，博登湖是世界著名的疗养胜地。德国历史悠久，古建筑以王宫、教堂、古城堡、市政厅等为主要代表。德国拥有3000多家不同种类和规模的博物馆，是世界著名的博览会与展览会举办国。

1. 柏林

首都柏林位于德国东北部，是一座古老而美丽的城市。早在13世纪时便是贸易集镇，17世纪发展成为地方性的政治、经济和文化中心。城市边缘为森林、湖泊、河流所环抱，有"森林与湖泊之都"的美誉。柏林的建筑多姿多彩，蔚为壮观。市内分布着古老的大教堂、各式各样的博物馆和巍然挺立的高楼。著名景点有亚历山大广场电视塔、欧洲最著名的林荫大道菩提树街、勃兰登堡门、有800年历史的圣母教堂、市政厅、水晶宫、共和国宫、洪堡大学等。古老的夏洛特堡宫周围分布着埃及博物馆、古董博物馆、史前早期博物馆和应用美术馆等重要文化建筑。柏林还是德国主要的文化名城，全年几乎都有文化节。

视野拓展

勃兰登堡门

勃兰登堡门（如图3-7所示）是柏林仅存的城门，是柏林城的标志。以前由于紧挨着柏林墙，使它成为东西柏林分裂的代表建筑。柏林墙倒塌后，勃兰登堡门于1989年12月22日再次对外开放，成为统一的象征。这座以沙石为建筑材料建造的柱廊式城门，于1788至1791年由德国著名建筑学家卡尔·戈特哈德·朗汉斯（Carl Gotthard Langhans）设计，仿照了雅典卫城的建筑风格。城门高26米，宽65.6米，进深11米，门内有5条通道。1794年，勃兰登堡门顶上装上了由雕塑家约翰·戈特弗里德·沙多（Johann Gottfried Schadow）塑造的四马战车及胜利女神塑像。此门建成之后曾被命名为"和平之门"，战车上的女神被称为"和平女神"。

图3-7　勃兰登堡门

资料来源：《畅游世界》编辑部《畅游欧洲》，北京：化学工业出版社，2016。

2. 法兰克福

法兰克福位于莱茵河中部的支流美因河的下游，是德国重要的工商业、金融服务业和交通中心。法兰克福机场是欧洲第二大机场。法兰克福是欧洲的金融中心，欧洲央行和德国中央银行均位于这里。此外，法兰克福还是著名的国际会展中心城市，世界图书业的中心，每年至少有5万个会议在这里召开，无数观光客涌入此地参加各种会展，这里是欧洲大陆最繁忙的会议场所。工业以化学工业最为发达，其次是电子机械等。法兰克福不仅是德国的经济中心，同时它又是一座文化名城。这里是德国著名诗人歌德的诞生地。第二次世界大战时曾遭严重破坏，战后重建为现代化大城市，被誉为"莱茵河畔的曼哈顿"。法兰克福有17个博物馆和许多的名胜古迹，主要景点有歌德旧居与歌德博物馆、旧市政厅、雷玛大教堂、尼古拉教堂、帕乌尔斯教堂、恩哈依玛塔、国家美术馆、美因河沿岸的美术馆街等。

3. 慕尼黑

慕尼黑位于德国南部阿尔卑斯山北麓的伊萨尔河畔，是德国的第三大城市，德国主要的经济、文化、科技和交通中心之一，也是欧洲最繁荣的城市之一。慕尼黑同时又保留着原巴伐利亚王国都城的古朴风情，被人们称作"百万人的村庄"。

慕尼黑依山傍水，景色秀丽。这里有"四多"，即博物馆多、喷泉多、雕塑多和啤酒多。慕尼黑有无数的大小公园，各种喷泉2000多个，许多喷泉都有百年以上的历史，如位于巴赫广场的维特巴赫喷泉、勒歇尔-安娜喷泉等。它享有"欧洲建筑博物馆"的美誉，哥特式、古罗马式、巴洛克式古建筑以及各式现代化的建筑比比皆是。城市中各种雕塑栩栩如生。圣母教堂建于1488年，高109米，是慕尼黑的标志性建筑：橘红的屋顶和两座有绿色圆顶的高塔，是其最特别之处。自中世纪起，慕尼黑就以啤酒而闻名，著名的"啤酒之都"，是世界第三大啤酒生产地。一年一度的啤酒节让整个城市都沉浸在欢乐的气氛中。这里还是高科技产业中心，宝马、西门子等世界性的大企业总公司就设在慕尼黑。慕尼黑的主要景点有圣母玛利亚教堂、圣彼得教堂、玛利亚广场、老王宫、宝马博物馆、宁芬城堡、奥林匹克公园、西部公园等。

4. 科隆

科隆位于莱茵河畔，是德国第四大城市，拥有悠久的历史和文化，同时还是世界著名的会展城市。早在公元前38年罗马人就在此设要塞，公元50年发展成为罗马帝国的一个城市，至今犹存的罗马塔就是那时城垣的一部分。中世纪时，由于地处交通要道和重要的朝圣地，科隆非常繁荣，当时有人口4万多，超过了巴黎和伦敦，是德国最大的城市。如今科隆城还保留了部分罗马时代的古迹、中世纪的部分城墙和城门。19世纪中叶后，随着鲁尔煤田的开发和铁路的修筑，发展更迅速，建起了内外环绿化带和博览会场设施，城市面貌大为改观。在第二次世界大战中，科隆遭到猛烈轰炸，战后重建。科隆是一座古老而美丽的城市，也是一座现代化气息极强的大都市。主要景点有科隆大教堂、罗马-日耳曼博物馆、东亚艺术博物馆、科隆展览中心和莱茵河等。

视野拓展

科隆大教堂

屹立在科隆市中心莱茵河边的科隆大教堂（如图3-8所示），是德国最大的教堂和科隆的标志建筑，是欧洲中世纪哥特式建筑艺术的代表作，与巴黎的圣母院大教堂和罗马的圣彼得大教堂并称为欧洲三大宗教建筑。教堂始建于1248年，一直到1880年建成。占地8000平方米，建筑面积约6000平方米，主体部分有135米高。大门两边是两座哥特式尖塔，北塔高157.38米，南塔高157.31米，像两把锋利的宝剑，直插云霄，是世界上目前最高的双塔教堂。大教堂内分为5个礼拜堂和1个绕圣坛而建的带有3个偏堂的回廊。中央大礼拜堂穹顶高达43.35米，中厅跨度为15.5米。圣坛是中世纪德国教堂中最大的圣坛，圣坛上的十字架也是欧洲大型雕塑中最古老、最著名的珍品。教堂的钟楼上装有5座吊钟（响钟），最重的圣彼得钟重达24吨。登上钟楼，可眺望莱茵河的美丽风光和整个科隆市容。1998年，科隆大教堂作为文化遗产被联合国教科文组织列入《世界遗产名录》。

图3-8　科隆大教堂

资料来源：《畅游世界》编辑部《畅游欧洲》，北京：化学工业出版社，2016。

5. 新天鹅石堡

新天鹅石堡是德国南部著名的城堡，也称新天鹅石宫，位于德国浪漫大道的南端——菲森。这座城堡是巴伐利亚国王路德维希二世的行宫之一。建于1869—1886年，具有新罗马建筑风格和德国中世纪骑士城堡的特点。最初它是按巴伐利亚国王路德维希二世的梦想设计的。国王是艺术爱好者，一生受瓦格纳歌剧的影响。他构想了那传说中曾是白雪公主居住的地方，邀请剧院画家和舞台布置者绘制了建筑草图：梦幻的气氛，无数的天鹅图画，加上围绕城堡四周的湖泊，确实如人间仙境。路德维希二世生前并未看到自己的梦想完工，城堡是后人逐年完成的，因此城堡有着前人与后人合作的痕迹。美国迪斯尼乐园的灰姑娘城堡就是以此为蓝本设计的。

（二）旅游小常识

1. 货币知识

德国是首批加入欧元区的国家，自2002年1月1日起正式启用欧元纸钞及硬币作为通用货币。

2. 最佳旅游季节

德国的最佳旅游时节为秋季。4月是气候变化最无常的月份，暴雨、飓风、雪雹交替而至。而七八月是大多数德国人的夏季休假时间，是国内旅游的高峰期，除了警局、公立医院等特殊行业外大多数行业都放假休息，不适合外国游客旅游。5月、6月、9月、10月和11月是德国人从事各种交流活动的好时节，各种活动一般都安排在这几个月内进行。

第四节　意大利

一、自然概况

意大利全称意大利共和国，位于欧洲南部，包括亚平宁半岛以及西西里岛、撒丁岛等岛屿。国土面积约30.13万平方千米。亚平宁半岛占其全部领土面积的80%，它像一只巨大的长筒靴深入蔚蓝色的地中海之中。海岸线长约7200千米。北以阿尔卑斯山为屏障与法国、瑞士、奥地利和斯洛文尼亚接壤，东、南、西三面分别被亚得里亚海、伊奥尼亚海、第勒尼安海和利古里亚海环绕，80%的国界线为海界。意大利全境4/5为山丘地带，阿尔卑斯山脉自西向东蜿蜒于法、瑞、奥、意等国交界处，意、法边境的勃朗峰海拔4807米，为欧洲第二高峰。亚平宁山脉自西北向东南斜贯亚平宁半岛，构成半岛的中脊，半岛上有著名的维苏威火山和欧洲最大的活火山——埃特纳火山。波河是全国最大的河流，波河平原介于阿尔卑斯山脉和亚平宁山脉之间，面积约为意大利总面积的1/6，土壤肥沃，是最发达的工农业区。

意大利处于地中海区域东、西之间的海路要道以及北欧、中欧前往非洲的天然陆桥，扼守欧洲的南大门，交通位置十分重要。境内还有两个主权袖珍国——梵蒂冈教皇国和圣马力诺共和国。

意大利北部地区属于温带大陆性气候，阿尔卑斯山区气候呈垂直变化；大部分地区属于亚热带地中海气候，全年气温变化不大，冬季温暖多雨，夏季炎热干燥。年平均降水量约700毫米。这种气候特别适宜葡萄和亚热带果树的生长，也为旅游业的发展提供了有利条件。

二、人文概况

（一）人文地理

1. 人口与民族

意大利全国总人口为5885万（2022年）。波河平原是全国人口分布最稠密的地区。意大利是个多民族国家，总人口的94%为意大利人，少数民族有法兰西人、加泰隆人、弗留利人、拉丁人等。

2. 语言与宗教

官方语言是意大利语，个别地区讲法语和德语。意大利语同时还是圣马力诺和梵蒂冈的官方语言，是瑞士的四种正式语言之一。

在意大利，90%以上的居民信奉天主教，还有少数居民信奉基督教新教、犹太教、伊斯兰教等。

视野拓展
意大利的国旗、国徽、国歌、国花、国石

国旗：呈长方形，长与宽之比为 3∶2。旗面由三个平行相等的竖长方形相连构成，从左至右依次为绿、白、红三色。据记载，1796 年拿破仑的意大利军团在征战中曾使用由拿破仑本人设计的绿、白、红三色旗。1946 年意大利共和国建立，并规定绿、白、红三色旗为共和国国旗。

国徽：呈圆形。中心图案是一个带红边的五角星，象征意大利共和国；五角星背后是一个大齿轮，象征劳动者；齿轮周围由橄榄枝叶和橡树叶环绕，象征和平与强盛。底部的红色绶带上用意大利文写着"意大利共和国"。

国歌：《马梅利之歌》。

国花：雏菊。

国石：珊瑚。

资料来源：张熠，宋朝晖《世界各国国旗国徽国歌》，北京：中国民族摄影艺术出版社，2003。

（二）简史

意大利是罗马帝国的发祥地。公元前 753 年，罗马人建成罗马城。公元前 509—公元前 28 年为罗马共和时期。公元前 27 年，罗马帝国成立。395 年，罗马帝国分为东西两部分。476 年，西罗马帝国灭亡。自 962 年起，受神圣罗马帝国统治。11 世纪，诺曼人入侵南部并建立王国。12 至 13 世纪，意大利分裂成许多王国、公国、自治城市和小封建领地。16 世纪起，先后被法国、西班牙、奥地利占领。1861 年建立意大利王国，1870 年实现统一。此后，意大利同其他欧洲列强一样进行殖民主义扩张。1922—1943 年，墨索里尼推行法西斯统治，与德国建立"柏林-罗马轴心"，参与第二次世界大战。1945 年法西斯军队被消灭，1946 年 6 月 2 日废除君主制，成立意大利共和国。战后政府更迭频繁，但内外政策具有相对稳定性和连续性的特点。

（三）政治

现行宪法规定，意大利是一个建立在劳动基础上的民主共和国。总统为国家元首和武装部队统帅，代表国家的统一，由参、众两院联席会议选出，任期 7 年，可连任。议会是最高立法和监督机构，由参议院和众议院组成。两院权力相等，可各自通过决议，但两院决议相互关联。除少数终身参议员外，参、众议员均由普选产生，任期 5 年。议会的主要职能是：制定和修改宪法和法律，选举总统，审议和通过对政府的信任或不信任案，监督政府工作，讨论和批准国家预算、决算，对总统、总理、部长有弹劾权，决定战争状态和授予政府必要的政治决定权力等。最高司法委员会是最高司法权力机构，拥有独立司法体制和任命法官的权力，有法官的任命、分配、调遣、提升和规定措施等项权力，总统任主席。意大利实行内阁负责制，内阁由总理和若干部长组成，总理由总统任命，对议会负责。

（四）经济

意大利是欧洲第四大、世界第八大经济体。工业高度发达，生产技术先进，且规模庞大。私有经济为主体，占国内生产总值的80%以上。服务业约占国内生产总值的2/3。国内各大区经济差距较大，南北差距明显。中小企业占企业总数的98%以上，堪称"中小企业王国"。主要工业部门有机械工业、食品工业以及纺织、服装、制鞋和皮革业等。2022年，国内生产总值2.01万亿美元，人均国内生产总值为3.41万美元。

意大利农业发达，主要粮食作物有小麦、玉米、水稻等，蔬菜畅销欧洲市场，甜菜和烟草是主要的经济作物。葡萄酒产量占世界总产量的25%以上，出口量居世界各国之首。意大利是世界三大油橄榄生产国之一，柑橘产量、柠檬产量均位于世界前列。

对外贸易是意大利经济的主要支柱，3/4的能源供给和主要工业原料依赖国外进口，而产品的1/3以上供出口。主要贸易伙伴是欧盟和美国以及中东石油国家。意大利是世界第八贸易大国、第八出口大国。旅游业发达，旅游收入是弥补国家收支逆差的重要来源。

（五）文化

1. 教育

意大利教育事业发达，学校教育分幼儿教育、初等教育、中等教育和高等教育四个阶段。儿童满6岁即可入学，小学5年和初中3年都是免费义务教育。之后，学生可以选择上高中，亦可选择师范学校、职业学校或艺术学校。职业学校学制2~5年。高中分文科和理科，学制5年。高等学校分综合性大学和专科学院两种，学制一般4年。著名大学有罗马大学、米兰理工大学、都灵理工大学、波伦亚大学、帕多瓦大学、那不勒斯大学、比萨大学和佛罗伦萨大学等。意大利的美术学院和音乐学院在世界上久负盛名。

2. 科学技术

意大利十分重视科学研究，把科技进步视作发达国家"经济扩大和社会进步的不可取代的决定性条件"。意大利的科研机构分为三个部分：公共科研机构、高等院校和企业研究开发中心。意大利高技术产业主要集中在信息通信、航空航天、生物制药、可再生能源、材料、机器人与自动化及精密仪器等领域。意大利在高分子化学领域名列世界前茅，理论数学和核物理研究在国际上享有较高声誉，在航天、计算机等方面研究成果显著。

3. 文学与艺术

（1）文学

意大利的文学艺术在世界艺术宝库中占有相当重要的地位。早期意大利文学中，宗教文学占有重要位置，民间文学在中古时期也获得发展。13世纪末至16世纪，具有现实主义倾向的文学艺术的发展，使意大利成为欧洲文艺复兴的发源地。这个时期是意大利文学艺术的黄金时代，在欧洲居领先地位。但丁以其代表作《神曲》成为意大利和欧洲文学史上继往开来的伟大诗人，彼特拉克和薄伽丘分别以《歌集》和《十日谈》开欧洲近代抒情诗和短篇小说的先河。19世纪末，儿童文学也获得丰硕成果。科洛迪的《木偶奇遇记》、德·亚米契斯的《爱的教育》，产生广泛的影响。到了20世纪，意大利文坛出现了"微暗派""隐逸派""未来派"。"隐逸派"的代表诗人萨尔瓦多雷·夸齐莫多（1901—1968）和欧杰尼奥·蒙塔莱（1896—1981）曾先后于1959年和1975年获诺贝尔文学奖。

（2）绘画和雕塑

意大利的雕塑和绘画在世界上享有极高的声誉。乔托是文艺复兴初期著名的画家、雕刻家、建筑师，绘画成就尤为突出，绘画题材几乎都是基督和圣母的故事，最著名的作品有《圣弗朗西斯之死》《逃亡埃及》《犹大之吻》等。15世纪的画家马萨丘发现的远近透视规律促进了绘画艺术的发展。文艺复兴时期最重要的代表是被称为"文艺复兴三杰"的达·芬奇、拉斐尔和米开朗琪罗。达·芬奇多才多艺，在绘画、雕刻、建筑、工程、数学、哲学等领域都取得了杰出的成就，壁画《最后的晚餐》和油画《蒙娜丽莎》是誉满全球的杰作。拉斐尔是罗马画派的杰出代表，他为梵蒂冈画了以《教权的建立和巩固》为总题目的壁画，最有名的当数《圣礼的辩论》和《雅典学派》。米开朗琪罗在雕刻、绘画和建筑方面都取得了杰出的成就，代表作为雕塑《大卫》《被束缚的奴隶》及壁画《创世纪》和《末日的审判》等。

（3）歌剧

意大利是歌剧的故乡，其歌剧发展史亦可称为意大利的音乐史。歌剧诞生于17世纪的意大利，传世的第一部歌剧于1600年在佛罗伦萨公演。以后，佛罗伦萨、罗马、威尼斯和那不勒斯先后成为意大利歌剧艺术的中心，涌现了许多歌剧艺术家。19世纪上半叶最著名的歌剧艺术家是罗西尼和威尔第。罗西尼的两部重要代表作是《塞维利亚的理发师》和《威廉·退尔》，威尔第的作品有《茶花女》《阿伊达》《假面舞会》《奥赛罗》等。20世纪意大利著名歌剧作家是普契尼，其代表作有《艺术家的生涯》《托斯卡》《蝴蝶夫人》等。作为歌剧的故乡，意大利拥有许多闻名世界的歌剧院，如米兰的斯卡拉歌剧院，那不勒斯的圣卡洛歌剧院和罗马歌剧院等。

三、民俗风情

（一）服饰

意大利服装制造业享誉全球，生产的服装不仅款式新颖、花色繁多，而且品种齐全，高、中、低档一应俱全。意大利服装可以分为民族服装、普通服装、正式服装和流行服装四类。在重大节日、喜庆活动或表演传统节目时，人们会穿上五彩缤纷的民族服装，以增添欢乐的气氛。在公共场所工作时，男士才穿上西服、系上领带；女士则穿西服套裙，以示庄严和隆重。日常衣着以西服为主，但夹克衫、T恤衫和牛仔裤现已很普遍。有的饭店规定穿西服必须系领带，即使在夏天也不准穿衬衫入席。到歌剧院看歌剧大都比较讲究穿着和举止，尤其是男士，要穿晚礼服或至少穿西装打领带。

（二）饮食

意大利的菜肴源自古罗马帝国宫廷，有着浓郁的文艺复兴时代佛罗伦萨的膳食情韵，素称"欧洲大陆烹调之母"，在世界上享有很高的声誉。意大利菜讲究原汁原味，对烹饪火候极为讲究，烹调方法则以炒、煎、红烩、红焖为主。意大利菜可分南北两派：南派味道较为浓郁，大量采用蒜头、番茄、橄榄油等；北派较为清淡，多用牛油煮食。意大利菜肴鲜嫩香浓，名菜甚多，精美可口的面食、奶酪、火腿和葡萄酒名扬世界。源于那不勒斯的意大利烤饼"比萨"传遍全球，仅通心粉做的各种面条就有40余种，意大利是冰激凌的发源地，用芝士作为烹饪用料也是意大利人始创的。

意大利人喜欢喝酒，每人年均喝葡萄酒达120升之多，居世界第一位。通常饭前喝开胃酒，吃鱼喝白葡萄酒，吃肉饮红葡萄酒，饭后喝少许烈性酒加冰块。在各种宴会上，每上一道菜都要换一种酒。意大利人常常边喝酒边聊天，不过很少酗酒，席间不劝酒。

（三）礼貌、礼节

意大利主要的风俗习惯与其他西方国家无显著区别，但因梵蒂冈在意境内，天主教对日常生活有较大影响，各种宗教节日很多。意大利人待人热情，注重公共场合的文明礼貌。与宾客见面时常握手，亲朋好友久别后重逢会热情拥抱，处处女士优先。女子对"太太""小姐"的称呼颇为计较，称呼女性可由戒指判断：订婚后的女性戴订婚戒指，结婚后换戴结婚戒指，式样不同。赴家宴要携带礼物送给主人，礼不在贵重，但讲究包装，主人会当面打开礼物表示赞赏之情。意大利人时间观念不强，特别是出席宴会、招待会等活动时常常失约或迟到。

（四）禁忌

意大利忌讳数字13和星期五。忌讳菊花，人们把它视为"丧花"。送鲜花要注意送单数，不送13朵。忌讳用手帕作为礼品送人，认为手帕是一种令人悲伤的东西。意大利人忌讳用一根火柴或打火机给3个人点烟。忌讳4个人站在一起，应避免交叉握手，形成十字架形被认为不吉利。在与不认识的人打交道时，忌讳用食指侧面碰击额头，因为这是骂人"笨蛋""傻瓜"。在参加宴请活动或到朋友家做客时，尽量在喝饮料、酒水、菜汤和吃面条时不要发出声音，否则会被认为是没有教养的表现。在公共场合不宜大声喧哗，不宜在旅馆走廊大声谈笑。

四、旅游业概况

（一）著名旅游城市和景点

意大利山清水秀，风光旖旎，旅游资源丰富，素有"欧洲的天堂和花园"之称。最令人向往的还是人文旅游资源，尤其是众多的历史文化名城、古建筑和历史遗迹及雕塑等艺术珍品。作为歌剧的故乡，意大利拥有许多闻名世界的歌剧院。

1. 罗马

罗马是意大利的首都，全国最大的城市和政治、文化、交通中心，同时也是一座文艺复兴时代的艺术宝库。罗马历史悠久，以其雕塑多、教堂多和喷泉多而闻名世界，被称为"永恒之城"。公元前753年，罗马人建罗马城。公元前52年，罗马已成为世界上最富有的城市，也是

视频：意大利
首都罗马

雏形中帝国的中心，那时的罗马被称为"世界之都"。1870年后，罗马成为意大利首都。占城区面积40%的古罗马城遗迹代表着世界上最大、最重要的古典和中世纪的考古区，酷似一座巨型的露天历史博物馆，矗立着斗兽场、真理之口、许愿池、威尼斯广场、君士坦丁大帝凯旋门、卡拉卡拉古浴场、万神庙、新宫、帝国元老院等诸多世界闻名的古迹和景观。古城区西北角的梵蒂冈为罗马教廷所在地，还拥有文艺复兴时期诸如米开朗琪罗、拉斐尔、布拉曼特等艺术大师的伟大杰作。1980年，包括圣保罗教堂和梵蒂冈在内的罗马古城历史中心作为文化遗产被联合国教科文组织列入《世界遗产名录》。

视野拓展

古罗马斗兽场

古罗马斗兽场（如图3-9所示）也称作罗马大角斗场、罗马竞技场、罗马圆形竞技场。建于公元72~82年，是古罗马帝国专供奴隶主、贵族和自由民观看斗兽或奴隶角斗的地方。位于罗马市中心。斗兽场从外观上看，呈正圆形；俯瞰时，是椭圆形的。占地面积约2万平方米，长轴长约为188米，短轴长约为156米，圆周长约527米，围墙高约57米。中间是竞技表演舞台，四周为有等级尊卑之分的观众席。这座庞大的建筑可以容纳近9万名观众。

图3-9　古罗马斗兽场

整个建筑分为四层。一、二、三层为不同高度的拱形门洞组成的环形走廊。每层有80个拱门，拱廊中的石柱根据经典的标准分别设计（由地面开始，分别为多利安式样、爱奥尼亚式样和科林斯式样）。第四层是实心墙，开有方形孔洞。在第四层的房檐下面排列着240个中空的突出部分，它们是用来安插木棍以支撑遮阳帆布的，水手们负责把它撑起以帮助观众避暑、避雨和防寒，这样一来大斗兽场便成为一座1世纪的透明圆顶竞技场。表演区地底下隐藏着很多洞口和通道，这里可以储存道具和牲畜以及角斗士，表演开始时再让角斗士到地面上。斗兽场甚至可以利用输水道引水。248年,斗兽场就曾将水引入表演区,形成一个湖,表演海战的场面,来庆祝罗马建成1000年。

资料来源:《畅游世界》编辑部《畅游欧洲》,北京:化学工业出版社,2016。

2. 佛罗伦萨

佛罗伦萨旧译为"翡冷翠",位于意大利的中部、亚平宁山脉中段西麓盆地,是连接意大利北部与南部铁路、公路网的交通枢纽。阿尔诺河横贯市内,两岸跨有7座桥梁。佛罗伦萨是极为著名的世界艺术之都,欧洲文化中心,欧洲文艺复兴运动的发祥地,歌剧的诞生地,举世闻名的文化旅游胜地。城市的无穷魅力大多来自其中世纪和文艺复兴时期的大型建筑物,市区仍保持古罗马时期的格局,多中世纪建筑艺术。全市有40多座博物馆和美术馆、60多座宫殿及上百座各种风格的教堂,藏有大量的艺术珍品和珍贵文物,故有"博物馆城"之称,被誉为"西方雅典"。主要景点有乌菲齐美术馆、花之圣母大教堂、市政广场、国立巴吉洛美术馆、米开朗琪罗广场、圣十字教堂、老宫、老桥、皮蒂宫等。

视野拓展

花之圣母大教堂

花之圣母大教堂又称百花大教堂、佛罗伦萨大教堂,是由大教堂、洗礼堂和钟塔组成的建筑群,为佛罗伦萨的地标,位于杜阿莫广场上。外观以粉红色、绿色和奶油白三色的大理石砌成,展现着女性优雅高贵的气质,故称为"花之圣母大教堂"。1982年,花之圣母大教堂作为历史中心的一部分被联合国教科文组织列入《世界遗产名录》。大教堂是整个建筑群的主体部分,建于1296—1436年,是世界第四大教堂。教堂巨大的八角形穹顶内径43米,正中央有希腊式圆柱的尖顶塔亭,连亭总计高达107米。大穹顶内部为画家乔尔乔·瓦萨里所绘巨幅天顶画《末日审判》,还收藏有《先知者》雕像、大理石浮雕《唱歌的天使》《圣母升天图》等雕塑和绘画珍品。教堂右侧有高85米的钟楼,用托斯卡那白、绿、粉色花岗石贴面,属于哥特式建筑风格,纯净优雅。最初于1334年由大画家乔托设计并开始建造,因此也称"乔托钟塔"。楼内有台阶,可登高俯瞰全城。大教堂西面有一座八角形的洗礼堂——圣乔凡尼礼拜堂,7世纪建成,11世纪改建成现在的模样,因供奉着佛罗伦萨的守护圣人乔凡尼而得名。洗礼堂最具观光价值的就是三扇以精致黄金浮雕装饰的大门,大门上有诉说着旧约圣经故事的青铜浮雕:南侧的门是关于约翰传教的故事;东侧的门是由吉尔伯提花27年制作的,被米开朗琪罗誉为"天堂之门";北侧的门也是吉尔伯提的作品,主题是表现基督的生涯及其12门徒的事迹。现在的门上的作品是复制品,原件在大教堂的博物馆展出。

资料来源:《畅游世界》编辑部《畅游欧洲》,北京:化学工业出版社,2016。

3. 威尼斯

威尼斯（如图3-10所示）位于意大利东北部亚得里亚海滨。威尼斯外形像海豚，城市面积不到7.8平方千米。由118个弹丸小岛组成，并以177条水道、401座桥梁连成一体，小岛之间的运河成为城市的大街小巷，是世界上唯一没有汽车的"水城"，整个城市只靠一条长堤与大陆半岛连接，有"水上都市""百岛城""桥城""水城"之称。相传城市始建于453年，8世纪成为亚得里亚海的贸易中心。10世纪建立城市共和国，成为当时最主要的航运枢纽；14~15世纪为威尼斯全盛时期，是当时意大利最强大和最富有的海上共和国。

图3-10 威尼斯

威尼斯古迹众多，有各式教堂、钟楼、男女修道院、博物馆等艺术及历史名胜450多处，风格多样，拿破仑称之为"举世罕见之奇城"。著名的景点有：圣马可广场、圣马可大教堂、凤凰歌剧院、叹息桥、里亚托桥、拿破仑王宫、救世主教堂、回廊等。

4. 米兰

米兰坐落于意大利北部最富裕的波河流域中心、阿尔卑斯山南麓，是全国第二大城市、最大的工商业和金融中心，有"经济首都"之称。米兰城有"世界时尚之都"的美誉，蒙特拿破仑大街上的时装商店举世闻名，埃马努埃莱二世长廊被认为是世界上最古老的购物中心。城市拥有丰富的文化古迹和遗产，传统歌剧也尤为著名。教堂、博物馆、广场和公园众多。全市以米兰大教堂为中心，分布有著名的布雷拉美术宫、斯卡拉剧院、斯福尔扎城堡、王宫、大运河、国立科学技术博物馆等。

视野拓展

米兰大教堂

米兰大教堂是世界上最大的哥特式建筑（如图3-11所示），是世界上最大的教堂之一，规模雄踞世界第二，仅次于梵蒂冈的圣彼得教堂，也是世界上影响力最大的教堂之一。坐落于米兰市中心。教堂长158米,最宽处93米。总面积1.17万平方米,可供4万人举行宗教活动。它于1386年开工建造,1500年完成拱顶,1774年中央塔上的镀金圣母玛利亚雕像就位,1897年最后完工,历时5个世纪。米兰大教堂不仅是米兰的象征,也是米兰的中心。拿破仑曾在这里加冕,达·芬奇为这座建筑发明了升降机(电梯的前身)。

米兰大教堂也是世界上雕塑最多、尖塔最多的建筑,全由白色大理石筑成,被誉为"大理石山"。教堂的特点在它的外形:尖拱、壁柱、花窗棂、尖塔。教堂有135座尖塔,像浓密的塔林刺向天空,并且在每个塔尖上有神的雕像。教堂雕像总共有6000多个,是世界上雕像最多的哥特式教堂。中央尖塔高108.5米,塔顶上有一座高4.2米的圣母玛利亚铜像,身裹3900多片黄金,重700多千克,在阳光下显得光辉夺目,神奇而又壮丽。1489年,达·芬奇在教堂的餐厅墙上创作了传世名画《最后的晚餐》。米兰大教堂不仅仅是一座教堂、一栋建筑,它更是米兰的精神象征和标志,也是世界建筑史和世界文明史上的奇迹。

图3-11 米兰大教堂

资料来源:《畅游世界》编辑部《畅游欧洲》,北京:化学工业出版社,2016。

(二)旅游小常识

1. 货币知识

意大利是首批加入欧元区的国家,自2002年1月1日起正式启用欧元纸钞及硬币作为单一通用货币。

2. 最佳旅游季节

意大利一年四季都适合旅游,5~10月最佳,此时也是意大利旅游的旺季。4~6月是天气最好的季节。

3. 小贴士

教堂或教堂博物馆禁止穿短裤、短裙或无袖上衣进入,不过可用披肩、纱巾等物品遮掩。在意大利的街头拍照不得使用三脚架。许多旅游城市禁止坐在地上或台阶上休息,尤其在一些著名建筑前,比如罗马的祖国祭坛、佛罗伦萨花之圣母大教堂、威尼斯的圣马可广场等,违法者将被处以罚款。意大利商店、饭店、酒吧、公共交通工具、电影院等公共场所严禁吸烟（设有专门吸烟区的除外），违者将被处以罚款；如吸烟时有孕妇或婴幼儿在场，罚款加倍。

第五节　西班牙

一、自然概况

西班牙东临地中海，北濒比斯开湾，东北与法国、安道尔接壤，西部与葡萄牙紧密相连，南部隔直布罗陀海峡与非洲大陆的摩洛哥相望，扼大西洋和地中海航路的咽喉，被称为通往欧洲、非洲、中东和拉丁美洲的"桥梁"。海岸线长约7800千米。境内多山，欧洲高山国家之一，主要山脉北有坎塔布连山脉、比利牛斯山脉，南有莫雷纳山和佩尼韦蒂科山；南部的穆拉森山海拔3478米，为全国最高峰。北部沿海一带为林业资源主要集中地，有"绿色西班牙"之称。西班牙国土面积约50.6万平方千米，是西欧仅次于法国的第二大国。西班牙的领土还包括位于地中海的巴利阿里群岛、非洲西北大西洋上的加那利群岛以及北非摩洛哥境内的休达、梅利利亚两座城市。

中部高原，属大陆性气候；北部和西北部沿海，属海洋性气候；南部以及地中海沿岸地区，约占全国面积的3/4，属地中海型亚热带气候。西班牙四季分明。最冷的月份是1~2月，最热的月份是8月。

二、人文概况

（一）人文地理

1. 人口与民族

西班牙总人口4819万（2023年4月）。西班牙是由一个主体民族和若干少数民族构成的国家。其中，主体民族是卡斯蒂利亚人，讲西班牙语，约占总人口的73%。少数民族约有20个，其中有3个最重要的民族：加泰罗尼亚人约占总人口的15%，主要居住在巴塞罗那及周围地区；加利西亚人约占总人口的7%，主要居住在西部大西洋沿岸；巴斯克人约占5%，生活在北部靠近法国的边境地区。

2. 语言与宗教

西班牙有四种主要的语言，除了西班牙语为全国的官方语言外，其余三种为地区级官方语言。西班牙语（又称卡斯蒂利亚语），通行于西班牙全国各地；加泰罗尼亚语（又称巴伦西亚语），用于加泰罗尼亚、巴伦西亚和巴利阿里群岛；巴斯克语，用于巴斯克地区；加利西亚语，用于加利西亚地区。

西班牙约96%的居民信仰天主教。

视野拓展
西班牙的国旗、国徽、国歌、国花、国石

国旗：呈长方形，长与宽之比为3∶2。旗面由三个平行的横长方形组成：上下均为红色，各占旗面的1/4；中间为黄色；黄色部分偏左侧绘有国徽。红、黄两色是西班牙人民喜爱的传统颜色，分别代表组成西班牙的四个古老王国。

国徽：中心图案为盾徽。盾面上有六组图案：左上角是红地上黄色城堡，右上角为白地上头戴王冠的红狮，城堡和狮子是古老西班牙的标志，分别象征卡斯蒂利亚和莱昂；左下角为黄、红相间的竖条，象征东北部的阿拉贡；右下角为红地上金色链网，象征位于北部的纳瓦拉；底部是白地上绿叶红石榴，象征南部的格拉纳达；盾面中心的蓝色椭圆形中有三朵百合花，象征国家富强、人民幸福、民族团结。盾徽上端有一顶大王冠，这是国家权力的象征。盾徽两旁各有一根海格立斯柱子，亦称大力神银柱；左、右柱顶端分别是王冠和帝国冠冕，缠绕着立柱的饰带上写着"海外还有大陆"。

国歌：《皇家进行曲》。

国花：石榴花。

国石：绿宝石。

资料来源：张熠，宋朝晖《世界各国国旗国徽国歌》，北京：中国民族摄影艺术出版社，2003。

（二）简史

公元前10世纪克尔特人从中欧迁入。公元前8世纪起，伊比利亚半岛先后遭外族入侵，长期受罗马人、西哥特人和摩尔人的统治。西班牙人为反对外族侵略进行了长达800年的斗争，1492年"光复运动"胜利后，建立统一的西班牙封建王朝。同年，哥伦布抵达西印度群岛，此后西班牙逐渐成为海上强国，对外进行扩张，一度成为欧洲最大的国家。1588年"无敌舰队"被英国击溃，开始衰落。1873年爆发资产阶级革命，建立第一共和国；次年，王朝复辟。1931年建立第二共和国。1936—1939年爆发内战，最终佛朗哥夺取政权，实行独裁统治。第二次世界大战中，佛朗哥与希特勒德国缔结军事同盟。1947年，佛朗哥宣布西班牙为君主国，自任终身国家元首。1975年11月，佛朗哥病逝，胡安·卡洛斯一世国王登基。1976年7月，胡安·卡洛斯一世国王任命原国民运动秘书长阿道夫·苏亚雷斯为首相，西班牙开始向西方议会民主政治过渡，1978年宣布实行议会君主制。2014年6月，胡安·卡洛斯一世国王宣布退位，将王位传给王储，费利佩六世国王登基。

（三）政治

西班牙是君主立宪制政体，有世袭的君主和两院。国王为国家元首和武装力量总司令，众议院和参议院两院掌握立法权，实行多党制。首相领导的政府行使行政权，首相由多数党提名，并由国王任命。

全国划为19个自治区（其中，休达和梅利利亚两个自治区在北非），下分50个省

和8000多个市镇。西班牙的地方政权实行自治，这在世界上是独一无二的。自治区、省、市三级均在经济、文化、旅游业等方面享有很大自主权。各自治区有自己的自治章程，为自治区的基本法律。宪法规定了自治区可以掌握的权限和国家中央机构专有的权限。

（四）经济

西班牙是中等发达的资本主义工业国，经济总量居欧盟第五位、世界第十三位。20世纪80年代初，开始实行紧缩、调整、改革政策，采取了一系列经济自由化措施。1986年以加入欧共体为契机，经济发展出现高潮，跻身世界十大工业国行列。90年代初，由于出现经济过热现象，经济增长速度放慢并陷入衰退。90年代中期以来，在政府采取的宏观调控政策的作用下，经济开始回升并持续稳步增长。近年来，受内外环境影响，西班牙经济仍面临一些不稳定和不确定因素，尤其是能源价格上涨等给经济复苏造成了压力。

工业产值占西班牙国内生产总值比例较高，主要工业部门包括纺织、食品、汽车制造、冶金、化工、能源、电力等。其中，汽车工业是西班牙的支柱产业之一。

西班牙是一个传统的农业国，主要农作物有小麦、橘子、西红柿、橄榄和葡萄等。橄榄种植业有2000多年的历史，有"橄榄王国"之称，是全球第一大橄榄生产国。葡萄的种植面积居世界首位，达95万公顷，占世界总种植面积的13%。

服务业是西班牙国民经济的一个重要支柱，包括文教、卫生、商业、旅游、运输业、金融业等，其中尤以旅游和金融业较为发达。西班牙是世界上有名的"旅游王国"，世界旅游组织总部就设在西班牙首都马德里。

（五）文化

1. 教育

西班牙的学校教育主要分为学前教育、普及教育、高等教育以及职业培训几个阶段。实行中央集权的管理体制，国家负责教育投资和管理整个教育事业。教育经费的87%来自国家的直接拨款。从幼儿园至中学实行免费义务教育（3~16岁）。幼儿教育3年，小学教育6年，中学教育4年，大学教育4~5年。西班牙有51所公立大学，23所私立大学，其中7所由教会主办。马德里自治大学是西班牙最大的高等学府，其他著名大学还有马德里理工大学、萨拉曼卡大学、巴塞罗那自治大学等。

2. 科学技术

近年来，西班牙政府采取一系列政策，促进研发与创新的发展。具体目标是促进知识生产和技术创新。重新确定研发与创新重点，进一步加快生物学、生物医学、材料科技、农业与食品科技、物理学等优势领域的发展。同时，大力支持那些对总体经济起发动机作用的创新行业，以及那些具有竞争力和先进技术的行业，还有传统产业。另外，还大力资助大学和公共研究机构参与的急需研究项目。最重要的科研基地为西班牙科学研究高级委员会。该委员会在马德里设有35个中心，研究领域主要有生物医学、农学、物理、化学、新材料、新食品技术等。

3. 文学与艺术

（1）文学

西班牙最早的文学作品是 10 世纪时出现的史诗。文艺复兴时期的代表作品是塞万提斯的《堂吉诃德》，这部脍炙人口的世界名著是欧洲长篇小说发展史上的一座里程碑，它对西班牙文学、欧洲文学，乃至整个世界文学的影响都是不可估量的。20 世纪西班牙最著名的诗人加西亚·洛尔卡，其代表作《伊格纳西奥·桑切斯·梅西亚斯的挽歌》被誉为西班牙文学中"最优秀的哀歌之一"。自 19 世纪末以来，西班牙共有 5 位文学家荣获诺贝尔文学奖。其中，当代西班牙著名作家卡米洛·何塞·塞拉于 1989 年荣获诺贝尔文学奖。

（2）音乐

西班牙的音乐极为丰富多彩，并带有东方色彩，热情奔放，音乐与演奏水平在世界上享有盛誉。19 世纪，西班牙先后在马德里和巴塞罗那创办了音乐学院。历史上著名的作曲家有阿尔维尼斯、格拉纳多斯、法雅和罗德里戈。当代西班牙拥有一批世界上最优秀的歌唱家，如多明戈、卡雷拉斯与意大利的帕瓦罗蒂齐名，并称为当代"世界三大男高音"。克劳斯和阿拉加尔也是当今世界的男高音中的顶尖人物，并称"西班牙男高音双巨星"。安赫莱斯为 20 世纪世界最著名女高音歌唱家之一，卡伐耶有"当代歌剧皇后"之称，贝尔甘扎是世界杰出的女中音歌唱家，胡里奥·伊格莱西亚斯则是国际闻名的通俗歌曲歌手。

（3）美术

西班牙美术家在世界美术史上占有重要的地位，文艺复兴时期和 17 世纪画坛人才辈出，创造了许多传世佳作。戈雅是 18 世纪西班牙最伟大的画家之一，代表作有《卡洛斯四世一家》《裸女》《着衣的玛哈》《1808 年 5 月 3 日》等。毕加索是 20 世纪最具有创造性、影响最大的西班牙艺术巨匠，代表作有《格尔尼卡》《亚威农姑娘》《三个乐师》《镜前的女人》等。此外，当代著名艺术家还有抽象派画家米罗，代表作有《小丑狂欢节》《农场》《金蓝》等；意象派画家达利，代表作有《记忆的永恒》《哥伦布之梦》等。

4. 斗牛

西班牙是一个充满热情、富于活力的国家，有"斗牛王国"之称。斗牛是西班牙的国粹，风靡全国，享誉世界。斗牛是西班牙特有的古老传统，在阿尔塔米拉岩洞中发现的新石器时代的岩壁画中，就有人与牛搏斗的描绘。在全国的各种节日活动中，斗牛是重要内容之一。斗牛季节是 3 月至 10 月，选用的是生性暴烈的北非公牛，每逢周四和周日各举行两场，表演通常在下午进行，每场由三个斗牛士分别斗六头牛。整个斗牛过程包括引逗、长矛穿刺、上花镖及正式斗杀四个部分。疯狂的斗牛活动每年吸引着世界各国游客前往观看。

三、民俗风情

（一）服饰

西班牙人的民族服装，与其宗教、舞蹈和斗牛等有着密切的关系。精美的西班牙传统服饰在人们的日常生活中随处可见。男子们上穿白色的衬衣、无领背心和外衣，下穿黑色的紧身裤，宽阔的刺绣纹饰腰带系扎在腰部，外衣和马裤上都装饰着穗带，头上戴着遮阳的黑色檐帽。女子的衬衣，大多是在边缘上饰以白细布制成的折裥花边。女子的头发上也装饰着带花边的头饰或是鲜花，头发上还插着巨大的梳子，这些梳子以象牙、玳瑁、牛角制成，有的还饰以雕刻；梳子支撑起花边头巾，同时还可看到梳子的精美效果。妇女外出有戴耳环的习俗，否则会被人嘲笑。皮鞋在服装中的地位相当重要，它大多是鲜艳的红色，还有较大的鞋舌，鞋面上饰有闪闪发光的金属鞋扣，并缝有红色的花边。成套的斗牛士服饰包括金银细丝缝制的短身外套、背心、衬衫、紧身半长裤及红色袜子、黑色平底鞋和特殊的黑色圆帽。

（二）饮食

西班牙人的饮食习惯和中国人一样，也是一日三餐，但其饮食结构却与中国人不同。早餐简单快捷，午餐在外不大讲究，晚餐比较受重视且丰盛，通常都在家里吃。大多数家庭的晚餐必备葡萄酒，而且常常作为饮料，大人和小孩一块儿用。饭后上一道水果，有的家庭还吃糕点、甜食和冰激凌等。西班牙人是世界上最讲究饮食的民族之一，饭菜种类丰富，做法考究，口味偏重酸、辣，喜欢吃鱼和烤肉，尤喜海味，忌食油腻、味道过咸的食品。特色菜有海鲜、烤羊肉、烤牛排、烧牛尾、海鲜饭、土豆蛋饼、炸鱿鱼圈等。

（三）礼貌、礼节

西班牙人友善热情，少有种族偏见，喜欢舞蹈、音乐、喝酒、聚会，个人自尊感、荣誉感比较强，容易激动。通常在正式社交场合与客人相见时，行握手礼。与熟人相见时，常紧紧地拥抱。称呼西班牙人时，一般可称先生（父姓）、夫人（夫姓），但称呼未婚女性必须称小姐。盛行"女士优先"原则；注重个人隐私，一般不能询问对方的年龄、收入、婚否、宗教信仰、政治立场等问题。宴请与约会宜事先通知。赴家宴须向主人送礼，常送酒、巧克力、工艺品等，赠送礼品很注重包装并有当面拆包赞赏的习惯。西班牙人赴约一般喜欢迟到一会儿，尤其是应邀赴宴。餐桌上一般不劝酒，也无相互敬烟的习惯。斗牛表演是西班牙为数不多的准时开始的活动；如晚到，须等一头牛斗完后方可入场。

（四）禁忌

现代西班牙属基督教文化圈，许多禁忌与欧美基督教国家相同，如视13为不吉利数字，视13日、星期五为不祥之日，忌用黄色、紫色、黑色，忌讳菊花和大丽花。

四、旅游业概况

（一）著名旅游城市和景点

西班牙的旅游资源特别丰富，素有"旅游王国"之称，而且具备发展海滨旅游的最重要的三"S"条件，即Sun（太阳）、Shore（海滩）和Sea（海洋），旅游口号为"阳光普照西班牙"。西班牙有闻名遐迩的四大海滨旅游区：太阳海岸旅游区位于南方安达卢西亚一带，全年日照300多天；加那利群岛旅游区（如图3-12所示）位于非洲西北部大西洋区内，是热带风光的游览点；巴利阿里群岛旅游区位于东部地中海海区，素有"地中海浴盆"之称，是最为繁忙的休闲旅游胜地；布拉瓦海岸旅游区在东北部加泰罗尼亚沿岸，沿岸岩石和沙滩交错出现，海平水清，是开展水上运动的理想地段。

图3-12 加那利群岛旅游区

西班牙拥有许多王宫、教堂和城堡，人文旅游资源丰富。截至2023年7月，西班牙共有49处世界遗产（43项文化遗产、4项自然遗产、2项自然和文化双遗产）被联合国教科文组织列入《世界遗产名录》，是拥有世界文化遗产最多的国家之一。西班牙还有许多独特的民族文化传统和别具一格的民族文化娱乐活动，其中包括闻名于世的西班牙斗牛、热情奔放的西班牙舞蹈，以及各种各样的风俗习惯、民族节日，都能使来自异国他乡的游客感受到西班牙特有的风情。

1. 马德里

马德里是西班牙的首都及政治、经济、文化、交通和金融中心，是欧洲地势最高的首都之一。这里风光秀丽，阳光灿烂，空气清新，每年的晴天数居欧洲各大首都之首。西班牙工业总产值的10%来自这座首都的机器制造、化学工业、建筑、皮革及木材加工、食品等工业部门。这座1992年被评为"欧洲文化名城"的古城洋溢着浓烈的历史氛围，无数名胜古迹遍布马德里全城，有1000多个凯旋门、3000多个广场、50多座博物馆。随着旅游事业的发展，马德里除了新建了许多机关、商业大楼等以外，同时还新建了许多主要供外国旅游者休息的华丽饭店和旅馆。马德里著名的景点有马德里皇宫、蒙克洛亚宫、普拉多博物馆、蒂森博物馆、太阳门、大广场、西班牙广场、圣伊西德罗大教堂、丽池公园、皇家剧院、欧洲门、阿尔卡拉门、索菲亚王后美术馆等。

视野拓展

马德里皇宫

马德里皇宫（如图3-13所示）是仅次于凡尔赛宫和维也纳皇宫的欧洲第三大皇宫。它建于1738年，历时26年才完工，是世界上保存最完整而且最精美的宫殿之一。皇宫外观呈正方形结构，类似法国的罗浮宫，整个建筑由白色大理石砌成，气魄雄伟，典雅壮观；内部装潢则是意大利风格，富丽堂皇，宫内藏有无数的金银器皿和绘画、瓷器、壁毯及其他皇室用品，整个宫殿豪华绝伦。它是波旁王朝代表性的文化遗迹，在欧洲各国皇宫中数一数二。如今皇宫已被辟为博物院，供游人参观。皇宫的对面是西班牙广场，中央矗立着《堂吉诃德》的作者塞万提斯的纪念碑，纪念碑旁还有骑着马的堂吉诃德和仆人桑丘的塑像。

图3-13 马德里皇宫

资料来源：《畅游世界》编辑部《畅游欧洲》，北京：化学工业出版社，2016。

2. 巴塞罗那

巴塞罗那是西班牙第二大城市，重要的经济、贸易、工业城市，地中海地区最大的港口，有"地中海的曼哈顿"之称。整个城市依山傍海，风光秀丽，名胜古迹众多。市区内哥特式、文艺复兴式、巴洛克式建筑和现代化楼群相互辉映，古迹遍布。巴塞罗那是一个艺术家的殿堂，西班牙现代艺术巨匠如毕加索、米罗、达利等人都诞生于此，它还是西班牙最著名的旅游胜地、伊比利亚半岛最富欧洲气质的大都市，有"伊比利亚半岛的明珠"之称。巴塞罗那曾举办过两次世博会和一届奥运会，这使巴塞罗那的美名传遍整个世界，同时也吸引了更多的人来此观光。主要景点有毕加索博物馆、加泰罗尼亚艺术博物馆、历史博物馆、圣家族大教堂、蒙锥克古城堡、圣兰布拉大街、哥特区、奥运中心。

视野拓展

圣家族大教堂

圣家族大教堂是一座宏伟的天主教教堂，由安东尼·高迪（1852—1926）设计，整体设计以大自然诸如洞穴、山脉、花草动物为灵感。高迪曾经说："直线属于人类，而曲线归于上帝。"故教堂的设计完全没有直线和平面，而是以螺旋、锥形、双曲线、抛物线各种变化组合成充满韵律动感的神圣建筑。该教堂是一座象征主义建筑，分为三组，描绘了耶稣基督的诞生、受难及复活。教堂共计18座高塔，分别代表耶稣和他的12个信徒、4个传教士和圣母玛利亚，而中央最高的一个塔尖象征着耶稣本人。教堂墙面主要以当地的动植物形象作为装饰，正面的三道门以彩色的陶瓷装点而成。整个建筑华美异常，令人叹为观止，是建筑史上的奇迹。教堂从1882年开始修建，因为是赎罪教堂，资金的来源主要靠个人捐款，捐款的多少直接影响到工程进展的快慢，所以至今还未完工。圣家族大教堂于2005年作为文化遗产被联合国教科文组织列入《世界遗产名录》，是世界上唯一一座还未完工就被列为世界遗产的建筑物。

资料来源：《畅游世界》编辑部《畅游欧洲》，北京：化学工业出版社，2016。

（二）旅游小常识

1. 货币知识

西班牙是首批加入欧元区的国家，自2002年1月1日起正式启用欧元纸钞及硬币作为单一通用货币。

2. 最佳旅游季节

西班牙全年适合旅游，5~9月为最佳旅游季节。对于想前往比利牛斯山滑雪的游客而言，冬季自然是最佳时机；而想前往安达卢西亚的游客，则最好在春秋季前往；巴塞罗那属于地中海气候，想享受日光浴的游客，最好选择夏季前往。

3. 小贴士

在西班牙，不要对斗牛活动有非议，如果你对情况不了解，最好不要对斗牛活动发表任何意见。西班牙人喜欢谈论体育和旅行，避免谈论宗教、家庭和工作。西班牙人吃东西时，通常会礼貌地邀请周围的人与他分享，但这仅是一种礼仪上的表示，不要贸然接受，否则会被视为缺乏教养。

第六节　俄罗斯

一、自然概况

俄罗斯联邦简称"俄罗斯"，地跨欧亚两洲，位于欧洲东部和亚洲大陆的北部，北邻北冰洋，东濒太平洋，西北临波罗的海、芬兰湾。国土面积1709.82万平方千米，是世界上面积最大的国家。东西长9000千米，横跨11个时区；南北宽为4000千米，跨越4个气候带。

地形以平原和高原为主，地势南高北低、西低东高。西部主要是东欧平原和西西伯利亚平原；东部是中西伯利亚高原和远东山地；南部耸立着大高加索山脉，其最高峰厄尔布鲁士山海拔5642米。境内300余万条河流纵横交错，其中伏尔加河是欧洲最长的河流，全长3685千米，被誉为俄罗斯的"母亲河"。散布着200多万个湖泊，位于东西伯利亚的贝加尔湖是世界上最大的湖泊，也是世界上最深的淡水湖，里海是世界上最大的咸水湖。

大部分地区处于北温带，以温带大陆性气候为主，冬季漫长严寒，夏季短促凉爽，春秋季节甚短。

二、人文概况

（一）人文地理

1. 人口与民族

俄罗斯总人口1.464亿（2023年1月）。

俄罗斯是一个多民族的国家，共有190多个民族。其中，俄罗斯族约占人口总数的77.7%，还有鞑靼、乌克兰、楚瓦什、巴什基尔、白俄罗斯、摩尔多瓦、日耳曼、乌德穆尔特、亚美尼亚、阿瓦尔、马里、哈萨克、奥塞梯、布里亚特、雅库特、卡巴尔达、犹太、科米、列兹根、库梅克、印古什、图瓦等少数民族。

2. 语言与宗教

俄语是俄联邦的官方语言，各共和国有权规定自己的语言，并在该共和国境内与俄语一起使用。

俄罗斯是一个以东正教为主的多宗教国家。居民大多信奉东正教，其次为伊斯兰教，其余为天主教、犹太教和佛教等。

视野拓展

俄罗斯的国旗、国徽、国歌、国花、国鸟

国旗：呈横长方形，长与宽之比约为3：2。旗面由三个平行且相等的横长方形相连而成，自上而下分别为白、蓝、红三色。白、蓝、红三色被称为泛斯拉夫颜色，在古俄罗斯，白色象征真理，蓝色象征忠诚和纯洁，红色象征美好和勇敢。三色横长方形平行相连还表示俄罗斯幅员辽阔，国土主要跨寒带、亚寒带和温带三个气候带这一特点。1917年十月革命后取消三色旗。1991年苏联解体，改称为俄罗斯联邦，随后仍采用白、蓝、红三色旗为国旗。

国徽：为盾徽。1993年11月30日，俄决定采用十月革命前伊凡雷帝时代的、以双头鹰为图案的国徽：红色盾面上有一只金色的双头鹰，鹰头上是彼得大帝的三顶皇冠，鹰爪抓着象征皇权的权杖和金球。鹰胸前是一个小盾形，上面是一名穿着银色盔甲、披着淡蓝色披风的骑在一匹白马上的骑士。

国歌：《俄罗斯联邦国歌》。

国花：向日葵。

国鸟：铁翅。

资料来源：张熠，宋朝晖《世界各国国旗国徽国歌》，北京：中国民族摄影艺术出版社，2003。

（二）简史

俄罗斯人的祖先是东欧草原上的东斯拉夫人罗斯部族。6世纪时，东斯拉夫人逐渐向东欧草原地区迁徙。9世纪下半叶，俄罗斯国家的摇篮——基辅罗斯建立。15世纪末，大公伊凡三世建立了莫斯科大公国。1547年，莫斯科大公伊凡四世加冕称沙皇，使俄罗斯成为一个独立的国家。1721年，彼得一世（彼得大帝）改国号为俄罗斯帝国，之后俄罗斯逐渐成为领土面积世界第一的国家。1861年废除农奴制，俄国开始走上资本主义道路。

1917年11月7日（俄历10月25日），以列宁为首的布尔什维克党领导俄国无产阶级推翻了资产阶级的统治，建立了世界上第一个社会主义国家——俄罗斯苏维埃联邦社会主义共和国。1922年12月30日，苏维埃社会主义共和国联盟（简称"苏联"）成立。1941年遭纳粹德国入侵，开始卫国战争，1945年取得反法西斯战争胜利。1990年6月12日，俄罗斯苏维埃联邦社会主义共和国最高苏维埃发表《国家主权宣言》，宣布俄罗斯联邦在其境内拥有"绝对主权"。1991年12月26日，苏联最高苏维埃共和国院举行最后一次会议，宣布苏联停止存在。至此，苏联解体，俄罗斯联邦成为完全独立的国家，并作为苏联的唯一继承国取代了苏联在联合国安理会中的常任理事国席位。1993年12月12日，全民投票通过了俄罗斯独立后的第一部宪法，规定国家名称为俄罗斯联邦。

（三）政治

1993年宪法规定，俄罗斯为共和制的民主联邦法制国家。俄罗斯联邦实行的是联邦民主制，以俄罗斯联邦宪法和法律为基础，根据立法、司法、行政三权分立又相互制约、相互平衡的原则行使职能。

根据宪法，总统是国家元首和联邦武装力量最高统帅，任期六年，连任期不得超过两届。总统有权任命联邦政府总理、副总理和各部部长，主持联邦政府会议，有权解散议会。联邦会议是俄罗斯联邦的代表与立法机关。联邦会议采用两院制，上议院称联邦委员会，主要的职能是批准联邦法律、联邦主体边界变更、总统关于战争状态和紧急状态的命令，决定境外驻军、总统选举及弹劾以及中央同地方的关系问题等。下议院称国家杜马，其职权是同意总统对总理的任命、决定对总统的信任问题、任免审计院主席及半数审计员、实行大赦、提出罢免俄罗斯联邦总统的指控、通过联邦法律。俄罗斯联邦政府是国家权力最高执行机关。联邦政府由联邦政府总理、副总理和联邦部长组成。

(四) 经济

俄罗斯是世界经济大国,发展潜力巨大。西部地区基础雄厚,工业部门齐全,农牧业发达,科技力量强大;东部地区经济水平较低,但资源丰富。

俄罗斯自然资源十分丰富,种类多,储量大,自给程度高。森林覆盖面积1126万平方千米,占国土面积65.8%,居世界第一位。木材蓄积量居世界第一位;天然气已探明蕴藏量占世界探明储量的25%,居世界第一位;石油探明储量占世界探明储量的9%;煤蕴藏量居世界第五位;铁、镍、锡蕴藏量居世界第一位;黄金储量居世界第三位;铀蕴藏量居世界第七位。丰富的资源为工农业发展提供了坚实的后盾。

俄罗斯工业体系完整,以机械制造、钢铁、有色冶金、石油、天然气、煤炭、林业和化工等重工业部门为主,国防工业、核工业和航空航天业占重要地位,高科技产业迅速崛起,民用轻工业相对落后。

俄罗斯农牧业并重,是世界上拥有农用土地面积最大的国家。主要农作物有小麦、大麦、燕麦、玉米、水稻、豆类,经济作物以亚麻、甜菜和向日葵等为主。畜牧业主要为养牛、养羊、养猪业。

2000年普京执政至今,俄经济快速回升,外贸出口大幅增长,投资环境有所改善,居民收入明显提高。2014年以来,俄罗斯遭到以美国为首的西方国家的制裁,经济受到了严重打击。2022年,俄罗斯国民生产总值约为2.2万亿美元。

(五) 文化

1. 教育

俄罗斯教育分为学前教育、普通教育和高等教育三个层次。国立各类教育一律免费,基本无文盲。俄罗斯是教育大国,高等教育的水平居世界领先地位,航空航天、军事工业等工程技术领域亦属世界一流。国立莫斯科罗蒙诺索夫大学(莫斯科大学)建于1755年,在世界上享有盛誉。建于1724年的圣彼得堡大学是俄罗斯最古老的大学,世界最优秀的大学之一,也是世界知名的众多学派的源头。此外,还有莫斯科动力学院、莫斯科门捷列夫化工学院、莫斯科石油天然气大学、莫斯科航空学院、莫斯科国际关系学院、莫斯科普希金语言学院、柴可夫斯基音乐学院等高校。

2. 科学技术

苏联解体前曾是世界上科学技术比较发达的国家,在生物学、物理学和化学等领域硕果累累,在宇航技术方面更是成绩卓著。20世纪80年代以来,苏联宇航员多次创造在空间逗留的世界纪录。苏联解体后,其许多科研设备、机构及人员转归俄罗斯,俄罗斯具有发展科学技术的雄厚基础。由于投入不足,目前基础研究水平落后于美国,但仍位居世界最先进国家之列。由于过去的积累和各方面的努力,俄罗斯在很多领域仍然保持着先进地位和许多原创性技术,如航空航天技术、新材料技术等。在微电子、高温超导、化学、天体物理、超级计算机、分子生物学、气象等领域取得了具有世界先进水平的科研成果。

3. 文学与艺术

（1）文学

俄罗斯融合了东西方两种文化，文学、艺术等领域名人辈出，在世界上享有盛誉。19世纪是俄罗斯文学的鼎盛时期，文坛上名家辈出，名著如林。普希金是俄国浪漫主义诗歌的主要代表、俄罗斯近代文学的奠基人和俄罗斯标准语的创建者，代表作有《自由颂》《青铜骑士》《黑桃皇后》等。列夫·托尔斯泰是俄国伟大的批判现实主义作家，主要代表作有《战争与和平》《安娜·卡列尼娜》《复活》等，其作品对世界文学产生了巨大影响，反映了俄国社会整个时代的矛盾，被列宁称为"俄国革命的镜子"。高尔基是跨越俄苏两个时代的无产阶级作家、苏联社会主义文学的奠基人，主要作品有《海燕》《童年》《在人间》《我的大学》《母亲》等。

（2）绘画

俄罗斯的美术源远流长，绘画有着悠久的历史。在美术绘画史上，19世纪60年代以"巡回展览画派"为代表的批判现实主义画派最具影响力，其创作内容和艺术水平都达到了世界高度。主要代表画家有克拉姆斯柯伊，代表作是《荒野中的基督》和《列夫·托尔斯泰》；列宾，代表作是《伏尔加河上的纤夫》《拒绝忏悔》《宣传者被捕》；列维坦，代表作是《小白桦树林》《金色的秋天》《弗拉基米尔大道》等。20世纪以来，俄罗斯的美术绘画在革命历史题材、领袖题材以及风俗画方面也取得了不小的成绩。

（3）音乐

19世纪下半叶是俄罗斯音乐的繁荣期，乐坛上出现了许多著名的世界级音乐大师和作曲家。柴可夫斯基是这一时期最伟大的音乐家，他创作了10部歌剧、6部交响曲、4部协奏曲、3部舞剧以及幻想序曲等，其作品被称为"俄罗斯之魂"，所创作的歌剧《叶甫盖尼·奥涅金》《黑桃皇后》，芭蕾舞曲《天鹅湖》《睡美人》以及交响幻想曲《罗密欧与朱丽叶》等成为传世之作。十月革命以后最具世界影响力的是著名作曲家肖斯塔科维奇，其作品被誉为20世纪音乐高峰之一，主要作品有15部交响曲，钢琴、小提琴、大提琴协奏曲各2部。

（4）芭蕾舞

俄罗斯芭蕾舞艺术形成于18世纪，历来在世界上享有很高的声誉。著名的芭蕾舞剧目有《天鹅湖》《罗密欧与朱丽叶》《吉赛尔》等。著名芭蕾舞演员有巴甫洛娃、乌兰诺娃、普莉谢茨卡娅、马克西莫娃等。

三、民俗风情

（一）服饰

俄罗斯人大都讲究仪表，注重服饰。穿着打扮考究，注重着装的整体协调，且很新潮。在俄民间，已婚妇女必须戴头巾，并以白色的为主；未婚姑娘则不戴头巾，但常戴帽子。典型的俄罗斯民族服装是：男子是斜襟长袖衬衣，通常在领口和下摆有绣花，穿时在衬衣外面系一根腰带；衬衣一般是用麻纱布、白棉布做成，也有用色彩鲜艳的花布做成的。裤子稍肥，是用白布或染色的花布做成的。现代的服饰大多趋于国际潮流，牛仔服、皮夹克、运动服、各式新潮时装、西装都备受青睐，而传统的民族服饰只有在重大的民间节日或文艺演出时才能见到。

（二）饮食

俄罗斯人比较讲究饮食，菜肴的品种丰富多彩，"俄式大餐"在世界上很有名气。珍贵的鱼子酱、正宗的罗宋汤，还有传统小煎饼，都是非常有民族特色的俄式菜肴。通常在俄罗斯餐桌上最常见的就是各种各样的肉类食品，几乎每餐都会有牛肉、羊肉、牛排、香肠等。俄罗斯人常饮用的饮料有蜂蜜、格瓦斯等。俄罗斯人爱喝酒是世界闻名的，其中最重要的酒类当数伏特加。俄罗斯人有喝茶的习惯，主要饮用红茶。青年人以饮热咖啡为时髦。"祝您胃口好！"是俄国人用餐时最常用的一句客套话。

（三）礼貌、礼节

良好的文化素质使俄罗斯人非常重视人的仪表、举止。在隆重的场合，俄罗斯人以捧出"面包和盐"的方式向贵宾表示最高的敬意和最热烈的欢迎。在社交场合，一般的见面礼是握手，但握手时要脱下手套。久别的亲朋好友常用亲吻拥抱礼：男士一般吻女士的手背；长辈吻晚辈的面颊三次，先右后左再右，这一习俗被称为俄罗斯"三记吻"；晚辈则吻长辈面颊两次；女子之间一般拥抱，也可接吻；男子之间只拥抱。应邀到俄罗斯人家做客，进屋后应脱衣帽，先向女主人问好，再向男主人和其他人问好。男士吸烟，要先征得女士的同意。

（四）禁忌

俄罗斯传统认为，每个人都有两个神灵——左方为凶神，右方为善良的保护神。因此，俄罗斯人不允许以左手接触别人，遇见熟人不可伸左手握手问好，学生考试时不能用左手抽签，早晨起床不可左脚先着地。与俄罗斯人初次交谈时，不宜问工薪、年龄和婚姻等生活私事，忌讳政治矛盾、经济难题等话题。女士优先，不尊重妇女，会遭以白眼。俄罗斯人特别忌讳13这个数字，认为它是凶险和死亡的象征。相反，认为7这个数字意味着幸福和成功。俄罗斯人不喜欢黑猫，认为它不会带来好运气，通常认为马代表威力，能驱邪降妖，相信马掌是表示祥瑞的物体。俄罗斯人认为，镜子是神圣的物品，打碎镜子意味着灵魂的毁灭；但是如果打碎杯、碟、盘则意味着富贵和幸福，因此在喜筵、寿筵和其他隆重的场合，会特意打碎一些碟盘表示庆贺。俄罗斯人酷爱鲜花，忌送菊花、杜鹃花、石竹花和黄色的花。

四、旅游业概况

（一）著名旅游城市和景点

俄罗斯地跨欧亚两大洲，气候多样，山河众多，景色优美；俄罗斯融合了东西方两种文化，历史悠久，名胜古迹、各类博物馆和名人故居众多。古老的伏尔加河孕育了伟大的俄罗斯民族，而勤劳智慧的俄罗斯民族在这片美丽富饶的土地上，又创造了浪漫独特的俄罗斯风情与灿烂的文化和艺术。俄罗斯丰富的旅游资源为其开展旅游活动提供了极好的条件。

1. 莫斯科

莫斯科是俄罗斯的首都，全国最大的城市和政治、经济、科学、文化、交通中心。位于东欧平原的莫斯科河两岸，因莫斯科河而得名。莫斯科建城于1147年，迄今已有800余年的历史，拥有众多名胜古迹。全市共有60多座博物馆、4200多座图书馆，以及40多座歌舞院和话剧院，其中首屈一指的当推建于1780年的莫斯科国立模范歌剧舞剧院。

莫斯科是世界上绿化最好的城市之一，绿化约占总面积的1/3。市内建有众多公园、街心花园和林荫道，市区森林面积达1.16万公顷。莫斯科城市规划优美，掩映在一片绿海之中，故有"森林中的首都"之美誉。

莫斯科主要的旅游景点有克里姆林宫、红场、普希金广场、莫斯科大剧院、列宁墓、莫斯科大学、莫斯科国家历史博物馆、全俄展览中心、莫斯科凯旋门、新圣女公墓、基督救世主大教堂等。

视野拓展

克里姆林宫

克里姆林宫位于莫斯科市中心，是俄罗斯的标志建筑之一。曾为莫斯科公国和18世纪以前的沙皇皇宫。克里姆林宫的建筑形式融合了拜占庭、俄罗斯、巴洛克、希腊和罗马等不同的建筑风格。高大坚固的围墙和钟楼、金顶的教堂、古老的楼阁和宫殿构成了一组无比美丽而雄伟的艺术建筑群，是世界上最大的建筑群之一、文化和艺术古迹的宝库，享有"世界第八奇景"的美誉。1990年，克里姆林宫作为文化遗产被联合国教科文组织列入《世界遗产名录》。

宫墙内，林木葱郁，花草繁茂，教堂耸峙，殿宇轩昂，政府大厦拔地而起，各种博物馆穿插其间。巍峨壮观的圣母升天大教堂，建于15世纪后期，其"山"字形拱门和金色圆塔，带有俄罗斯东北部的风格，一直是沙皇举行加冕大礼的地方；报喜教堂，造型美观，顶端有9个金色圆顶，是皇族子孙的洗礼与结婚之地。

这里过去是统治俄罗斯帝国的多代君王的皇宫，十月革命后是苏联最高权力机关和政府所在地，今天又是俄罗斯的总统府。可以说，从13世纪起，克里姆林宫就与俄罗斯的所有重大政治事件有关，它见证了俄罗斯从莫斯科大公国发展至今日横跨欧亚大陆的强大国家的全部历史。

红 场

红场紧依克里姆林宫墙,是莫斯科的中央广场。全长 700 米,宽 130 米,总面积 9 万余平方米。广场的地面全部用赭红色方石块铺成,油光瓦亮。17 世纪中叶起,开始称"红场",意为"美丽的广场"。17 世纪以来,这里既是莫斯科的商业中心,又是沙皇政府宣读重要诏书和举行凯旋检阅的场所。十月革命后,成为举行阅兵式、庆祝活动和集会的地方。

资料来源:《畅游世界》编辑部《畅游欧洲》,北京:化学工业出版社,2016。

2. 圣彼得堡

圣彼得堡(如图 3-14 所示)是俄罗斯第二大城市和最大的海港、列宁格勒州的首府。坐落在俄罗斯西北部波罗的海芬兰湾东岸、涅瓦河口。整个城市由 42 个岛屿组成,由 360 多座桥梁连接起来,由于河渠纵横、岛屿错落、风光旖旎,素有"北方威尼斯"之称。因其地处北纬 60 度,圣彼得堡还是世界上少数具有"白夜"奇观的城市,每年的 5 月至 8 月城市中几乎没有黑天。市内建有 50 多座博物馆,昔日留下的古典建筑群和名胜古迹比比皆是,素有"地上博物馆"之称。它是一座景色秀丽的文化名城,是具有光荣历史的英雄城市,也是一座科学技术和工业高度发展的现代化城市。主要景点有彼得保罗要塞、彼得大帝的夏花园与夏宫、斯莫尔尼宫、冬宫、伊萨克基辅大教堂、喀山大教堂、彼得保罗大教堂、俄罗斯博物馆、海军大厦、涅瓦大街、阿芙乐尔巡洋舰等。

图 3-14 圣彼得堡

视野拓展

冬 宫

冬宫又称艾尔米塔什,坐落在圣彼得堡宫殿广场上,原为俄国沙皇的皇宫,十月革命后辟为圣彼得堡国立艾尔米塔什博物馆的一部分。它是 18 世纪中叶俄国巴洛克式建筑的杰出典范,浅蓝色的外墙和白色古典的圆柱,使其成为圣彼得堡最优雅的建筑物。艾尔米塔什与伦敦的大英博物馆、巴黎的罗浮宫、纽约的大都会艺术博物馆一起，称为"世界四大博物馆"。该馆最早是叶卡捷琳娜二世女皇的私人博物馆。现在博物馆占有5座大楼，有从古到今世界文化的270万件艺术品，包括1.5万幅绘画，1.2万件雕塑，60万幅线条画，100多万枚硬币、奖章和纪念章以及22.4万件实用艺术品。1990年，冬宫作为"圣彼得堡城市历史中心古迹群"的一部分，被联合国教科文组织列入《世界遗产名录》。

夏　宫

夏宫又称彼得宫，坐落于市郊西面芬兰湾南岸的森林中，占地近千公顷，是历代俄国沙皇的郊外离宫。18世纪初，俄国沙皇彼得大帝下令兴建夏宫。其外貌简朴庄重，内部装饰华贵，有"俄罗斯的凡尔赛"之称。1934年辟为民俗史博物馆。夏宫分为上花园和下花园，上花园的双层大宫殿是代表性建筑，内外装饰极其华丽，两翼均有镀金穹顶，宫内有庆典厅堂。大宫殿前是被称作大瀑布的喷泉群，这里有37座金色雕像、29座浅浮雕、150个小雕像、64个喷泉及两座梯形瀑布。在喷泉群一个大半圆形水池的中央，耸立着大力士参孙和狮子搏斗的雕像，这就是著名的隆姆松喷泉。1990年，夏宫作为"圣彼得堡城市历史中心古迹群"的一部分，被联合国教科文组织列入《世界遗产名录》。

资料来源：《畅游世界》编辑部《畅游欧洲》，北京：化学工业出版社，2016。

3. 贝加尔湖

贝加尔湖（如图3-15所示）位于东西伯利亚南部，面积3.15万平方千米，是世界上最深、蓄水量最大的淡水湖，约占世界地表淡水总量的1/5，相当于北美洲五大湖蓄水量的总和。大约形成于2500万年前，所以也是世界上最古老的湖泊之一。

图3-15　贝加尔湖

贝加尔湖狭长弯曲，宛如一弯新月，所以又有"月亮湖"之称。长636千米，最宽79.4千米，最深点1680米，湖面海拔456米。湖水澄澈清冽，透明度深达40多米，为世界第二。湖中生存着600种植物和1200多种动物，其中3/4为贝加尔湖的特有品种。湖上最大的岛屿奥利洪达岛被认为是萨满教的宗教中心。湖岸群山环抱，风景秀丽，阳光充足，有矿泉300多处，是俄罗斯著名的疗养旅游胜地。

贝加尔湖被称为"西伯利亚的蓝眼睛"，1996年作为自然遗产被联合国教科文组织列入《世界遗产名录》。

（二）旅游小常识

1. 货币知识

俄罗斯的法定货币为俄罗斯卢布（Russian Ruble），由俄罗斯联邦中央银行发行，标准货币符号为SUR。辅币为戈比（Kopee），1卢布等于100戈比。分纸币和硬币两种。纸币有10、50、100、500、1000、5000卢布等面值，硬币有1、2、5、10卢布和1、5、10、50戈比等面值。

汇率：100卢布约合人民币7.94元（2023年7月）。

2. 最佳旅游季节

5月至9月是到俄罗斯旅游的最理想季节，但这段时间的气候多变化，时晴时雨。

3. 小贴士

俄罗斯属于大陆性气候，早晚温差比较大。俄罗斯冬季寒冷，持续约6个月，如计划冬季前往旅游，需要携带挡风保暖的外套，注意防寒。

本章关键词

英国 法国 德国 意大利 西班牙 俄罗斯 地理概况 简史 政治经济文化 民俗风情 著名旅游城市和景点

专题活动

1.班级分小组简介英国、法国、德国的著名旅游城市和景点，最后通过小组自评、小组间互评、老师点评的方式选出讲解最佳小组。

2.假设有意大利旅游团来到你所在的城市，在接待过程中如何安排能让游客更满意呢？请班级分小组讨论，制定相应的接待方案并展示，最终通过小组自评、小组间互评和老师点评的方式总结如何根据游客的特点，来制订最合适的接待计划。

课后练习

1.列举欧洲地区著名的大教堂，进行简要介绍，并思考宗教文化在欧洲的重要性。

2.分析欧洲地区旅游资源的组合情况，思考本区域在世界旅游市场中的独特性。

3.根据中国游客去欧洲旅游的现状，设计几条欧洲游的旅游线路。

4.谈谈法国、西班牙等国家能够成为世界旅游接待大国的原因，以及对中国发展国际旅游业的启示。

学习效果评价表

序号	任务内容	任务要求	等级	待改进技能	备注
1	各国的自然概况	辨认各客源国地图			
		讲解各客源国面积、地貌、气候			
2	各国的人文概况	辨认各客源国国旗和国徽			
		介绍各客源国简史			
		分析各客源国政治和经济的不同之处			
		总结各国文化精髓			
3	各国的民俗风情	分角色扮演，演示各国礼仪			
		列表分析各国禁忌			
4	各国的主要旅游资源	选择任一国，根据自己搜索的旅游景点资料制作成PPT，进行现场景点讲解			

第四章 美洲地区

本章在线习题

本章概览

自然地理上，美洲以巴拿马运河为界，分为南、北美洲；而就政治经济地理而言，北美洲是指美国南部国界以北的美洲，即包括美国和加拿大以及周围的岛屿，美国以南的美洲地区称为拉丁美洲。美洲不仅是旅游业发达的旅游目的地，同时也是国际旅游客源输出的重要市场，是仅次于欧洲的旅游市场。美洲按区域特点可划分为三个旅游区，即北美旅游区、加勒比海旅游区和南美旅游区，其中，向我国输出客源较多的美洲国家主要是北美旅游区的美国与加拿大。

学习目标

1. 了解美洲客源国的自然、人文概况；
2. 熟悉美洲客源国的民俗风情；
3. 掌握美洲客源国的旅游业发展概况、主要旅游资源；
4. 分析影响美洲客源国经济发展的因素，思考保持和扩大该区域客源市场的方法。

第一节 美国

一、自然概况

美利坚合众国简称"美国"，本土位于北美洲大陆的南部，东临大西洋，西濒太平洋，北邻加拿大，南靠墨西哥和墨西哥湾。所属阿拉斯加州位于北美洲西北部，夏威夷州位于中太平洋北部。此外，美国还拥有关岛、美属萨摩亚群岛、波多黎各自由联邦、美属维尔京群岛等领地和太平洋岛屿托管地。面积约为937.26万平方千米，海岸线长22 680千米。

美国本土的地势东西两侧高，中间低，大体上分为三个地形区：东部为阿巴拉契亚山脉和大西洋沿岸低地、西部属科迪勒拉山系、中部为大平原。阿巴拉契亚山脉长约3000千米，与大西洋海岸间有狭窄的山麓高原和沿海地势较低的平原（被称为大西洋沿岸低地）。科迪勒拉山系由东部的落基山脉、西部的喀斯喀特山脉、内华达山脉和太平洋沿岸的海岸山脉组成，纵贯北美洲西部。其中落基山脉是北美最大的分水岭，美国所有的大河均发源于此。内华达山脉的最高峰惠特尼山海拔4418米，为美国本土最高点；内华达山脉东侧的"死谷"，最低处低于海平面85米，为美国大陆最低点。中部大平原北起五大湖沿岸，南接墨西哥湾沿岸平原，从北到南贯穿整个美国中部，约占美国全部国土面积的1/2。

美国幅员辽阔，地形复杂，并受不同气流的影响，各地气候差别很大。本土仅佛罗里达半岛南端属热带，大部分地区属温带或亚热带气候。东北部沿海和五大湖区冬季寒冷，夏季温和多雨；东南部为亚热带气候区；中央平原和西部高原大陆性气候特征明显，冬季寒冷，夏季炎热；太平洋沿岸北部为海洋性气候区，南部属地中海式气候区。本土外的阿拉斯加属北极圈内的寒冷气候区；夏威夷位于北回归线以南，属热带气候区。

 特别提示

国名释义

美利坚合众国（The United States of America）简称"美国（U.S.A.）"。美国因洲名而得名。在英语中，亚美利加和美利坚为同一词"America"，只是汉译不同，前者指美洲，后者指美国。

资料来源：《中国大百科全书》网络版https://www.zgbk.com。

二、人文概况

（一）人文地理

1. 人口与民族

美国人口约为3.38亿（2022年底），人口数量次于中国和印度，居世界第三位。全国82%的人口居住在城市及其郊区。

美国是一个移民国家，有"民族熔炉"之称。非拉美裔白人占60.1%，拉美裔占18.5%，非洲裔占13.4%，亚裔占5.9%，混血占2.8%，印第安人和阿拉斯加原住民占1.3%，夏威夷原住民或其他太平洋岛民占0.2%（少部分人在其他族群内被重复统计）。

2. 语言与宗教

美国没有法定的官方语言，但英语是事实上的国家语言和最通用的交流语言。除英语外，使用人口超过100万人的语言还有西班牙语、汉语、法语、塔加洛语、越南语和德语。

美国是一个多民族、多宗教的国家。约占总人口91%的公民信仰宗教，主要信奉基督教新教和天主教，犹太教、东正教、佛教、伊斯兰教等宗教亦有一定信众。

视野拓展

美国的国旗、国徽、国歌、国花、国鸟

国旗：星条旗。呈横长方形，长与宽之比为19∶10。主体由13道红、白相间的宽条组成，其中7道红条、6道白条。旗面左上角为蓝色星区，其中有9排50颗白色的五角星，以一排6颗、一排5颗交叉排列。50颗五角星代表美国50个州，13道条纹代表组成合众国的最初的13个州。旗帜上的红色象征强大和勇气，白色象征纯洁和清白，蓝色象征警惕、正义和坚韧不拔。

国徽：以白头鹰为主要图像，象征力量、勇气、自由和不朽。鹰之上的顶冠内有13颗白色五角星，代表最初的13个州。鹰的两爪抓着橄榄枝和箭，象征和平和武力。鹰嘴叼着的黄色绶带上用拉丁文写着"合众为一"，意为美国是一个由很多州组成的完整国家。

国歌：《星条旗之歌》。

国花：玫瑰花。

国鸟：白头鹰即白头海雕。

资料来源：张熠，宋朝晖《世界各国国旗国徽国歌》，北京：中国民族摄影艺术出版社，2003。

（二）简史

美国原为印第安人居住地。15世纪末，通往美洲的新航路被发现以后，西班牙、荷兰、法国、英国等开始向北美移民。英国后来居上，到1773年，英国已建立了13个殖民地。1775年英属13个殖民地爆发了反对英国殖民者的独立战争。1776年7月4日通过《独立宣言》，正式宣布建立美利坚合众国。1783年独立战争结束，1787年制定联邦宪法。1860年反对黑奴制度的共和党人亚伯拉罕·林肯当选总统。1862年9月宣布《解放黑奴宣言》后，南部奴隶主发动叛乱，爆发"南北战争"。1865年，战争以北方获胜而结束，为资本主义在美国的迅速发展扫清了道路。1803—1959年领土不断扩张。除50个州外，还有许多海外领地。20世纪以来，美国的科学技术、文化教育和国民生产总值一直居领先地位，成为世界最强国之一。

为纪念1776年7月4日通过《独立宣言》，美国将每年的7月4日定为独立日（国庆日）。

 特别提示

山姆大叔的由来

美国的绰号叫"山姆大叔"。传说1812年英美战争期间，美国纽约特罗伊城商人山姆·威尔逊（1766—1854）在供应军队牛肉的桶上写上"U.S."，表示这是美国的财产。这恰与他的昵称"山姆大叔（Uncle Sam）"的缩写（U.S.）相同，于是人们便戏称这些带

有"U.S."标记的物资都是"山姆大叔"的。后来,"山姆大叔"就逐渐成了美国的绰号。19世纪30年代,美国的漫画家又将"山姆大叔"画成一个头戴星条高帽、蓄着山羊胡须的白发瘦高老人。1961年,美国国会通过决议,正式承认"山姆大叔"为美国的象征。

资料来源:《中国大百科全书》网络版https://www.zgbk.com。

(三)政治

美国是西方实行分权制最典型的国家。自1787年美国制宪、1789年第一届联邦政府成立起,历经200多年,美国一直保持着国会、总统和联邦法院三权分立这一基本权力格局。这一权力格局构成了美国政治的一大特点。美国实行总统内阁制。行政权属于总统,国家元首和政府首脑职权集中于总统一人,总统还兼任武装部队总司令,总统的行政命令与法律有同等效力。政府内阁由各部部长和总统指定的其他成员组成。国会为最高立法机构,由参议院和众议院联合组成,主要职权有立法权、行政监督权、条约及官员任命的审批权和宪法修改权。议员由各州选民直接选举产生,可连任,任期不限。国会对总统、副总统及官员有弹劾权,提出弹劾之权属于众议院,审判弹劾之权属于参议院。美国司法机构设联邦最高法院、联邦法院、州法院、上诉法院以及一些特别法院。最高法院与联邦法院院长和法官由总统提名经参议院批准任命。最高法院可以宣布联邦和各州的法律违宪,使之无效。最高法院由首席大法官和8名大法官组成,终身任职。

(四)经济

美国具有高度发达的现代市场经济,其国内生产总值和对外贸易额均居世界首位,有较为完善的宏观经济调控体制。第二次世界大战以来,美国国内生产总值从1950年的2850亿美元增加到2022年的25.46万亿美元,但在世界经济中所占的比重从1955年的36.3%下降到目前的25.21%,其优势地位正在相对削弱。

美国是一个资源大国。现代工业所需的主要原料,如铁、银、铝、铜、锌、煤、石油、天然气、硫黄以及磷灰石等储藏量都居世界前列。工业以技术先进、门类齐全、生产实力雄厚、劳动生产率高而著称于世。美国是世界上最大的工业国家。传统工业包括钢铁工业、汽车工业、建筑业、化学、食品加工等工业部门,以钢铁、汽车制造和建筑业为三大支柱。以高技术工业为核心的新兴工业部门则呈现蓬勃发展态势,在微电子工业、计算机技术、激光技术、宇航技术、核能利用和新材料研制与开发方面,均处于世界领先地位。

美国农业高度发达,机械化程度高,基本生产单位是农场。粮食总产量占世界的1/5,主要农产品有小麦、玉米、大豆等,均居世界领先地位。由于美国农产品生产供大于求,严重依赖国际市场,各类农产品大量出口。

美国对外贸易十分发达,是世界上最大的商品和服务贸易国。2022年美国主要的货物贸易伙伴为欧盟、加拿大、墨西哥、中国。美国前五大货物出口市场为加拿大、墨西哥、中国、日本、英国。美国前五大货物进口来源地为中国、墨西哥、加拿大、日本、德国。目前,主要出口商品为汽车、大豆、精炼石油、飞行器、原油、集成电路等,主要进口商品为汽车、原油、广播设备、计算机、汽车零件等。

（五）文化

1. 教育

美国是世界上教育事业最发达的国家之一，联合国的经济指数调查中将美国的教育水准列为世界第一。中、小学教育主要由各州教育委员会和地方政府管理，学校分公立和私立两类。各州学制不统一，绝大多数州都已实行10年义务教育，少数州实行11年或12年义务教育制。高中毕业后，学生可以选择上公立或私立大学。公立大学从联邦或州政府接受经费，也接受来自其他渠道的资金。私立大学的学费通常比公立大学高。美国高等院校有非常强的竞争力，院校类型丰富，有提供应用艺术、应用科学和职业科目的一至两年制社区学院，也有进行各种职业技术培训的三年制工艺技术学院，更多的则是提供综合性教育的四年制普通大学。著名的大学有哈佛大学、麻省理工学院、斯坦福大学、耶鲁大学、普林斯顿大学、加州理工学院、哥伦比亚大学、乔治·华盛顿大学等。其中哈佛大学的文科、商科在美国被公认为最好，耶鲁大学的法科则是连续多年稳居全美第一，而麻省理工学院有"世界理工大学之最"的美名。

2. 科学技术

美国是科学技术高度发达的国家，核能利用、集成电路、激光、超导材料、电子计算机、合成材料、电子通信与宇航技术等领域的科研和开发处于世界领先水平。据统计，"二战"后资本主义国家最重要的科学技术项目中有60%是美国首先研发成功的，有75%是在美国首先应用的。美国科学家每年在全世界重要刊物上发表的科学技术论文占总量的35%以上，科研人员每年获得的技术专利权相当于世界其他国家的总和。美国拥有世界一流的科技队伍，科研机构包括政府部门的科研机构、各种产业部门和大企业的科研机构、非营利科研机构和高等学校的科研机构，高等学校的科研机构是美国科研的最主要基地。

3. 文学与艺术

（1）文学

美国刚刚独立时，在文学上没有形成自己的体系，早期受英国文学影响较大。19世纪中期形成了自己的独立体系并且进入了繁荣发展时期。19世纪末至20世纪初，美国涌现出一大批享有盛名的文学巨匠和文学巨著。主要作家和代表作有霍桑的《红字》、斯托夫人的《汤姆叔叔的小屋》、马克·吐温的《哈克贝利·费恩历险记》和杰克·伦敦的《铁蹄》。到20世纪，美国现实主义文学进入全盛时期。德莱塞的《嘉丽妹妹》《珍妮姑娘》《欲望三部曲》，辛克莱·刘易斯的《大街》《巴比特》以及海明威的《太阳照样升起》《永别了，武器》《战地钟声》《老人与海》等都是这一时期很有影响的作品，一大批诺贝尔文学奖获得者纷纷涌现。

（2）电影

美国是世界著名的电影王国，电影成就突出。电影1889年第一次出现在美国，当时新泽西州的威廉·迪克逊发明了第一个实用的电影摄影机。1894年，美国开办了第一家电影院。不过，它同现代影院有天壤之别，观众只能排着队，把硬币投入小孔中，然后观看只有短短十几秒的小影片。尽管如此，它仍然吸引了无数观众。20世纪初，美国出现专门放映电影的小影院，因为每人收费5美分，所以被称作五分钱影院。1923年后，有声影片问世，开创了电影史上的新纪元，制片中心好莱坞在世界电影业中一跃而居于领先地位，成为电影业的中心。

（3）戏剧

有据可查的美国第一座剧院于18世纪上半叶出现在威廉斯堡，当时上演的主要是反映英国贵族生活的英国剧目。19世纪以后，美国才逐渐有了自己的戏剧表演家，形成了鲜明的民族风格。目前，美国大大小小的城市几乎每天都有舞台演出，既有歌舞喜剧也有严肃的舞台剧、现代剧以及轻松闹剧；从百老汇的"不夜大道"到郊区的剧院无处不在献演。纽约市是公认的美国戏剧之都，每逢戏剧节，纽约的剧院区百老汇都要上演几十出新戏。每年百老汇戏剧节结束后，就有300多个夏季剧团开始活跃起来，它们到乡村、市郊、海滨和避暑胜地巡回演出，深受人们欢迎。

（4）舞蹈

美国对于世界舞蹈艺术的贡献，就是使舞蹈自由化。20世纪初，美国最著名的舞蹈艺术家邓肯打破古典舞蹈的传统方式，把个人感受糅进舞蹈中，有力地扩大了现代舞蹈的影响。目前，美国还有许多芭蕾舞团活跃在美国各地，其中著名的有：纽约市芭蕾舞团、美国芭蕾舞团、乔弗瑞（Joffrey）芭蕾舞团、旧金山芭蕾舞团等。美国的舞蹈既有反映地方特色的，也有代表现代精神的；最能反映地方特色的或许是夏威夷的土风舞，最能代表现代精神的则非爵士舞莫属。

三、民俗风情

（一）服饰

美国人平时穿衣追求舒适，比较随意，服装形形色色，无奇不有，T恤衫、夹克衫、运动衫和牛仔服都是深受人们喜爱的服装。但在正式社交场合，美国人十分注重服饰。参加宴会、集会和其他社交活动，一定要根据请柬上的服装要求选择好服装，以免失礼。在非社交场合，美国人也讲究服饰礼仪：一般不穿背心到公共场所，或穿睡衣出门；晚上有客来，也必须在睡衣外面套上外衣才能开门见客。

（二）饮食

美国人的主食是肉、鱼、菜类，面包、面条、米饭是副食。一般喜欢比较清淡的口味，喜欢凉拌菜，还喜欢吃嫩肉排。不喜欢油腻，不爱吃蒜和过辣食物，也不爱吃清蒸菜肴和红烧菜肴，忌食动物内脏，不喜欢蛇一类异常食物。美国人用餐一般不追求精细，但追求快速和方便，因而汉堡包、热狗、三明治、馅饼、炸面包圈和肯德基炸鸡等快餐风靡美国，深受美国人喜爱。美国人的主要饮料是咖啡，咖啡中是否加奶、加糖，依自己的口味而定。茶在美国也大受欢迎，可乐和各种果汁也是美国人的主要饮料。习惯喝加冰的饮料、葡萄酒，大型宴会喝鸡尾酒，一般不喝烈性酒。美国有各式各样的餐馆，自助餐馆的食品价格比较便宜，也不必付小费。在正式餐馆就餐可挑选点菜、全餐或特餐的任何方式用餐。点菜最贵，而特餐（每天的份饭）最便宜。

（三）礼貌、礼节

美国是一个多民族的移民国家，在习俗和礼节方面，形成了以欧洲移民传统习惯为主的特色。美国人比较随和，性格开朗，自由平等观念较强，平时见面相互介绍很简单。在正式的社交场合很讲究礼节，男子同女子握手不可太紧，握手时要摘下手套并注视对方，不可多人交叉握手。美国人在称呼中也很少用正式的头衔，除非是法官、政府高级官员、军官、医生、教授和高级宗教人士，不用行政头衔如局长、经理、校长等来称呼人。在社交场合，女士优先。美国人在交谈中不喜欢涉及个人私生活的话题。美国人不喜欢随便送礼，送礼讲究单数，但不要3和13。礼品包装精美。收到礼物时，马上打开，夸奖并感谢一番。美国人很珍惜时间，浪费他们的时间等于侵犯了他们的个人权利。因此，拜访美国朋友须预先约好，并准时赴约，谈完事即告辞。如果送上点小礼物，他们会很高兴。客人没有得到主人的同意不能参观房间。到美国人家中做客，别忘了问候孩子。

（四）禁忌

美国人的禁忌同宗教有密切关系。他们忌讳数字13，不喜欢星期五；忌讳黑色（象征死亡），不喜欢红色，偏爱白色（象征纯洁）、黄色（象征和谐）、蓝色（象征吉祥）；忌讳蝙蝠图案（象征吸血鬼）、黑猫图案（象征不吉），偏爱白色秃鹰图案（国鸟）；忌打破镜子，认为会招致大病或死亡；忌一根火柴为三个人点烟。美国人不提倡人际交往间送厚礼。不要称呼黑人为"Negro"，最好用"Black"一词。在美国，同性不能一起跳舞。在别人面前脱鞋或赤脚会被视为不知礼节的野蛮人。美国人认为，在别人面前伸出舌头是一件既不雅观又不礼貌的行为，甚至可以解释为瞧不起人。

四、旅游业概况

（一）著名旅游城市和景点

美国的旅游资源丰富，因建国历史短暂，古迹较少，旅游景点主要有国家公园及其自然风光和大型人工游乐场及文化设施。从自然环境和自然景观上来看，美国既有高大的山地，又有广阔的平原；既有世界著名河流密西西比河，又有风光美丽的五大湖；既有可开展冬季运动的高山环境，又有为夏季度假服务的优美海滩。美国重视对自然环境的保护，多年来全国建立了大量的国家公园和自然保护区。据统计，美国现有63座国家公园和近700处自然保护区。截至2023年7月美国共有24项世界遗产，包括11项文化遗产、12项自然遗产、1项文化和自然双重遗产，其中2项是与加拿大联合申报的。

1. 华盛顿

华盛顿是美国首都，以开国元勋华盛顿总统的名字命名，位于美国东北部，是美国的政治、文化活动中心。华盛顿市是一座绿树成荫、鸟语花香的美丽城市，布局十分整齐，从东部的国会大厦至西部的林肯纪念堂形成华盛顿市的中轴线，把华盛顿市分成东北、西北、东南、西南4个区。华盛顿聚集了美国所有的要害部门：总统府"白宫"、国会大厦、最高法院、国务院、国防部"五角大楼"等。人们习惯把华盛顿称作"华府"。此外，华盛顿还有许多纪念馆、博物馆、美术馆等，著名的有美国国家历史博物馆、国会图书馆、国立美术馆、宇宙空间博物馆等。

视野拓展

国会大厦

美国国会大厦是国会办公大楼，是一座呈半球形的圆顶建筑。位于国会山上，是华盛顿的最高点。华盛顿其他建筑不得超过国会大厦。四年一度的总统就职典礼在主楼的平台上举行。东侧的国会图书馆是世界上最大的图书馆。

白　宫

白宫是美国总统府，是总统办公室和住处的所在地。因外墙是白色砂岩而得名。白宫由主楼与东西两翼构成，总统的办公室呈椭圆形。白宫内有图书馆、地图室、陈列室等。南草坪是欢迎国宾的场所，东侧是肯尼迪花园，西侧有玫瑰园。白宫常用作美国政府的代称。

五角大楼

五角大楼是美国国防部所在地，是一座由五幢高楼连接而成的等边五角形建筑，中间夹以五角形花园。戒备森严，只能远眺。五角大楼常用作美国国防部的代称。

资料来源：《畅游美国》编辑部《畅游美国》，北京：华夏出版社，2018。

2. 纽约

纽约地处大西洋东北沿岸，是美国最大、最繁华的城市和世界的金融中心，也是全国最大的对外贸易中心和港口。它拥有世界最大的股票交易所，纽约股市的涨落几乎成了西方经济兴衰的"晴雨表"。它也是美国服装业、出版业、新闻业、文化艺术中心。美国电影明星的服装和首饰几乎全部来自纽约。美国最有影响的报纸是《纽约时报》，美国最大的三家广播电台电视公司——美国广播公司（ABC）、哥伦比亚广播公司（CBS）和国家广播公司（NBC）都设在纽约。市区内鳞次栉比的摩天大楼构成纽约的特有街景。纽约的唐人街是世界上最大的一条唐人街，保存着浓郁的中国文化习俗。纽约有众多的艺术博物馆、珍藏品，纽约交响乐团堪称世界一流。主要城市景点有自由女神像、联合国总部、华尔街、百老汇等。

视野拓展

联合国总部大楼

联合国总部大楼,包括秘书处大厦、会议大厦、哈马舍尔德图书馆。大楼前飘扬着160多个成员国的国旗。联合国秘书长办公室设在秘书处大厦的第38层。会议厅座位分三层:一层为代表席,二层为记者席,三层为旁边席。表决时,按动桌上的电钮,主席台后方的显示牌即可显现出表决结果。大楼的邮局出售联合国邮票,颇具纪念意义。

华尔街

华尔街位于纽约曼哈顿区,长约500米,两侧摩天大楼高耸入云,大街上聚集了美国著名的银行,驻有900多家金融和保险机构,是美国最大的金融中心,也是世界金融的神经中枢。

百老汇

百老汇是位于纽约曼哈顿区的一条街。这条街上有许多剧场、戏院,人们常用百老汇来泛指纽约的戏剧界。

大都会艺术博物馆

大都会艺术博物馆位于美国纽约第五大道上的82号大街,与著名的美国自然历史博物馆遥遥相对。占地13万平方米,它是与英国伦敦的大英博物馆、法国巴黎的罗浮宫、俄罗斯圣彼得堡的冬宫(也称艾尔米塔什博物馆)齐名的世界四大博物馆之一,共收藏有300万件展品。

资料来源:《畅游美国》编辑部《畅游美国》,北京:华夏出版社,2018。

3.洛杉矶

洛杉矶是美国第二大城市,美国西部最大的工业中心和港口,是一个大型的工业城市,其宇航工业最为发达。它地处西海岸,濒临浩瀚的太平洋,是一个依山傍水的美丽城市。这里四季阳光充足,气候宜人,自然环境十分优美,旅游业十分发达。

视野拓展

好莱坞

"世界影都"、世界最大的电影工业中心——好莱坞,位于洛杉矶市郊。好莱坞意为"常青树林"。城内有300多家电影公司和电视公司,其中著名影片公司8家,大型摄影棚200多处,每年生产的影片铺天盖地,几乎占领了全球的电影市场。好莱坞已成为美国电影业的代称。好莱坞大道的一块水泥地上,留下了许多影星的签名和手印、鞋印。环球片场不仅制作电影,还展示许多知名影片中用过的场景,游客可以体验影片中的惊险场面。

资料来源:畅游美国编辑部《畅游美国》,北京:华夏出版社,2018。

4. 黄石国家公园

黄石国家公园(如图4-1所示)位于美国西部北落基山和中落基山之间的熔岩高原上,绝大部分在怀俄明州的西北部,小部分在蒙大拿州南部和爱达荷州东部。黄石国家公园是全世界第一个国家公园,是美国设立最早、规模最大的国家公园。1978年,黄石国家公园作为自然遗产被联合国教科文组织列入《世界遗产名录》。它就像中国的长城一样,是外国游客必游之处。它以罕见的森林、湖泊、峡谷及野生动物而闻名,尤以温泉和间歇泉著称于世。

图4-1 黄石国家公园

黄石公园诞生于近200万年前的一次火山爆发,全境99%尚未开发。这是一片广袤而洁净的原始自然区,分布在落基山脉最高峰,丰沛的雨水使这里成为美国众多大河的发源地。在这个平均高度为8000英尺的开阔的熔岩高原上,有山峦、石林、冲蚀熔岩流和黑曜岩山等地质奇观。最初吸引人们的兴趣并使黄石成为国家公园的显著特征是地质方面的地热现象,这里拥有比世界上其他所有地方都多的间歇泉和温泉、彩色的黄石河大峡谷、化石森林,以及黄石湖。园内有温泉上万个,其中间歇泉约300处。最著名的"老忠实泉"自1870年发现至今,其喷发的高度、时间及间歇都很有规律,喷发高度为40~56米。黄石河流经公园北部,其流经的大峡谷长24千米,深400米。园内瀑布甚多,上、下两瀑布分别高33米和94米。黄石湖是著名的山中湖,长宽分别为32千米和23千米,平均水深42米,最深处达百米。

黄石国家公园还是美国最大的野生动物园,这里有300多种野生动物、数百种鸟类等。

5. 科罗拉多大峡谷

科罗拉多大峡谷位于亚利桑那州西北部、科罗拉多高原西南部，是闻名世界的自然奇观，由雄伟的科罗拉多河长年冲刷而成，河谷两岸都是悬崖峭壁。该峡谷起于马布尔峡谷，终端为格兰德瓦什崖，全长446千米，是世界上最长的峡谷之一。峡谷顶宽6~25千米，最深处约有1800米。从谷顶到谷底需3~4个小时。谷底两岸的宽处近1千米，窄处仅120米。两侧的谷壁呈阶梯状。谷底水面线不足1000米宽，夏季冰雪融水下注，水深增至18米。从谷底至顶部沿壁露出从前寒武纪到新生代各期的系列岩系，水平层次清晰，岩层色调各异，并含有各地质时期代表性的生物化石，故有"活的地质史教科书"之称。这里的土壤和岩石都呈红褐色，但在阳光照耀下，却呈现出五光十色的光彩。大峡谷气势磅礴，苍茫迷幻，令游人流连忘返。

1919年，威尔逊总统将大峡谷地区辟为"大峡谷国家公园"。1980年，大峡谷国家公园作为自然遗产被联合国教科文组织列入《世界遗产名录》。

6. 夏威夷群岛

夏威夷群岛（如图4-2所示）位于太平洋中，是世界著名的避暑、避寒和疗养度假胜地，以热带景观和火山景观著称于世。著名的火山有冒纳罗亚和基拉韦厄两座活火山，著名的岛是瓦胡岛。夏威夷群岛阳光充足，四季如春。这里有著名的草裙舞、冲浪运动、波利尼西亚人的文化传统和风土人情。

图4-2 夏威夷群岛

7. 拉斯维加斯

拉斯维加斯位于内华达州，与摩纳哥的蒙特卡洛、中国的澳门并称世界三大赌场。1931年，拉斯维加斯制定法律，保护赌博业。赌博业自此成为拉斯维加斯的一大经济支柱。赌博业和各种豪华设施极大地刺激了旅游业的发展。当地每一家饭店都有赌场，饭店不仅规模庞大，而且非常豪华。

（二）旅游小常识

1. 货币知识

美国的法定货币是美元（United States Dollar），标准货币符号为USD。辅币为美分，1美元等于100美分。美元的发行机构是美国联邦储备银行（U. S. Federal Reserve Bank），主管部门是国库，发行权属于美国财政部。目前流通的纸币面额有1、2、5、10、20、50、100美元七种，硬币有1美元和1、5、10、25、50美分六种。美元纸币正面主景图案为人物头像，主色调为黑色；背面主景图案为建筑，主色调为绿色。

汇率：100美元约合人民币718.78元（2023年7月）。

2. 最佳旅游季节

夏季是美国的旅游旺季，但是如果要观赏新英格兰区和北方五大湖区火红的枫叶，当然要秋天出游。落基山脉西边，越往南夏天越湿热；南加州的气候是四季如春，不过，想要看到比较养眼的海滩秀，还是6~9月出游最好。

第二节　加拿大

一、自然概况

加拿大位于北美洲北部，东濒大西洋，西临太平洋，北靠北冰洋，西北接美国的阿拉斯加，南邻美国。

加拿大国土面积约998.4万平方千米，为世界上仅次于俄罗斯的第二大国。地形可分为三部分：西部是科迪勒拉山系，东部是拉布拉多高原，中部是广阔的平原。森林覆盖率达37%，绝大部分为针叶林；在太平洋沿岸山地、五大湖区和圣劳伦斯河谷地附近分布着阔叶林，其中枫树最为广泛。加拿大素有"枫树之邦"的称号。加拿大河湖众多，河流水量大而稳定，蕴藏着巨大的水力资源，发电量的70%以上是水电，人均发电量居世界前列。

加拿大大部分国土处于高纬度地区，气候比较寒冷，降水较少，冬季漫长，夏季短促。除北极地区为寒带苔原气候外，大部分地区为温带大陆性气候。西部沿海地区背靠大山，有阿拉斯加暖流经过，气候温和湿润；中部地区冬夏温差大；东部地区异常寒冷。冬季全国绝大部分地区有积雪。

 特别提示

国名释义

加拿大这一国名来自印第安语的"棚屋"。据说，16世纪法国探险家卡蒂埃到加拿大时，向易洛魁部落酋长询问该地方叫什么名字，酋长说"加拿大"，意指由棚屋组成的村落，卡蒂埃却理解是指整个国土，于是就把这块土地称为"加拿大"。

资料来源：《中国大百科全书》网络版https://www.zgbk.com。

二、人文概况

（一）人文地理

1. 人口与民族

加拿大人口约4000万（2023年6月），平均每平方千米3人，是世界上人口密度较低的国家之一。人口分布极不平衡，约2/5的人口集中分布在魁北克省和安大略省南部沿加、美边界约1000千米的狭长地带。

加拿大是一个移民国家，民族成分极其复杂，包括了世界上各主要民族，其中主要来自欧洲。英裔居民占40.2%，法裔居民占26.7%，其次是意大利人、德国人、乌克兰人后裔。土著人约占全国人口总数的3%，有色少数族裔占11%。

2. 语言与宗教

根据1969年加拿大政府颁布的《官方语言法》，加拿大的官方语言是英语和法语。全国居民中，有2/3的人使用英语，1/4的人使用法语，各国移民的后裔通常使用本民族的语言。

加拿大是个宗教信仰自由的国家，居民普遍信仰宗教。全国宗教教派林立，主要宗教教派别有30多个。居民中信仰天主教的占全国人口的45%，信奉基督教新教的占全国人口的36%。

视野拓展

加拿大的国旗、国徽、国歌、国树、国花

国旗：常被通俗地称为"枫叶旗"。呈长方形，长宽之比为2：1。旗面由红、白两色组成；旗面中间为白色正方形，内有一片11个角的红色枫树叶；两侧为两个相等的红色竖长方形。两边的红色竖长方形表示太平洋和大西洋，白色正方形象征加拿大的广阔国土。枫树是加拿大的国树，也是加拿大民族的象征。

国徽：中心图案为盾形。盾面下部为一枝三片枫叶，上部的四组图案分别为：一把竖琴和三朵百合花，竖琴上面是三头金色的狮子，三朵百合花上面是一头直立的红狮。盾徽之上有一头狮子举着一片红枫叶，表示对第一次世界大战期间加拿大的牺牲者的悼念。狮子之上为一顶金色的王冠，象征英国国王是加拿大的国家元首。盾形左侧的狮子举着英国国旗，右侧的独角兽举着一面原法国的百合花旗。底端的绶带上用拉丁文写着"从海洋到海洋"，表示加拿大的地理位置——西濒太平洋，东临大西洋。

国歌：《啊！加拿大》。

国树：枫树。加拿大有10多种枫树，枫林遍布，素有"枫林之国"的美誉。

国花：枫叶。

资料来源：张熠，宋朝晖《世界各国国旗国徽国歌》，北京：中国民族摄影艺术出版社，2003。

（二）简史

加拿大最早的居民是印第安人和因纽特人。1534年法国航海家多次到加拿大东海岸探险，并把这一带称为"新法兰西"。1603—1608年，法国人在芬迪湾建立居留地，在圣劳伦斯河流域建立了魁北克城。新法兰西逐渐发展成为皮毛贸易基地。1663年，新法兰西殖民地成为法国的一个行省。17世纪，英国、法国展开了争夺加拿大的斗争。1670年，英国占领纽芬兰岛，并宣布对哈得孙湾及其周围地区拥有主权和贸易垄断权。1756—1763年，英法"七年战争"，法国战败后被迫与英国签订《巴黎条约》，将新法兰西及密西西比河以东的全部殖民地转让给了英国，于是加拿大成为英国殖民地。1793年，苏格兰移民、探险家麦肯齐沿皮斯河越过落基山脉，到达太平洋沿岸，首次完成了横跨大陆的探险。19世纪上半叶，英国向加拿大移民激增，殖民地经济发生变化。

1837年，加拿大爆发小规模武装起义，迫使英当局进行改革，资本主义工商业初步发展。19世纪五六十年代，加拿大在英国的支持下进入谋求联合和争取自治的时期。1867年2月，英国议会通过《不列颠北美法案》，宣布成立"加拿大自治领"，定都渥太华，实行联邦制，英王兼加拿大国王，总督为英王代表。该法案被认为是加拿大的第一部宪法。同年7月1日该法案生效，以后这一天就成了加拿大的国庆日。

19世纪末到20世纪初，横贯大陆的铁路干线建成，以铁路为主的全国交通运输网开始形成。大批移民西进，大片土地被开垦，农场数目激增，西部草原成为世界最大谷仓之一。新的矿产资源接连被发现，采矿、电力、钢铁、铁路设备、农业机械等近代工业部门得以发展。一批新城市出现，蒙特利尔和多伦多成为全国经济文化的中心。加拿大资本主义进入迅速发展时期。第一次世界大战削弱了英国对加拿大的控制。1931年，加拿大在英联邦内获完全独立。1949年，英国将纽芬兰岛移交给加拿大，同年，加拿大加入北大西洋公约组织。1976年以来，加拿大参加了西方主要资本主义国家的经济首脑会议，成为西方七大国中的一员。1982年，《加拿大宪法法案》取代《不列颠北美法案》，成为加拿大宪法。

（三）政治

加拿大在行政上奉行议会负责制，政府包括联邦政府和地方政府两级政府。联邦政府包括总督、枢密院、总理和内阁。加拿大是英联邦国家之一，英国国王是名义上的国家领袖，总督是名义领袖的代表，由英国国王任命。现在总督一般是加拿大人，职责包括召集或解散议会，主持总理、最高大法官、内阁和枢密院的就职仪式，统率三军。实际上，总督权力受到宪法很大的限制，根据加拿大宪法，总督召集或解散议会必须在总理的提议下进行，其职责的履行必须遵循各有关部长的建议。枢密院是一个向政府提供"援助"和"咨询"的荣誉机构，其成员由总理推荐、总督任命，包括执政的总理和内阁成员、前任的总理和内阁成员、前任与现任的大法官等，任期终身。政府总理为执政党领袖。总理权力很大，除组建政府，还有建议总督人选、解散国会等权力。总理的任期也不固定。

（四）经济

加拿大是当今世界第七大西方经济强国，仅次于美、日、德、英、法、意。国民生产总值与人均国民生产总值均居世界前列。工农业生产发达。加拿大矿产资源丰富，采矿业发达，是世界第三大矿产国，仅次于美国、俄罗斯，采矿业在国民经济占很大比重。铜、铁等矿产品产量居世界前列；石棉、镍、锌、白银的产量居世界首位；石油、天然气非常丰富；电力工业异常发达，人均发电量居世界前列。加拿大森林资源丰富，林业产值居世界第三位，仅次于美国和俄罗斯；林产品的出口值居世界第一位；新闻纸产量和出口量均居世界第一位；纸浆的产量和出口量居世界前列。农业机械化程度和劳动生产率水平高，农业产量和商品率都很高；小麦出口居世界第二位（仅次于美国）；大麦和燕麦出口居世界第一位。世界最大的渔产品出口国之一；世界第八大商贸国，外贸总值占国内生产总值的30%。

（五）文化

1. 教育

加拿大的教育事业发达，全国已普及了中小学教育，12年高中教育的普及率达90%以上。联邦政府不设专门机构，教育管理权归省级政府，各省宪法都对本省的教育组织机构、学制、课程、考试制度和经费等有明确规定。现行学制基本上是小学6年，中学5~7年，高等教育3~4年。加拿大的中小学有三种学校：公立学校、私立学校和教会学校。加拿大的所有儿童都有权享受免费的公立学校教育。高等院校有社区学院、大学两类。著名的大学有多伦多大学、不列颠哥伦比亚大学、拉瓦尔大学、蒙特利尔大学、渥太华大学和艾伯塔大学等。

2. 科学技术

加拿大的科学研究有政府、企业、大学三个系统。早在第二次世界大战期间，加拿大在科技方面就取得了不少成就，其中最主要的是原子能与放射科学和胰岛素的发明。"二战"以后，加拿大的科学研究以更快的速度发展，政府每年的科研经费投入占政府总开支的4%左右。1962年，加拿大成功发射第一颗通信卫星。加拿大在电话、微波、卫星、光纤通信、航天技术方面均达到世界先进水平。此外，加拿大的遥感技术、微电子工业和生物技术都很先进。

3. 文学与艺术

（1）文学

加拿大的文学是其双重语言的一面镜子，由法语文学和英语文学两部分组成。两种文学都各自经历了不同的发展阶段。法语文学中著名的作家与作品有：19世纪末20世纪初期弗朗索瓦·格扎维埃·加尔诺的《加拿大史》、20世纪40年代加布里埃尔·鲁瓦的《转手的幸福》、20世纪70年代诗人加斯东·米龙的《验明身份》及女作家安东尼·马耶的《拉小车的贝拉洁》等。英语文学中著名的作家与作品有：弗朗西斯·布鲁克夫人所写的加拿大第一部英语小说《蒙塔格小传》、19世纪80年代查尔斯·罗伯茨的《平日之歌》等。

(2) 戏剧

加拿大的戏剧体现了这个国家的文化多样性。19世纪初，加拿大的戏剧活动才在各地繁荣起来，剧院和剧场随之建立起来。20世纪30年代，加拿大专业剧团的力量还不够强大。1953年斯拉特福戏剧节之后，专业剧团得以发展起来。20世纪60年代至70年代是加拿大戏剧的繁荣时期，地区性专业剧团在各地兴起。例如，近年来，魁北克戏剧在国内外越来越受人喜爱，主要是因为加拿大人喜爱米歇尔·特伦布莱的剧本内容，他的剧本现在已被翻译成20多种语言。

加拿大戏剧以其创新精神和探索新的表现形式闻名。像卡篷14、勒贝尔和一只黄兔子等公司到世界各地巡回演出，无论走到哪里都受到热烈欢迎。自1984年以来，太阳杂技团一直在其黄色和蓝色马戏场帐篷下使娱乐方式发生革命性变化。世界各地上百万名观众对其将戏剧、杂技和音乐结合在一起的惊人创举感到惊奇。这些公司以其专业水准和独创性，在国内外享有盛誉。

(3) 音乐

无论什么流派，音乐在加拿大总有一席之位，超出了种族和文化界限。第一次世界大战中，爱国歌曲在加拿大十分流行。"二战"后的经济繁荣也给音乐带来了空前的繁荣。加拿大涌现出了一批世界水平的作曲家、演奏家和乐队，各种音乐杂志也相继在加拿大出现。20世纪60年代以后，加拿大又出现一批爵士乐和流行歌曲音乐家。尼尔·扬、布里安·亚当斯、席琳·迪翁和莱昂纳尔·科昂深受全世界歌迷的欢迎，而罗什·瓦西纳、罗伯特·沙勒布瓦和达尼埃尔·拉瓦已赢得了法语听众的心。另外，像沙尼亚·特温、阿拉尼·莫里塞特、悲呼组合和萨拉·姆拉什朗等人也在国际上赢得了赞誉。在蒙特利尔举办的举世闻名的一年一度的爵士音乐节，是所有爵士乐迷的盛典。古典音乐在加拿大也很受欢迎，许多城市都有自己的交响乐团，其中最有名的是蒙特利尔和多伦多交响乐团。加拿大最大的剧场是国家艺术中心，建于1965年，位于渥太华中心广场附近。

三、民俗风情

(一) 服饰

加拿大人的穿衣习惯与其他西方国家相同。在正式的场合，如上班、去教堂、赴宴、观看表演等，都要穿着整齐，男子一般穿西装，女子一般为裙服。在非正式场合，穿着比较随便，夹克衫、圆领衫、便装随处可见。

(二) 饮食

加拿大人的饮食结构中，肉类和蔬菜的消费比重较大，面包消费量较少。加拿大人的饮食有如下特点：讲究菜肴的营养和质量，注重食品的新鲜度；口味偏甜，一般不喜太咸；主食以米饭为主；喜食牛肉、鸡、鸡蛋、沙丁鱼、野味菜、西红柿、洋葱、土豆、黄瓜等；对用煎、烤、炸的方法制成的菜肴有所偏爱；忌吃动物内脏和脚爪；不爱吃辣味菜肴；喜饮酒，尤其喜欢白兰地、香槟和啤酒；水果中对柠檬、香蕉、苹果、梨非常喜爱；

干果中喜食松子、葡萄干、花生米；习惯在饭后吃水果和喝咖啡。

（三）礼貌、礼节

加拿大人朴实、友善、随和，谈吐风趣，爱说笑，被喻为是世界上"永不发怒的人"。熟人见面直呼姓名，握手拥抱。在正式场合十分注重礼节。交谈时选择大家都感兴趣的话题，喜欢谈政治尤其是本国的政治；忌谈年龄、收入、家庭婚姻状况等涉及个人隐私的问题。加拿大人不随便送礼，一般遇到同事分别、朋友过生日或结婚送礼并附上签名贺卡。加拿大人十分注重公共场合的文明礼貌，在教堂做礼拜、剧院看戏、听音乐会时都要衣着整齐，不随便说话、吃东西、出入。乘公共汽车、地铁按顺序排队，主动出示月票或买票；在公共汽车或地铁列车上，主动给老人、小孩让座。随地吐痰是极为失礼的行为。

（四）禁忌

加拿大人大多数信奉基督教新教和罗马天主教，少数人信奉犹太教和东正教。他们忌讳数字13、星期五，认为13是象征厄运的数字，星期五是灾难的象征。忌讳白色的百合花，因为它会给人带来死亡的气氛，人们习惯用它来悼念死者。不问女士的年龄和体重，不在别人家里或办公室内随意抽烟，不对人家的宠物公然表示厌恶等。加拿大人以自己的国家为自豪，反对与美国作比较，尤其是拿美国的优越方面与他们相比，更是他们不能接受的。

四、旅游业概况

（一）著名旅游城市和景点

加拿大国土面积巨大，人口稀少，以自然风光美丽为特点的名胜极多。但是，加拿大国土位置偏北，海滨的旅游开发很少。加拿大的国内旅游活动主要集中于安大略、魁北克等东部人口最稠密的省份和另一个旅游活动地区——西部的太平洋沿岸，包括不列颠哥伦比亚省和艾伯塔省。

1. 渥太华

加拿大首都渥太华，是全国政治、经济、文化、交通中心。位于圣劳伦斯河支流渥太华河下游，是世界上最寒冷的首都之一。渥太华依山傍水，环境优美。渥太华河河水湍急，河中多岩岛、瀑布，支流里多河及其分支里多运河穿过市区，两岸绿草如茵。每年5~6月，充满荷兰风情的郁金香花盛开在街道两旁、运河两岸和国会山上。因此，渥太华被誉为"郁金香城"和"加拿大最美丽的城市"。里多运河与渥太华河汇流处的国会山（如图4-3所示），有三大哥特式建筑群组成的国会大厦，它是渥太华市的标志、国家的象征。夏季每天上午10点都要在国会大厦前草坪上，举行引人注目的"皇家骑警"传统换岗仪式。里多运河冬季则成了"世界上最长的滑冰场"（长7.8千米）。每年2月有近百万名旅游者前来参加冰雕比赛和"狂欢节"。

图 4-3 国会山

2. 多伦多

在印第安语中,"多伦多"的意思为"人群聚集之地"。多伦多是加拿大第一大城市,是国际金融和工商业的大城市。著名的多伦多证券交易所在北美各交易所中居第三位。多伦多也是全国文化教育中心,全国最大的高等学府所在地。此外,多伦多是华人聚居的城市之一,唐人街上商店、餐馆等林立。

视野拓展

尼亚加拉大瀑布

尼亚加拉大瀑布(如图4-4所示)位于美、加交界处,尼亚加拉河上游,是世界上最著名的瀑布之一,也是北美洲最具标志性和令人惊叹的自然奇观之一。尼亚加拉河从伊利湖流经安大略湖时,遇到落差100米的陡峭断层,河水突然下降并形成气势磅礴的大瀑布。河心有一个小岛叫"山羊岛",它将宽阔的瀑布分截为两半:东侧是属于美国的"美利坚瀑布"和"新娘面纱瀑布",西侧是属于加拿大的"马蹄形瀑布",其中"马蹄形瀑布"最为惊心动魄。观赏大瀑布,可搭乘游船,近距离亲身感受;也可搭乘直升机,俯瞰全貌;也可登上高大的眺望塔观看。

视频:尼亚加拉大瀑布

图 4-4 尼亚加拉大瀑布

资料来源:《畅游加拿大》编辑部《畅游加拿大》,北京:华夏出版社,2019。

3. 温哥华

加拿大第三大城市温哥华市，位于加拿大最西部，毗邻太平洋。依山傍海，山明水秀，气候宜人，多次被联合国评为最适宜人类居住的城市。温哥华地区为加拿大华裔比例最高的城市。温哥华市成功地举办了2010年冬季奥运会。

旅游业是温哥华的主要产业。各种大小不等的公园、滑雪场、高尔夫球场、海滩和其他景点，数不胜数。除水族馆、动物园、展览馆和美术馆要收费外，几乎所有公园都是免费的。注意：如果到人烟稀少的地方旅游或宿营，要小心灰熊、美洲豹和郊狼等动物。

4. 蒙特利尔

蒙特利尔是加拿大的第二大城市、最大的港口，是全国工业、商业、金融业、文化的中心。有全国最大的蒙特利尔银行等金融机构和股票交易所。工业产值居全国第一。作为文化中心，有艺术馆、博物馆、交响乐团、剧团等。蒙特利尔爵士乐节和幽默节为国际著名的文化活动。蒙特利尔交响乐团和加拿大芭蕾舞团是国际一流的艺术团，太阳圈马戏团是北美最好的马戏团。

5. 魁北克城

魁北克城是加拿大最古老的城市、北美最古老的港口和最富有欧洲特色的城市。这里曾是从大西洋进入北美大陆的咽喉要道，有"北美直布罗陀"之称。上城区是北美唯一拥有城墙的城市；钻石角之上的魁北克要塞，是北美最古老的军事要塞。下城区的皇家广场，被称为加拿大"法国文明的摇篮"，街道两旁都是数百年前的古老建筑，街市面貌及活动具有浓厚的法兰西风格。建于1663年的拉瓦尔大学是北美最古老的大学。该市在200年前就与中国上海有贸易关系，被史学家称为"太平洋上的丝绸之路"。

1985年，魁北克古城区作为文化遗产被联合国教科文组织列入《世界遗产名录》。

6. 艾伯塔省恐龙公园

恐龙公园位于西南部的艾伯塔省。20世纪初，这里发现了大量的完整的恐龙化石，此后加拿大政府在此兴建了世界最大的恐龙博物馆，现博物馆内陈列着众多完整的恐龙化石。1979年，艾伯塔省恐龙公园作为自然遗产被联合国教科文组织列入《世界遗产名录》。

（二）旅游小常识

1. 货币知识

加拿大的法定货币为加拿大元（Canadian Dollar），简称"加元"，标准货币符号为CAD。辅币为分，1加元等于100分。加拿大纸币早期是由加拿大皇家银行以及地方银行等同时发行的。从1935年3月11日起，统一由加拿大银行（Bank of Canada, Banque du Canada）发行钞票。现在流通中的加元有纸币和硬币两种，新旧版钞均可通用，主要是自1970年8月以来陆续发行的新钞。纸币面值有1、2、5、10、20、50、100、1000加元，硬币面值有1、5、10、25、50分和1、2加元。各种钞票的正面右方均印有一人物像，硬币的正面均铸有英国女王伊丽莎白二世头像，背面铸有CANADA字样。

汇率：100加拿大元约合人民币543元（2023年7月）。

2. 最佳旅游季节

加拿大大多数地区基本上 5 月进入夏季，10 月转入深秋，这段时间是拜访加拿大的最好时机，既可避开严冬，又可享受一个较为凉爽的夏季，还可观看到美丽壮观的红色枫林。

本章关键词

美国　加拿大　地理概况　简史　政治经济　文化　民俗风情
著名旅游城市和景点

专题活动

1. 班级分小组简介美国的著名旅游城市和景点，最后通过小组自评、小组间互评、老师点评的方式选出讲解最佳小组。

2. 假设有加拿大旅游团来到你所在的城市，在接待过程中如何安排能让游客更满意呢？请班级分小组讨论，制定相应的接待方案并展示，最终通过小组自评、小组间互评和老师点评的方式总结如何根据游客的特点，来制订最合适的接待计划。

课后练习

1. 试比较西欧、北美旅游资源的不同特色。
2. 美国文化主要有哪些特点？
3. 设计一条北美风情 10 日游的游览线路。
4. 美国旅游业发展的成功经验有哪些？

学习效果评价表

序号	任务内容	任务要求	等级	待改进技能	备注
1	各国的自然概况	辨认各客源国地图			
		讲解各客源国面积、地貌、气候			
2	各国的人文概况	辨认各客源国国旗和国徽			
		介绍各客源国简史			
		分析各客源国政治和经济的不同之处			
		总结各国文化精髓			
3	各国的民俗风情	分角色扮演，演示各国礼仪			
		列表分析各国禁忌			
4	各国的主要旅游资源	选择任一国，根据自己搜索的旅游景点资料制作成 PPT，进行现场景点讲解			

第五章 南亚及中东地区

本章在线习题

本章概览

南亚是世界文明发源地之一，也是佛教和印度教的发源地，有着悠久的历史文化、珍奇的名胜古迹、独特的民俗风情与滨海风光。中东地区扼欧、亚、非三大洲的要道，拥有丰富而独特的民俗风情和宗教文化古迹，以及海滨、沙漠、死海等奇特的自然景观，构成了神秘而诱人的旅游资源。

南亚与中东地区是全球旅游市场区划中两个十分重要的地域。长期以来，这两个地区始终是我国海外旅游客源市场中的薄弱环节。本章重点介绍这两个地区有代表性的印度、以色列和阿拉伯联合酋长国3个国家。

学习目标

1. 了解南亚及中东地区客源国的自然、人文概况；
2. 熟悉南亚及中东地区客源国的民俗风情；
3. 掌握南亚及中东地区客源国的旅游业发展概况、主要旅游资源；
4. 学会分析印度与中国两个文明古国的文化异同，整理出两个文明古国的文化传承线和联结点，了解两个文明古国对世界文化的贡献；
5. 分析影响南亚及中东地区客源国经济发展的因素，思考保持和扩大该区域客源市场的方法。

第一节 印度

一、自然概况

印度全称"印度共和国"，位于亚洲南部，自西北至东北分别与巴基斯坦、中国、尼泊尔、不丹、缅甸和孟加拉国接壤，东南部与斯里兰卡隔海相望。国土面积298万平方千米，居世界第七位，是南亚次大陆最大的国家。濒临孟加拉湾和阿拉伯海，海岸线长

5560千米。北枕喜马拉雅山，地处东西方海路交通要冲。

印度的地形大致可以分为三大区。北部是山岳地区，属于喜马拉雅山的南坡，平均海拔约为5700米；中部是印度河-恒河平原区，平均海拔150米，地势低平；南部是半岛高原，其两侧是海岸平原。恒河是印度境内最主要的河流，全长2700千米。

印度大部分地区属热带季风气候，西北部属山地气候，印度河平原属亚热带草原、沙漠气候，西南属热带雨林气候。气温因海拔高度不同而异，喜马拉雅山区年均气温13℃，东部地区27℃。一年分为凉（10月至次年3月）、热（4月至5月）、雨（6月至9月）三季。年平均降水量各地差别很大。

 特别提示

国名释义

印度共和国（The Republic of India），别称"婆娑罗""婆罗多"。得名于印度河，河名出自梵文"信度"，意为"月亮"，故印度亦被称为"月亮之国"。历史上，中国对印度的称呼几经改变。西汉译为"羌独"，东汉称为"天竺"。唐代玄奘则仔细探讨了天竺的名称，放弃了天竺、身毒、贤豆这些名称，而根据当地发音，称作印度。

资料来源：《中国大百科全书》网络版https://www.zgbk.com。

二、人文概况

（一）人文地理

1. 人口与民族

印度人口约为14.26亿（2023年6月），人口数量超越中国，居世界第一位。人种、民族和语言状况非常复杂，有"人种、民族、语言博物馆"之称。因历史上曾多次遭受外族入侵，所以血统混杂，人种繁多。印度有100多个民族，其中印度斯坦族约占总人口的46.3%，其他较大的民族包括马拉地族、孟加拉族、比哈尔族、泰卢固族、泰米尔族等。

2. 语言与宗教

印度语言极不统一，各民族部族语言超150种，宪法承认10多种。其中，印地语最为通行。现在印度官方语言为印地语和英语。北方以印地语为主，南方以泰米尔语为主。

印度是佛教和印度教的发源地，是一个宗教大国，人称"宗教博物馆"。只要是世界上有的宗教，印度差不多都有。印度约80.5%的人口信仰印度教，约13.4%的人口信仰伊斯兰教，此外还有民众信仰基督教、锡克教、佛教、耆那教等。

视野拓展

印度的国旗、国徽、国歌、国花、国鸟

国旗：长方形，长宽之比为3：2。旗面由橙、白、绿三个相等的长方形组成。上为橙黄色条，它是佛教法衣的颜色，象征勇敢与牺牲；中为白色，代表真理与和平；下为绿色，隐喻信仰、富庶和品质。在白色旗的中央绘有一个24根轴条的蓝色法轮，象征神圣、真理之轮，以及进步的转动之轮。

国徽：图案来源于孔雀王朝阿育王石柱顶端的石刻。中心是圆形台基上3只向背而立的金色雄狮，象征信心、勇气和力量。台基四周有4只守兽：东方是象，南方是马，西方是牛，北方是狮。守兽之间雕有法轮，图案下面是用梵文书写的、出自古代印度圣书的格言"唯有真理得胜"。

国歌：《人民的意志》。

国花：荷花。

国鸟：蓝孔雀。

资料来源：张熠，宋朝晖《世界各国国旗国徽国歌》，北京：中国民族摄影艺术出版社，2003。

（二）简史

印度是世界四大文明古国之一。公元前2000年左右，印度河流域出现了灿烂辉煌的哈拉帕文明。

约公元前14世纪，原居住在中亚的雅利安人中的一支进入南亚次大陆，并征服了当地土著，建立了一些奴隶制小国，印度进入吠陀时代，从此开始了有文字记载的历史。伴随着雅利安人的进入，种姓制度开始出现。它以人种和社会分工不同为基础，形成婆罗门、刹帝利、吠舍、首陀罗四个种姓，影响至今。

公元前6世纪至公元前5世纪，印度东北部出现了16个国家，史称"列国时代"。在列国争霸中，摩揭陀国逐步统一了恒河流域，并于公元前321年建立了孔雀王朝。因其创造者旃陀罗·笈多出身于孔雀家族而得名。旃陀罗·笈多的孙子阿育王时期，古代奴隶制君主专制的集权统治达到顶峰，形成了印度历史上第一个统一的奴隶制国家。南亚次大陆除极南端一部分外，全部囊括在孔雀王朝的版图之内。阿育王后来皈依了佛教，成了一名虔诚的教徒，为佛教的传播作出了极大的贡献。

320年左右，旃陀罗·笈多一世创建笈多王朝，领有摩揭陀，远及今孟加拉国和印度北方邦一带，印度进入封建社会时代，印度教兴起。

从8世纪起，阿拉伯人开始入侵印度，建立苏丹王朝，带来了伊斯兰文化。1206年阿拉伯人在以德里为中心的广大地区，建立了伊斯兰王朝的统治，称"德里苏丹国"。德里苏丹国先后经历5个王朝，统治北印度达300多年。

1526年，有蒙古族血统的突厥人巴布尔征服北印度大部分地区，建立了莫卧儿帝国

（1526—1857年）。莫卧儿帝国时期，印度成为世界上最强大的封建国家之一。

1600年，英国建立东印度公司。1757年，印英爆发普拉西大战，印度战败，逐步沦为英国殖民地。1849年，英国侵占印度全境。1947年6月，英国公布了把印度分为印度和巴基斯坦两个自治领的"蒙巴顿方案"。同年8月15日，印、巴分治，印度独立。1950年1月26日，印度共和国成立，现仍为英联邦成员。21世纪初的印度，已成为世界新兴经济体之一。

中印两国有文字记载的交往始于公元前2世纪。中国高僧法显和玄奘曾到印度求经，印度高僧达摩曾来华传教并创立禅宗。1950年4月1日中印建立外交关系。

（三）政治

宪法规定，印度为联邦制国家。印度是一个主权独立的、政教分离的、具有议会制政府的民主共和国。

联邦的行政机构由总统、副总统和部长会议组成。总统是法定的联邦行政首长。实际的行政权力则赋予一个以总理为首的部长会议。宪法规定，以总理为首的部长会议向总统提供协助和建议，总统则行使其职权，按照提供的建议采取行动。部长会议集体向人民院负责。在各邦，作为总统代表的总督是行政首长，但实际的行政权力则赋予领导邦部长会议的首席部长。邦的部长会议集体向该邦民选的立法会议负责。宪法规定了国会和邦的立法机构之间如何分享立法权，而其余的权力则归属于国会。修订宪法的权力也属于国会。

（四）经济

印度是一个农业大国，农业是国民经济的基础，全国72%的劳动力从事农业生产。印度国土辽阔，土地肥沃，雨量充沛，无霜期长，有优越的作物种植条件，土地利用率居世界前列。印度是世界上最大的粮食生产国之一，拥有世界1/10的可耕地，面积约1.6亿公顷。印度主要的农产品有稻米、小麦、油料、甘蔗、茶叶、棉花和黄麻等。印度是重要的棉花生产国，棉花产量占世界的22%。印度的畜牧业比较发达，牛的存栏数居世界首位，主要有水牛、黄牛和奶牛，奶产量居世界第一。印度也是世界重要的产茶国。

印度矿产资源丰富，拥有云母、煤、铁、铝、铬、锰、锌、铜、铅、磷酸盐、黄金、石油等丰富的矿产资源，其中云母的产量和储量为世界之首，铝土产量和煤产量均居世界第五位。

印度1991年7月宣布进行经济改革，陆续颁布了新的工业、贸易、投资和外汇政策，向私人和外资企业开放一些重要工业部门。印度拥有六大核心产业：钢铁、煤炭、化工、石油、电力、水泥，目前已形成较完整的工业体系。印度谋求成为"技术制造业中心"。

印度是世界上发展最快的国家之一，经济增长速度令人瞩目。从2014年开始，印度的经济增速进入腾飞阶段。2022年印度国内生产总值达3.39万亿美元，居世界第五位。

（五）文化

1. 教育

印度实行12年一贯制中小学教育。高等教育共8年，包括3年学士课程、2年硕士课程和 3 年博士课程。此外，还有各类职业技术教育、成人教育等非正规教育。全国约有 350 所综合性大学和大学机构，其中包括中央大学、邦立大学和认证大学。著名的大学有德里大学、印度理工学院、加尔各答大学、马德拉斯大学、巴拉蒂尔大学等。

2. 科学技术

印度科技事业发展迅速，尤其是在天体物理、空间技术、分子生物、电子技术等高科技领域已达到较高水平。印度的科学家和工程师数量居世界第三位，仅次于美国和俄罗斯。

3. 文学与艺术

（1）文学

印度是一个语言众多的国家，其中以梵语、印地语和英语文学成就较高。

梵语文学分为三个发展时期。早期吠陀文学（公元前 6 世纪至前 4 世纪）的代表作品是《梨俱吠陀》。中期（公元前 4 世纪至公元初年）的代表作品是《摩诃婆罗多》和《罗摩衍那》，这两大史诗是具有世界性影响的印度极为珍贵的文学遗产。后期古典文学以作家迦梨陀娑的《沙恭达罗》《云使》和首陀罗迦的《小泥车》为代表。

印地语文学兴起于 10 世纪。印地语作家普列姆昌德（1880—1936）在印度有"小说之王"的美誉，其代表作有《戈丹》《博爱新村》等长篇小说。

英语文学产生于 18 世纪下半叶，作家、思想家泰戈尔是其中一位杰出典范，诗集《吉檀迦利》是他的代表作。

（2）电影

印度的电影业非常发达，是世界上最大的电影生产大国，每年生产 1000 多部影片，每年的电影票房收入高达 20 多亿美元。同时印度是世界第二大电影出口国，英国和北美是印度最大的海外市场。

（3）舞蹈

印度的舞台艺术和古典舞蹈举世闻名。其历史悠久、丰富多彩，与宗教联系紧密。印度舞别具一格，几乎全是用身体的动作和脸部表情来表现主题，通常是一个人单独表演。

三、民俗风情

（一）服饰

在印度，可以从不同的服饰和装扮看出当地人的宗教信仰、种族、阶层和区域。

纱丽是印度最具特色的国服。据传，纱丽有 5000 多年的历史，在印度古代雕刻和壁画中就常见身披纱丽的妇女形象。最早的纱丽只是在举行宗教仪式时穿，后来逐渐演变为妇女的普通装束。纱丽的式样繁多，不拘一格。每逢喜庆的日子，印度妇女都会穿起自己喜爱的纱丽，点上传统吉祥痣，逛街串门、访亲问友。纱丽因穿者的贫富不同而有所不同：穷人穿的纱丽大都是棉布或粗麻所做；富人穿的纱丽则是丝绸或薄纱所做，上缀以金丝银线织成的图案装饰。

印度妇女喜欢在额头正中点上一颗指头大小的红痣,象征喜庆和吉祥,因此被称为"吉祥痣"。原来只有已婚妇女才有此特权,但现在已经发展成为一种化妆美容的普遍做法,并增加了黄、紫、绿、黑等多种颜色。此外,印度已婚妇女还使用另外一种特殊的装饰——"发际红"。在婚礼上,新郎会将一种叫"发际红"的红色粉末抹到新娘头发的分界处,表示她已嫁人。现在"发际红"已逐渐成为已婚女子日常着装的一部分;不过,一旦成为寡妇,则不得再涂抹发际红。

印度男性多半穿着一袭宽松的立领长衫,搭配窄脚的长裤。拉贾斯坦地区的男性,裤子是以一条白色布块裹成的,头上的布巾花样变化极多,色泽鲜艳。

(二)饮食

印度人的日常饮食,南北方有很大差别。北方人以小麦、玉米、豆类等为主食,尤其喜欢吃一种叫"恰巴提"的薄面饼。南方和东部沿海地区的人们以大米为主食,爱吃炒饭。而中部德干高原则以小米和杂粮为主。印度人喜欢吃带有辣味的、伴有咖喱的食物。在饮水和饮料方面,印度人和西方人一样,没有喝热水的习惯,一般喜欢喝凉水或者饮用红茶、牛奶和咖啡。

(三)礼貌、礼节

印度人见面时,使用问候语,并两手合十或举手示意,一般两手空时则合掌问候。合掌时,对长者宜高,平辈宜平,晚辈宜低。若久别重逢,亲朋好友则往往行拥抱礼。对尊长或某人表示恳求时,则行摸脚礼。印度人很少握手,男人一般都不碰女人。

印度人在谈话时,相互之间总保持一臂左右的距离。如果与对方谈话时向后退,那可能是对方侵入了他的私人空间。印度人认为,当众暴露两性间的感情是不妥当的,因此不能拍背或挽手臂。

在印度,人们召唤别人的动作是将手掌向下,摆动手指,但不能只用一个指头;指人时也要用整个手掌,不能用一两个指头。值得注意的是,在印度同意与不同意的表达方法与世界大多数国家相反,他们在表示同意某件事时,总是先把头稍稍歪到左边,然后立刻恢复原状;不同意时,则用点头表示。

(四)禁忌

印度禁忌很多,宗教不同,地区不同,禁忌也各有差异。比较普遍的禁忌如下:

印度人把猴子和牛尊为神,尤其对牛特别崇敬,不可当着印度人的面说牛和猴子的坏话,否则会招来"亵渎神明"的指责。牛在大街上横冲直撞,随意啃嚼街旁摊位上的水果或蔬菜,摊主不但不会阻拦,反而受宠若惊。一些富有的人还常在家门口摆上牛爱吃的东西,作为对"神牛"的贡品。在印度,还有不少人崇拜蛇,因为传说印度教中的湿婆神是由蛇来保护的。

头是印度人身体上最神圣的部分,所以千万不可直接触摸印度人的头部,也不要随意拍印度孩子的头部,印度人认为这样会伤害孩子。

在印度忌吹口哨,特别是妇女。在饭店、商店等服务性行业中,客人若用吹口哨的方式来呼唤侍者,则被视为冒犯他人人格的无礼行为。

进入印度的庙宇或清真寺，要脱去鞋子，要跨过门槛而不能踩着门槛而过。光脚进寺庙，事先要在入口处洗好脚以示礼貌。

印度人吃饭、接递物品或敬茶都用右手，忌用左手，也不用双手。

四、旅游业概况

（一）著名旅游城市和景点

印度地域辽阔，历史悠久，民族众多，文化灿烂，旅游资源十分丰富，世界遗产就有40处之多（截至2023年7月）。

1. 新德里和德里旧城

新德里是印度首都。位于印度西北部亚穆纳河畔，建于1911—1929年，1947年印度独立后成为首都。新德里是座花园般的城市，既具古代风貌又有现代风采，是印度整个国家的经济行政中心。城市以姆拉斯广场为中心，城市街道呈辐射状、蛛网式地伸向四面八方。市中心耸立着宏伟的建筑群，如国会大厦、总统府、印度门（如图5-1所示）等。市内还有艺术宫和博物馆等名胜以及著名的德里大学和不少科研机构。

图5-1 印度门

德里旧城位于北部，与新德里隔着一座德里门。德里为著名古都，已有3000多年的历史，印度史诗《摩诃婆罗多》中就记载着古代印度人曾在此建都。17世纪，莫卧儿王朝皇帝沙贾汗开始兴建现今的德里旧城，先后有7个王朝在此建都，留下了大量的历史古迹。旧城内街道曲折，店铺林立，多古代建筑，具有浓厚的宗教色彩。位于其东北角的红堡是莫卧儿王朝时期的皇宫，每年吸引大量游客前来参观。

2. 加尔各答

印度东部最大的城市，位于恒河下游的支流胡格利河畔，是印度的主要港口和重要铁路、航空枢纽。1912年以前，这里曾是英属印度的首府，留下了不少历史性建筑，如著名的威廉要塞、维多利亚纪念馆、印度博物馆、国家图书馆、哥特式建筑圣保罗大教堂等。

3. 孟买

孟买是印度第二大城市，位于印度西部，濒临阿拉伯海。原为海中的7个小岛，后经不断填充成为一个大岛,建有桥梁与大陆相连。"孟买"一词源于葡萄牙文,意为"美丽的海湾"。市容秀丽,有"皇后项链"之称。它是印度最大的港口城市、工业和金融中心,最大的棉纺和贸易中心。长期以来,它还被称为"印度的好莱坞",每年生产影片达1000部以上,文化气息浓厚。主要旅游景点有威尔士亲王博物馆、印度门等。孟买港湾内的大象岛上有不少7至8世纪开凿的石窟,内有许多形态逼真、雕刻精美的神像。

4. 泰姬陵

坐落于印度古都阿格拉的泰姬陵(如图5-2所示)宏伟壮观。此陵寝是莫卧儿帝国皇帝沙贾汗为永久纪念其爱妃而建的白色大理石建筑,叙述着世界上最伟大的爱情故事。

图 5-2 泰姬陵

陵寝于1632年动工,1648年完工。陵园呈长方形,东西约580米,南北305米,四周是一道红砂石墙。白色大理石砌成的陵墓位于陵园正中央高约7米的四方形平台上,共两层,上有一直径为18米的穹形圆顶。主殿四角矗立着高达40米的圆塔,庄严肃穆。象征智慧之门的拱形大门上,刻着《古兰经》。寝宫内有一扇由中国巧匠雕刻的极为精美的门扉窗棂。寝宫共分宫室5间,宫墙上有构思奇巧的用珠宝镶成的繁花佳卉,使宫室更显光彩照人。中央八角形大厅是陵墓的中心,墙上镶嵌着浅浮雕和精美的宝石。中心线上安放着泰姬的墓碑,皇帝沙贾汗的墓碑则位于其旁边。绚丽夺目的泰姬陵无论从任何角度望去,纯白色的陵墓都壮丽无比,造型完美,加上陵前水池中的倒影,就像有两座泰姬陵交相辉映。

1983年,泰姬陵作为文化遗产被联合国教科文组织列入《世界遗产名录》。

5. 阿旃陀石窟

阿旃陀石窟位于马哈拉施特拉邦奥兰加巴德东北106千米处。"阿旃陀"一词源于梵语,意为"无想"。石窟开凿于公元前2世纪至公元7世纪,以佛教壁画驰名世界。现存石窟29座。石窟内有精美绝伦的壁画和石雕,内容描绘了释迦牟尼的生平故事和当时印度社会生活、宫廷生活等情景。其中,第一窟有一尊约3米高的释迦牟尼雕像,从左、中、右三个角度分别看上去,可以看出微笑、沉思、凝视三种不同的神态。阿旃陀石窟对中国石窟艺术有很大影响。638年,唐朝玄奘法师曾到此访问。以后由于佛教在印度的衰颓，石窟逐渐湮没在热带丛林之中。直到1819年一位英国军官在追逐猎物时，偶然发现了这个雕满壁画的石窟，此后阿旃陀石窟闻名于世。

1983年，阿旃陀石窟作为文化遗产被联合国教科文组织列入《世界遗产名录》。

6. 红堡

红堡是印度最大的古代王宫。位于德里旧城东北路的亚穆纳河畔，建于1639—1648年。红堡属于典型的莫卧儿风格的伊斯兰建筑。因整个建筑全部用红砂石筑成，外观呈红褐色而得名。最豪华的宫殿是白色大理石的枢密宫，沙贾汗大帝曾说："如果说地上有天堂，天堂就在这里。"红堡分内宫和外宫，外宫为觐见宫，是帝王召见土邦王与大臣、接受奏章、接见外国使节的地方；内宫的主要建筑为娱乐宫，是帝王后妃避暑观光的地方。

2007年，红堡作为文化遗产被联合国教科文组织列入《世界遗产名录》。

7. 胡马雍陵

胡马雍陵（如图5-3所示）位于首都新德里的东南郊，是莫卧儿帝国第二代帝王胡马雍及其王妃的陵墓。1565年开始建造，1572年阿克巴大帝执政时才落成。这座陵园的设计与建造巧妙地融合了印度和波斯的建筑风格，开创了伊斯兰建筑史上一代新风。建筑规模宏大，布局完整。整个陵园坐北朝南，平面呈长方形，四周环绕着长约2千米的红砂石围墙。陵园内景色优美，棕榈、丝柏纵横成行，芳草如茵，喷泉四溅。陵园正中是其主体建筑——高约24米的正方形陵墓，它耸立在47.5米见方的高大石台上。陵体四周有4座大门，门楣上方呈圆弧形，四壁是分上下两层排列整齐的小拱门。陵墓顶部中央有优雅的半球形白色大理石圆顶。这种圆顶是由两个单独的拱顶组成的，一个在上、一个在下，上下之间留有间隙；外层拱顶支撑着白色大理石外壳，内层则形成覆盖下面墓室的穹庐。外层拱顶中央竖立着一座黄色的金属小尖塔，光芒四射。寝宫内部呈放射状，通向两侧高22米的八角形宫室；宫室上面各有两个圆顶八角形的凉亭，为中央的大圆顶作陪衬；宫室两面是翼房和游廊。胡马雍和皇后的石棺安放在寝宫正中，两侧宫室放着莫卧儿王朝5个帝王的石棺。

图5-3　胡马雍陵

1993年，胡马雍陵作为文化遗产被联合国教科文组织列入《世界遗产名录》。

（二）旅游小常识

1. 货币知识

印度的法定货币为印度卢比（India Rupee），辅币是派沙（Paisa）。1卢比等于100派沙。币值为5、10、20、25、50派沙和1、2、5、10、20、50、100、500、1000卢比。2010年7月，印度内阁批准了印度卢比新符号₹，这是一个由梵文字体和罗马字母"R"组成的综合体。

汇率：100卢比约合人民币8.77元（2023年7月）。

2. 最佳旅游季节

10月下旬至翌年3月最适合前往印度旅游。4~5月是夏季，气温高达40℃，酷热难耐；而6~9月是印度的雨季，均不是旅游的好时节。

第二节　以色列

一、自然概况

以色列全名以色列国，位于亚洲西部，北与黎巴嫩接壤，东接约旦，东北部与叙利亚为邻，西南部与埃及接壤，西濒地中海，南连亚喀巴湾，地处亚、非、欧三大洲结合处，地理位置十分重要。根据1947年联合国关于巴勒斯坦分治决议的规定，以色列国的面积为1.52万平方千米，但目前以色列实际控制面积达2.5万平方千米。

以色列海岸线长198千米，沿海为狭长的平原，东部有山地和高原，海拔一般为600~1000米。东部与约旦交界处向南延伸至亚喀巴湾的地区为大裂谷区，内有地球表面最低点死海；南半部为内盖夫沙漠，占以色列领土的一半以上。主要河流有约旦河。

以色列属于地中海式气候，各地的差异较大，总体上终年阳光充足，一年只有两个差别明显的季节：4~10月炎热干燥的夏季，11月至次年3月温和湿润的冬季。山区温差较大；而埃拉特和死海地区，气候炎热干燥，日照时间长，降雨稀少。

二、人文概况

（一）人文地理

1. 人口与民族

据以色列人口统计处资料，截至2022年底，以色列人口达965.6万，其中犹太人约占73.6%，阿拉伯人约占21.1%，其余为德鲁兹人等。

2. 语言与宗教

以色列的官方语言为希伯来语和阿拉伯语，通用英语。

以色列的大部分居民信奉犹太教，其余信奉伊斯兰教、基督教和其他宗教。

视野拓展

以色列的国旗、国徽、国歌、国花、国鸟

国旗：呈长方形，长与宽之比为3∶2。旗地为白色，上下各有一条蓝色宽带。蓝白两色来自犹太教徒祈祷时用的披肩的颜色。白色旗面正中，是一个蓝色的六角星，这是古以色列国王大卫王之星，象征国家的权力。

国徽：盾形。蓝色盾面上是一个七权烛台，据说为耶路撒冷圣殿中点燃祭坛的物件。烛台以橄榄枝装饰，象征犹太人对和平的渴望。烛台下用希伯来文写着"以色列国"。

国歌：《希望之歌》。

国花：油橄榄和银莲花。

国鸟：戴胜。

资料来源：张熠，宋朝晖《世界各国国旗国徽国歌》，北京：中国民族摄影艺术出版社，2003。

（二）简史

犹太人远祖是古代闪族的支脉希伯来人。希伯来人约4000年前生活在美索不达米亚平原，后因躲避自然灾害迁徙至埃及尼罗河三角洲东部。公元前13世纪末开始从埃及迁居到巴勒斯坦地区，曾先后建立希伯来王国以及以色列王国。公元前722年和公元前586年，这两个王国先后被亚述人征服和被巴比伦人灭亡。公元前63年罗马人入侵，大部分犹太人被赶出巴勒斯坦，流亡世界各地。7世纪，巴勒斯坦地区被阿拉伯帝国占领，阿拉伯人从此成为该地居民的绝大多数。16世纪，巴勒斯坦地区被奥斯曼帝国吞并。19世纪末，欧洲犹太资产阶级发起"犹太复国主义运动"。1917年英国占领巴勒斯坦。

1922年，国际联盟通过决议在巴勒斯坦建立"犹太民族之家"。以后，世界各地犹太人大批移居巴勒斯坦。1947年11月29日，联合国大会通过决议，决定在巴勒斯坦分别建立阿拉伯国和犹太国。1948年5月14日，以色列国正式成立。以色列同阿拉伯国家先后于1948年、1956年、1967年、1973年发生四次中东战争，实际控制面积不断扩大。

（三）政治

以色列是议会制国家，议会是最高权力机构，拥有立法权，负责制定和修改国家法律，对政治问题表决，批准内阁成员的任命并监督政府工作，以及选举总统和议长。议员候选人以政党为单位竞选。以色列没有宪法，只有议会法、总统法和内阁法等基本法。总统是象征性的国家元首，职能基本上是礼仪性的。议会有权解除总统职务。内阁向议会负责。

以色列是中东地区唯一一个具有完善的多党制的自由民主制国家，公民拥有各式各样的政治权利和公民自由。其政党繁多，有20多个政党，且不断变化。

（四）经济

以色列是中东地区工业化最发达、经济发展程度最高的国家。有着发展成熟的市场经济，但政府也肩负一定的管理职责。属于混合型经济，工业化程度较高，以知识密集型产业为主，高附加值农业、生化、电子、军工等部门技术水平较高。总体经济实力较强，竞争力居世界先列。总资本超过100亿美元的以色列风险投资业在全球规模仅次于美国，成为国民经济的核心特色和国家竞争力的重要源泉之一。

以色列矿产资源贫乏，主要有钾盐、石灰石、铜、铁、磷酸盐、镁、锰、硫黄等。水资源极度贫乏，自建国起，水资源的保护和开发就成为重中之重，由国家统一管理。石油、天然气和煤资源不足，完全依赖进口。国土森林覆盖率为5.7%。

以色列钻石生产量大，是主要的出口商品，出口量居世界第一位。地处沙漠地带边缘，水资源匮乏。严重缺水使以色列在农业方面形成了特有的滴灌节水技术，充分利用现有水资源，将大片沙漠变成了绿洲。

以色列现大部分食品可自给自足，主要农产品有奶制品、家禽类、鲜花、水果及蔬菜等。主要农作物有小麦、玉米、棉花、柑橘、葡萄、蔬菜和花卉，产量最多的是柑橘。

以色列的服务业产值占国内生产总值的70%，拥有高比例的科学技术人才和技术工人。旅游业和咨询业是重要的服务行业。

（五）文化

1. 教育

以色列政府重视教育事业，3至16岁儿童享受义务教育，免费教育至高中毕业。以色列有着中东地区以及西亚最高的平均受教育年数，与日本并列为整个亚洲平均受教育年数最高的国家。教育经费长期占国内生产总值的8.5%左右。根据联合国教科文组织的数据，以色列拥有中东地区最高的识字率。中小学教育分为三个阶段：初等教育（1~6年级）、初中教育（7~9年级）、高中教育（10~12年级），义务教育则是从1年级至11年级。

以色列有8所大学及数十所学院。据有关机构调查，中东地区最好的10所大学里，有7所位于以色列，其中前四名都是以色列的大学。另外，在所有中东和西亚国家中，以色列也拥有最多的耶鲁大学校友。

2. 科学技术

以色列是中东地区最强大、现代化程度最高、经济发展最快的国家，属于发达国家。拥有该地区管理最良善、对财产权利保护最佳的经济体制。

多年来，土地贫瘠、资源短缺的以色列，坚持走科技强国之路，一直致力于科学和工程学的技术研发。以色列的科学家在遗传学、计算机科学、光学、工程学以及其他技术产业上的贡献都相当杰出，目前总计有10多位以色列人和以色列裔人获得诺贝尔奖。以色列的研发产业中最知名的是其军事科技产业，在农业、物理学和医学上的研发也相当知名。

全球顶尖企业，包括英特尔、IBM、微软、惠普、雅虎、Google等，在以色列都有研发中心。在纳斯达克挂牌的以色列企业数目仅次于美国，超过75家。

3. 文学与艺术

以色列文化是由犹太教和犹太人数千年以来的历史经验交织构成的。以色列拥有来自全世界六大洲上百个国家的各式移民，社会相当丰富而多元，也极具艺术创造力。政府鼓励并且资助艺术活动。

（1）文学

以色列文学绝大多数是以希伯来文写成的，以色列文学的历史也见证了希伯来语在现代的复兴，并成为主要语言的过程。自从19世纪以来，希伯来语被越来越多的人作为书写和沟通的语言使用，文学上的创作包括散文、诗歌和戏剧。在以色列，每年有数千本希伯来文的新书出版，其中大多数是希伯来文原创的。以色列作家萨缪尔·约瑟夫·阿格农（1888—1970）在1966年获得了诺贝尔文学奖。

（2）音乐

以色列的音乐是混合了西方音乐与东方音乐的综合体。以色列音乐通常采取折中主义，吸收了来自世界各地的流散犹太人所带来的音乐，也吸收了现代文化的成分。以色列的古典音乐管弦乐团以及以色列爱乐管弦乐团在国际上赫赫有名。

三、民俗风情

（一）服饰

以色列人基本不穿西服，极少打领带，即使是在正式场合也少有人西装革履。这既与以色列多数时间气候炎热有关，也与建国几十年来的习惯有关。女性则与世界各地的现代女性差不多，但相比较而言其衣着更富随意性。按照犹太教规定，男性应头戴小圆帽（Kippa）。而犹太教的"拉比"（相当于牧师）则应全身穿黑色服饰，头戴黑色毡帽，并在耳朵上沿留着长而卷曲的鬓发。

（二）饮食

犹太人的主食是饼，用小麦或大麦面制成。饼被犹太人视为生命线，所以人们吃饼通常不用刀切，只用手掰，唯恐用刀割断了生命线。信奉犹太教的以色列人在饮食方面有严格的规定，在当地这种饮食被称为"Kosher"。犹太人禁食猪肉和其他某些肉类、贝类、无鳞鱼和任何种类的食腐动物的肉，肉制品和奶制品也不能同时食用。在外就餐只能去符合"Kosher"规定的餐馆，而餐馆需每年从由犹太教拉比组成的专门机构申领证书。

以色列人的饮食口味与西欧人和东方人都有不少差别，喜欢菜肴里加入肉桂、茴香、薄荷、芫荽、咖喱粉等香料，并配上柠檬汁、橘子汁等，可以说是一种东、西方饮食的大杂烩。

（三）礼貌、礼节

一般来说，以色列人举止有度，初次见面以握手为礼，若是关系甚好而且双方都是男子的话，也可行拥抱、贴面礼。

（四）禁忌

犹太律法禁止人们吃猪肉和甲壳类动物，凡勒死或没有放过血的动物也不能吃，更不能吃动物血。在宗教场所或者犹太人的墓地拍照，被认为是不尊重和冒犯的行为。安息日（周五日落至周六日落前）是犹太教的圣日，以色列人会遵守安息日的规定，包括不工作、不开车、不使用电器等。以色列有严格的吸烟限制法规，禁止在室内公共场所吸烟。

四、旅游业概况

（一）著名旅游城市和景点

1. 耶路撒冷

在犹太经典《塔木德》中有这样一句话，"世界若有十分美，九分在耶路撒冷"。耶路撒冷是一座历史悠久的城市。自3000年前大卫王建都于此以来，即为犹太人国家与精神生活的中心所在。

耶路撒冷在地理上位于犹地亚山地，介于地中海与死海之间，城区面积约1平方千米。城区划为四个区域：东部为伊斯兰教区，包括著名的神庙区，这里有圣石圆顶清真寺、阿克萨清真寺、哭墙；西北部为基督教区，有基督教的圣墓教堂；西南部为亚美尼亚教区；南部为犹太教区。城西南面的锡安山为犹太教又一重要圣地。城东的橄榄山有基督教与犹太教圣地。

第二次世界大战后曾由联合国管理，1948—1949年以色列占领了耶路撒冷西部建立了新市区，约旦则占领了城东旧区。1967年第三次中东战争后，以色列占领了整个耶路撒冷，并于1980年宣布耶路撒冷为以色列的首都。

耶路撒冷是犹太教、基督教和伊斯兰教三教的圣地。对于基督教信徒来说，这里是耶稣传福音、背十字架受钉以及复活的圣地；对伊斯兰教信徒来说，这里是先知穆罕默德的升天之地，是伊斯兰教的三大圣地之一，还是全世界最美丽的伊斯兰教清真寺——阿克萨清真寺和圆顶清真寺的所在地；《圣经》曾多次叙述此城是上帝祝福的城市，对于犹太教信徒来说，这里是信仰的中心，昔日圣殿的遗迹哭墙，仍是犹太教最神圣的所在。

视野拓展

哭 墙

哭墙又称西墙，是耶路撒冷旧城古代犹太国第二圣殿护墙的一段，也是第二圣殿护墙的仅存遗址，犹太教把该墙看作第一圣地，教徒至该墙须哀哭，以表示对古神庙的哀悼并期待其恢复。哭墙高约20米、长50米，中间屏风相隔。祈祷时，男女有别进入广场墙前，男士必须戴上传统帽子，如果没有帽子，入口处亦备有纸帽供应。许多徘徊不去的祈祷者，或以手抚墙面，或背诵经文，或将写着祈祷字句的纸条塞入墙壁石缝间。历经千年的风雨和朝圣者的抚触，哭墙石头闪闪发光。

锡安山

锡安山对于犹太人和基督徒都具有宗教历史价值。耶稣最后的晚餐室就在此地。本座建筑原本是十字军时代所盖,拥有美丽的拱形线条,15世纪时改为清真寺,禁止基督徒和犹太人进入,长达5个世纪。多米森教堂是锡安山的路标,是一座拥有圆顶钟塔的本笃会教堂,相传为圣母玛利亚升天的地方。这里还有大卫墓。大卫墓是仅次于哭墙的犹太教圣地。

资料来源:《中国大百科全书》网络版https://www.zgbk.com。

2. 死海

死海(如图5-4所示)是一个内陆盐湖,位于以色列和约旦之间的约旦谷地。西岸为犹地亚山地,东岸为外约旦高原。约旦河从北注入。约旦河每年向死海注入5.4亿立方米水,另外还有4条不大但常年有水的河流从东面注入。由于夏季蒸发量大,冬季又有水注入,所以死海水位具有季节性变化,从30至60厘米不等。死海长80千米,宽处为18千米,表面积约1020平方千米,平均深300米,最深处415米。湖东的利桑半岛将湖划分为两个大小深浅不同的湖盆:北面的面积占3/4,平均深415米,南面平均深度不到3米。死海无出口,进水主要靠约旦河,进水量大致与蒸发量相等,为世界上盐度最高的天然水体之一。海湖中及湖岸均富含盐分。在这样的水中,鱼儿和其他水生物都难以生存,水中几乎没有生物,岸边及周围地区也没有花草生长,故人们称之为"死海"。

图5-4 死海

3. 特拉维夫-雅法

特拉维夫-雅法是位于以色列西部的第二大城市,由两个相邻的城市(特拉维夫和雅法)合并而成,是以色列的商业、金融业和文化生活中心。雅法是一个具有4000多年历史的港口城市,是世界上最古老的城市之一。雅法第一次有文字记载是在公元前15世纪古埃及法老图特摩西斯三世统治时期,在后来的《旧约圣经》和《新约圣经》中均多次被提及。

20世纪30年代至50年代，特拉维夫修建了大量的包豪斯风格的新式建筑，形成大片白色外墙的景观。2003年，特拉维夫白城作为文化遗产被联合国教科文组织列入《世界遗产名录》。

4. 海法

海法即"美丽的海岸"之意，位于以色列北部，面临地中海，是以色列最大的港口，也是以色列第三大都市、北部的观光据点和主要的工业城。该城历史可追溯到公元前14世纪。19世纪末，大马士革与海法之间的铁路便已铺设完成，而当犹太人移民到海法之后，海法便成了一个现代化的城市。

（二）旅游小常识

1. 货币知识

以色列的官方货币为新谢克尔（New Sheqel），辅币是新阿高洛（Agora）。1新谢克尔等于100新阿高洛。现行的纸币有20、50、100、200新谢克尔四种面额，硬币有10新阿高洛铸币及0.5、1、2、5、10五种新谢克尔铸币。

汇率：100新谢克尔约合人民币197元（2023年7月）。

2. 最佳旅游季节

以色列是典型的地中海式气候，夏季（4~10月）炎热干燥，冬季（11月至次年3月）多雨雪。相对而言，4~10月是到以色列旅游的最佳时节。

第三节　阿拉伯联合酋长国

一、自然概况

阿拉伯联合酋长国简称"阿联酋"，位于阿拉伯半岛东部，扼波斯湾进入印度洋的海上交通要冲，东与阿曼毗邻，西与卡塔尔接壤，南、西南、西北与沙特阿拉伯交界，北隔阿拉伯湾与伊朗相望。阿联酋全国总面积为8.36万平方千米。其中，面积最大的是阿布扎比酋长国，为6.7万平方千米；其次是迪拜酋长国，面积为3900平方千米；再次是沙迦酋长国，面积为2600平方千米。

境内除东北部有少量山地外，绝大部分是海拔200米以上的荒漠、洼地和盐滩。

属热带沙漠气候，炎热干燥。受印度洋气候影响，夏季（4~10月）酷热潮湿，气温高达45℃以上（最热的7月可达50℃），空气湿度达100%，局部沙漠地区有小沙暴。11月至次年3月为冬季，气温不低于7℃。全年降雨稀少，年均不足100毫米。

 **特别提示**

国名释义

1820年英国入侵波斯湾地区后，强迫当地7个酋长国与其签订"永久休战条约"，称为"特鲁西尔阿曼"，此后逐步沦为英国的保护国。1971年3月1日，英国宣布同波斯湾各酋长国签订的条约于年底终止，同年12月2日，阿拉伯联合酋长国宣告成立。由阿布扎比、迪拜、沙迦等7个酋长国组成联邦国家。1972年成为联合国会员。

资料来源：《中国大百科全书》网络版https://www.zgbk.com。

二、人文概况

（一）人文地理

1. 人口与民族

阿联酋人口约950万（2022年底），外籍人口占88.5%，主要来自印度、巴基斯坦、埃及、叙利亚、巴勒斯坦等国。

阿联酋的居民和半岛上的其他居民一样属于阿拉伯血统。

2. 语言与宗教

官方语言为阿拉伯语，英语为通用语。

阿联酋是阿拉伯国家，国教是伊斯兰教，绝大部分居民是穆斯林。阿联酋实行政教合一，对其他宗教人士奉行信仰自由的政策，在中东伊斯兰国家中，阿联酋的宗教政策最为开放。在阿联酋，随处可见大小规模不同的清真寺。阿联酋的大多数酋长国信奉逊尼教派的穆斯林占到大多数，而迪拜则以信奉什叶派的穆斯林居多。

视野拓展

阿联酋的国旗、国徽和国歌

国旗：呈长方形，长与宽之比为2∶1。由红、绿、白、黑四色组成，这四色是泛阿拉伯颜色，代表穆罕默德后代的几个王朝。旗面靠旗杆一侧为红色竖长方形，右侧是三个平行相等的横长方形，自上而下分别为绿、白、黑三色。红色象征祖国，绿色象征牧场，白色象征祖国的成就，黑色象征战斗。

国徽：启用于2008年3月22日，主体是一只黄白色的隼，翼羽黄白相间，尾毛为白色。隼胸前为一个绘有国旗图案的圆形，围以象征7个酋长国的七角星。隼爪下的绶带书写着"阿拉伯联合酋长国"。

国歌：《万岁祖国》。

资料来源：张熠，宋朝晖《世界各国国旗国徽国歌》，北京：中国民族摄影艺术出版社，2003。

（二）简史

阿拉伯联合酋长国地区的历史可追溯至6世纪。按照波斯史籍的记载，萨桑王朝越过波斯湾征服了该地区。7世纪，阿拉伯帝国占领了这一地区，并使其皈依伊斯兰教。8世纪，阿曼爆发反哈里发政权的起义，建立了独立政权，今天的阿联酋地区成为其一部分。

18世纪，阿曼屡次内乱，阿联酋地区各地方首领自命埃米尔，成为独立的政权。1819年，英国东印度公司派遣舰队摧毁了哈伊马角、沙迦、迪拜等地的海岸要塞，以保障印度至埃及的航线通畅。1853年，该地区各小国最终签署条约，宣布永久休战。此后，该地区被称为"特鲁西尔阿曼"（意为"和平的阿曼"），以与建都马斯喀特的阿曼相区别。

1892年，特鲁西尔阿曼各国同英国签订条约，接受英国的独家保护，不与英国以外的任何国家发生独立的外交往来，归属英国驻波斯湾总代表节制。

1968年1月，英国宣布撤军；2月，巴林、卡塔尔、阿布扎比、沙迦、迪拜、哈伊马角等9国埃米尔在迪拜举行会议，同意建立阿拉伯联合酋长国。后因种种原因，巴林和卡塔尔先后退出，哈伊马角也未同意加入。

1971年12月2日，阿联酋宣布成立，以阿布扎比为临时首都。次年2月，哈伊马角加入阿联酋。1996年，临时宪法被通过为永久宪法，阿布扎比也成为正式首都。

（三）政治

阿拉伯联合酋长国是由7个酋长国组成的联邦国家，是当今世界上唯一一个以酋长国名称参加联合国组织的国家。联邦设立最高的立法、行政和司法机构，拥有最高权力，但除国防和外交相对统一于中央外，各酋长国政府仍保持其相当的独立性，在行政、经济、司法等方面均享有相当程度的自主权。根据宪法规定，联邦政府不得干预各酋长国的内部事务。各个酋长国都设有行政机构，保留了家族统治的方式。酋长也称谢赫，拥有绝对的权力，并设立王储。酋长的继承人由家族委员会或长老会议推选，实际上为世袭。

根据1971年临时宪法规定，阿联酋是君主立宪制国家，实行总统负责制。阿联酋国家的最高机构由联邦最高委员会、联邦政府（也称部长委员会或内阁）、联邦国民议会以及联邦最高法院组成。

（四）经济

在1960年发现石油以前，阿联酋的经济支柱是珍珠，1960年以后转变为石油。阿联酋的石油和天然气资源非常丰富：已探明石油储量为133.4亿吨，占世界石油总储量的9.5%，居世界第六位；天然气储量为6.06万亿立方米，居世界第五位。现在以石油生产和石油化工为主。政府在发展石化工业的同时，把发展多样化经济、扩大贸易、增加非石油收入在国内生产总值中的比例当作其首要任务，注意利用天然气资源，发展水泥、建筑材料、服装、食品加工等工业。工业项目从业人数中，阿联酋人仅占1%。因此，政府着手实施"就业本国化"计划，增加本国人就业比例。政府还充分利用各种财源，重点发展文教、卫生事业。

阿联酋农业不发达，农业、畜牧业和林业的产值占国内生产总值的3%。但其银行业发达，现有本国银行23家、843家分行及89个办事处，外国银行及其他金融机构115家。外汇不受限制，货币自由入出境，汇率稳定。联邦政府财政收入来自各酋长国的石油收入。

1995年，阿拉伯联合酋长国加入世界贸易组织。与179个国家和地区有贸易关系。外贸在经济中占有重要位置。主要出口石油、天然气、石油化工产品、铝锭和少量土特产品，主要进口粮食、机械和消费品。

（五）文化

1. 教育

阿联酋重视发展教育事业和培养本国的科技人才，实行免费教育制度。倡导女性和男性享有平等的教育机会。共开设公立学校1259所。阿联酋的教育投入较高，取得了很好的效果。著名大学有阿联酋大学、沙迦大学、阿布扎比大学。

2. 传统项目

（1）舞蹈

甩头发是阿联酋特有的传统民间舞蹈。表演时，演员们站成一排，脚下无任何动作，只是有节奏地扭动腰肢，晃动颈部，将头发甩起来，动作并不要求整齐。甩头发舞在阿联酋并非随处可见，只有在重大喜庆场合才会进行表演。年轻女子在跳甩头发舞的同时，旁边会有十几位身穿阿拉伯白袍的男子来伴舞，他们每人手持一根细细的长木杆，跟着音乐的节奏舞动、迈步。

（2）赛骆驼

骆驼比赛在整个中东地区都很盛行，在阿联酋更是一项大赛。在举国上下的冬季骆驼大赛中，阿联酋的骆驼拥有者们与其他阿拉伯国家的人们选出自己最好的骆驼参加比赛。从10月到次年4月的骆驼大赛，吸引了数以百计的骆驼主来竞争价值不菲的奖品，最好的骆驼被予以重奖，也奖励饲养者。赛骆驼已经成为这个国家最受欢迎的体育项目之一。

（3）赛船

有两种船用作赛船：一种是单帆由风作动力的木船，几十只这种帆船劈波斩浪，它们的帆在阳光下熠熠闪光，这一景观是这个以传奇著称的国家里的一大奇观；一种船是由人作动力，船长20米以上，由近百名划桨手奋力划动，以尽快到达终点。

三、民俗风情

（一）服饰

阿联酋是阿拉伯国家，国人信奉伊斯兰教，有着独特的生活方式和文化风俗。当地人的传统服饰是：男人穿白袍，头戴白头巾；妇女穿黑袍，披黑头巾，有的面蒙黑纱。在公共场合，男女的活动场所是分开的。

阿拉伯传统服饰的主要组成部分如下：

视频：阿拉伯传统服饰

1. 面纱

面纱一直是伊斯兰服饰文化中具有代表性的一种。面纱大体上可分为两种：一种是把脸全部遮盖的，另一种是把眼睛部分露出来。面纱的穿戴方法因其面积大小而不同，比较普遍的有两种形式：一种是头部包裹一块黑纱，再在头上披块黑布（或花格布），从头到脚裹住全身；另一种是分头部、上身和下身三部分，头顶黑纱至脖子，上身黑布披肩垂至腰部并在胸前系牢，下身穿条黑裙子盖至脚面。

2. 大袍

黑大袍是阿拉伯妇女的传统服装，做工简单，式样和花色因地而异。个人可根据自己的喜好在上面绣上花边，穿、披均可，灵活方便。除了传统的黑色之外，阿拉伯妇女的长袍颜色现在也越来越多。男式阿拉伯大袍多为白色，衣袖宽大，袍长至脚，做工简单，无尊卑等级之分。它既是平民百姓的便装，也是达官贵人的礼服。衣料质地随季节和主人经济条件而定，宽松舒适为男式阿拉伯大袍的特点，但各国存在着细微差异。

3. 披风

在阿拉伯人看来，披风是节日盛装，男人在大袍外加件披风，显得神采奕奕，有男子汉气概。披风花色繁多，质量也不相同。既有夏天穿的透明纱披风，也有冬季穿的羊毛、驼毛和呢绒披风；既有平民穿的物美价廉的普通披风，也有王室成员及富翁们穿用的做工精细、镶有金银丝的豪华披风。

4. 头巾

阿拉伯男人的头巾也是沙漠环境的产物，可以起到帽子的作用：夏季遮阳防晒，冬天御寒保暖。这种头巾是块大方布，颜色多为白色，也有其他颜色。布料有优劣厚薄之分，可随季节和环境而定。头巾放于头上，再套上一个头箍加以固定。头箍用驼毛或羊毛做成，呈圆环状，多为黑色，偶有白色，粗细轻重不等。年轻人喜欢粗重的头箍，再系根飘带，显得潇洒、英俊。戴头巾前先戴一顶小白帽，是许多阿拉伯男子的习惯。在非正式场合，他们更喜欢只戴小白帽而不包头巾。

5. 佩物

佩物是阿拉伯各部落长期养成的装饰习惯，其式样繁多，各有千秋，尤以腰刀最具特色。

阿拉伯妇女普遍喜欢佩戴各式金银首饰，个别女人甚至会把金银头饰、鼻饰、耳环、手镯、项链、戒指、脚镯和腰带从头戴到脚，以显示其富贵荣华。

（二）饮食

阿联酋的餐饮为阿拉伯风味，包括开胃菜、汤、沙拉、烧烤、甜点。阿拉伯的甜品由肉、水果、蔬菜制成，配上阿拉伯风味的酱汁，香甜可口；阿拉伯沙律则是水果、蔬菜配上酸奶、橄榄油、盐等，既可口又开胃。还有香酥的阿拉伯大饼，面饼上面撒上芝麻，然后烤熟，有一种纯粹的面香。阿联酋的特色菜包括阿拉伯烤鸡、阿拉伯甜品、阿拉伯烤牛、阿拉伯烤羊等。

(三) 礼貌、礼节

阿联酋虽然是伊斯兰国家，但国家实行对外全方位开放，政策较开明，对外国人在衣食住行等方面没有太多的限制，某些超级市场的指定区域可以买到猪肉及其制品，基本可以满足居住在阿联酋各国人士的需求，值得注意的是：

①当地每年一次的斋月期间，在日出后和日落前，不许在公共场所和大街上喝水、吸烟、吃东西，当地绝大多数的餐馆和饮品店在这个时期关门停业。

②斋月期间，女士要尽量注意穿长袖衣服和长裤，不要太暴露。大多数公司也会建议其前台接待处的女职员穿上相对保守一些的服装。

③除在寓所或饭店的客房酒吧内可以喝酒外，其他任何公共场所均不许喝酒。

④在与当地人交往中，与先生谈话不能主动问及其夫人的情况；与妇女交往只能简单问候几句，不能单独或长时间地与她们谈话，更不能因好奇而盯住她们的服饰看，也不要给她们拍照。

⑤一般阿拉伯家庭仍是席地用餐，且系用手抓食。在阿拉伯人的传统观念中，右手总是干净的，左手是不洁的，故吃饭时必须用右手将食物直接送进口里。在待人接物方面，譬如递送东西给他人（端水、递茶），或者是接别人递送过来的东西时，必须要用右手，否则就是极大的不恭敬。做客时，最好入境随俗。

四、旅游业概况

(一) 著名旅游城市和景点

1. 阿布扎比

阿布扎比（如图5-5所示）是阿拉伯联合酋长国的首都，也是阿布扎比酋长国的首府。阿布扎比由海边的几个小岛组成，位于阿拉伯半岛的东北部，北临波斯湾，南接广袤无垠的大沙漠。

图5-5 阿布扎比

阿布扎比在阿拉伯语中的意思是"有羚羊的地方"。据说，从前经常有阿拉伯羚羊在这一带出没。20世纪70年代之前，阿布扎比还是一片荒漠，除了几棵椰枣树和遍地的骆驼刺外，只有为数不多的土块砌成的房屋。

20世纪60年代后，特别是1971年阿拉伯联合酋长国成立以后，随着石油的大量发现和开采，阿布扎比发生了翻天覆地的变化，昔日荒凉、落后的景象已经一去不复返。到80年代末，阿布扎比已建设成为一座现代化的都市。市区内，风格各异、式样新颖的高楼大厦林立，整齐宽阔的街道纵横交错。道路两旁、房前宅后，青草茵茵，绿树成行。市郊，花园式的别墅和住宅鳞次栉比，掩映在绿树、鲜花丛中。高速公路穿过郁郁葱葱的树林，草坪向沙漠深处延伸。当人们来到阿布扎比时，仿佛不是来到一个沙漠的国度，而是置身于一个环境优美、风景如画和交通发达的大都市。凡是到过阿布扎比的人都异口同声地称赞说，阿布扎比是沙漠中的一片新绿洲、海湾南岸的一颗灿烂明珠。

阿布扎比市区和郊区的绿化地已连成一片，就像绿色的海洋把整个阿布扎比给淹没了。市区拥有12座公园，其中最为著名的有哈利迪亚公园、首都公园、阿勒·纳哈扬公园和新机场公园。这些公园的建成不仅扩大了绿化面积、美化了城市，而且给人们提供了休息游乐的场所。

视野拓展

阿布扎比滨海大道

阿布扎比滨海大道长10多千米，大道旁不仅有高大的桉树、椰枣树和灌木树丛，还建有修整得各具风格的小花园、绿草地和喷水池，与路旁的湛蓝大海融成一片。阿布扎比海滨大道、各个公园和市郊的绿草地，成了人们的好去处。与别处有些不同的是，从海滨望去，阿布扎比的海水在临近海堤处，竟呈现出别致的绿色，而不是我们常见的淡蓝色。要依次再往深海处，才会出现深绿、浅蓝到蓝色的大海。海水清亮得连海滩下的海藻和石头都清晰可见。

在滨海大道旁的海面上，生长着一大片茂盛的树林，那便是阿布扎比著名的天然红树林。这是世界上最大的天然红树林区之一。红树林是生长在海洋里的森林，主要分布在热带地区。红树植物有10余种，有灌木也有乔木。红树林其实树叶并不是红颜色，是绿色的，只因其树皮及木材呈红褐色，因而被称为红树、红树林。

资料来源：《中国大百科全书》网络版https://www.zgbk.com。

2. 迪拜

迪拜是阿联酋第二大酋长国，占阿联酋总面积的5%，是人口最多的酋长国。迪拜的经济实力在阿联酋排第二位，阿联酋70%左右的非石油贸易集中在迪拜，所以习惯上迪拜被称为阿联酋的"贸易之都"，它也是整个中东地区的转口贸易中心。

迪拜拥有世界上第一家七星级酒店、全球最大的购物中心、世界最大的室内滑雪场、世界最高的塔。源源不断的石油和重要的贸易港口地位，为迪拜带来了巨大的财富，如今的迪拜成了奢华的代名词。除了各种奢侈商品、名牌汽车，这里的建筑处处显示着蓬勃发展的迪拜丝毫不掩饰的雄心。据统计，迪拜近年来用于工程建设的资金高达1000亿美元。40多年前还只是沙漠边上一个小港的迪拜，如今吸引了来自全球的建筑设计师，这里正在成为世界顶尖建筑设计师的天堂，如今的迪拜正在变成一个世界艺术建筑的大都会。

视野拓展

阿拉伯塔酒店（帆船酒店）

阿拉伯塔酒店，又称迪拜帆船酒店（如图5-6所示）。位于迪拜市延伸至阿拉伯海湾280米处的人工岛上，外形就像一个迎风飘扬的风帆。

金碧辉煌、奢华无比的阿拉伯塔酒店，曾是世界上第一家七星级酒店，现已升级为全球八星级酒店之一。酒店拥有202间豪华的双套房，全部是落地玻璃窗，随时可以面对着一望无际的阿拉伯海。酒店内部装饰布置极尽奢华之能，触目皆金，房间内用品均为世界顶级奢侈品牌制造。酒店的海鲜餐厅位于海底，在这里进餐需动用潜水艇接送。从酒店大堂出发直达海鲜餐厅，虽然航程仅短短3分钟，可是已经进入一个神奇的海底世界。海底有餐厅，空中亦有。外形按太空设计的餐厅位于最顶层，可容140名顾客；200米高，可以俯瞰迪拜全城。现在帆船酒店除了是一座酒店，更是来此旅游的人定要参观的景点。

图5-6 迪拜帆船酒店

资料来源：《中国大百科全书》网络版 https://www.zgbk.com。

3. 沙迦

沙迦是阿联酋第三大酋长国，横跨阿联酋东西两岸，东靠阿曼湾，西邻波斯湾，占地2600平方千米。独特的地理位置使沙迦成为阿联酋地理环境最为丰富多样的一个酋长国。正是由于它得天独厚的地理位置，使其从1965年起就开始成为重要的国际交通枢纽。

沙迦是中东地区的文化名城，而古兰经纪念碑广场则是沙迦的文化中心。在沙迦古兰经纪念碑广场的街心花园中，耸立着一座巨大的翻开着的书的雕塑，那便是古兰经纪念碑。据悉，这是为了纪念阿联酋7个酋长国当年建国时签署联合协议而建造的一座建筑物。

 **特别提示**

火车头广场

火车头广场位于阿联酋沙迦,它是由曾在英国留学的沙迦博士酋长亲自设计的,其寓意是通过这个"火车头"能将沙迦人带向一条繁荣昌盛的康庄大道。里面的商品无不充满着阿拉伯特色。从服装到金饰,到波斯地毯,到各种古董工艺品、装饰品,以及很有纪念价值的阿拉伯特色商品,都值得驻足欣赏。

资料来源:《中国大百科全书》网络版https://www.zgbk.com。

(二)旅游小常识

1. 货币知识

阿联酋的法定货币为迪拉姆(Dirham),辅币是费尔(Fils)。1迪拉姆等于100费尔。汇率:100迪拉姆约合人民币195.69元(2023年7月)。

2. 最佳旅游季节

阿联酋最佳的旅游季节为每年的11月至次年3月。4~10月为夏季,酷热潮湿,最热的7月气温高达50℃,局部沙漠地区有小沙暴。11月至次年3月为冬季,温度适宜。全年降雨都很稀少。

3. 小贴士

在阿联酋旅游,最大的威胁就是被日光晒伤和脱水。夏季的阳光非常强烈,在户外活动时,要穿长袖衣服、戴帽子,暴露部位要抹防晒霜,多饮水。

阿联酋国内节假日较多,还有长达1个月的斋月。虽然斋月期间仍旧工作,但办事效率比平常低,政府机构及绝大多数的公司都会把下班时间提前到下午两点半左右。因此,来阿联酋旅游或做生意,办展览要注意避开当地的节假日。

案例分析

印度和中国有太多相似的地方:同处于东方的文明古国,国土面积大,历史悠久,人口众多……像中国和印度这样的国家,当下应如何更好地把握传承与发展的关系,既延续优秀传统,又能继往开来,更好地建设发展?

请阅读相关资料,就以上的问题与老师、同学进行探讨。

本章关键词

印度 以色列 阿拉伯联合酋长国 地理概况 简史 政治经济 文化 民俗风情 著名旅游城市和景点

中国旅游客源地概况

专题活动

1. 班级分小组简介印度、以色列的著名旅游城市和景点,最后通过小组自评、小组间互评、老师点评的方式选出讲解最佳小组。

2. 假设有阿联酋旅游团来到你所在的城市,在接待过程中如何安排能让游客更满意呢?请班级分小组讨论,制定相应的接待方案并展示,最终通过小组自评、小组间互评和老师点评的方式总结如何根据游客的特点,来制订最合适的接待计划。

课后练习

1. 设计一条古国寻踪的印度游览线路。
2. 在接待以色列游客时应该注意些什么?
3. 阿联酋旅游业发展的成功经验有哪些?

学习效果评价表

序号	任务内容	任务要求	等级	待改进技能	备注
1	各国的自然概况	辨认各客源国地图			
		讲解各客源国面积、地貌、气候			
2	各国的人文概况	辨认各客源国国旗和国徽			
		介绍各客源国简史			
		分析各客源国政治和经济的不同之处			
		总结各国文化精髓			
3	各国的民俗风情	分角色扮演,演示各国礼仪			
		列表分析各国禁忌			
4	各国的主要旅游资源	选择任一国,根据自己搜索的旅游景点资料制作成PPT,进行现场景点讲解			
5	对比分析印度与中国两个文明古国的文化	整理出两个文明古国的文化传承线和联结点			

第六章 非洲地区

本章在线习题

本章概览

非洲位于东半球的西部,赤道横穿中部,绝大部分在南、北回归线之间。东濒印度洋,西临大西洋,北隔地中海及直布罗陀海峡同欧洲相望。东北与亚洲之间隔着狭窄的红海,并以苏伊士运河为陆上分界。

非洲地域辽阔、历史悠久、文化独特,拥有丰富的历史遗迹、秀丽的自然风光和奇异的野生动植物,具有发展旅游业的巨大潜力。尼罗河流域是世界古代文明的摇篮之一,尼罗河下游的埃及是世界四大文明古国之一。古埃及在建筑、雕刻和绘画等艺术方面也取得了巨大成就,而南非是南部非洲地区经济发展及旅游业发展最快的国家。

学习目标

1. 了解非洲客源国的自然、人文概况;
2. 熟悉非洲客源国的民俗风情;
3. 掌握非洲客源国的旅游业发展概况、主要旅游资源;
4. 分析埃及与中国两个文明古国的文化异同,整理出两个文明古国的文化传承线和联结点,了解两个文明古国对世界文化的贡献;
5. 分析影响非洲客源国经济发展的因素,思考保持和扩大该区域客源市场的方法。

第一节 埃及

一、自然概况

埃及全称阿拉伯埃及共和国,地跨亚、非两洲,西与利比亚为邻,南与苏丹交界,东临红海并与巴勒斯坦、以色列接壤,北临地中海。埃及大部分领土位于非洲东北部,只有苏伊士运河以东的西奈半岛位于亚洲西南部。全国面积约为100.145万平方千米。

埃及海岸线长约2900千米,却是典型的沙漠之国,全境96%为沙漠。最高峰为凯瑟琳山,海拔2637米。世界最长的河流尼罗河从南到北贯穿埃及1530千米,被称为埃

· 181 ·

的"生命之河"。尼罗河两岸形成的狭长河谷和入海处形成的三角洲,构成肥沃的绿洲带。虽然这片地区仅占国土面积的4%,但聚居着全国96%的人口。苏伊士运河沟通了大西洋、地中海与印度洋,是连接欧、亚、非三洲的交通要道,战略位置和经济意义都十分重要。

尼罗河三角洲和北部沿海地区属地中海式气候,1月平均气温12℃,7月为26℃;年平均降水量约120毫米。其余大部分地区属热带沙漠气候,炎热干燥,沙漠地区气温可达40℃,年平均降水量不足30毫米。每年4~5月间常有"五旬风",挟带沙石,使农作物受害。

 特别提示

通常认为,英语中"埃及"一词是从古希腊语演变而来的。阿拉伯人则将"埃及"称作米斯尔,在阿拉伯语中意为"辽阔的国家"。埃及又称为金字塔之国、棉花之国。

资料来源:《中国大百科全书》网络版https://www.zgbk.com。

二、人文概况

(一)人文地理

1. 人口与民族

埃及总人口约1.1亿(截至2022年底)。全国94%的人口集中在尼罗河两岸、苏伊士地峡区和沙漠中的少数绿洲上。主要为阿拉伯人,约占总人口的87%。此外,还有柏柏尔人、科普特人、贝都因人、努比亚人、希腊人等。埃及首都开罗,是阿拉伯和非洲国家人口最多的城市。

2. 语言与宗教

埃及的官方语言是阿拉伯语。由于历史的原因,英语、法语在埃及也被广泛使用。

伊斯兰教是埃及的国教,84%的人口信仰伊斯兰教逊尼派,约16%的人口信仰基督教的科普特正教、科普特天主教和希腊正教等。

视野拓展

埃及的国旗、国徽、国花、国鸟

国旗:呈长方形,长与宽之比为3∶2。自上而下由红、白、黑三个平行相等的横长方形组成,白色部分中间有国徽图案。红色象征革命,白色象征纯洁和光明前途,黑色象征埃及过去的黑暗岁月。

国徽:为一只金色的鹰,称萨拉丁雄鹰。金鹰昂首挺立、舒展双翼,象征胜利、勇敢和忠诚,它是埃及人民不畏烈日风暴、在高空自由飞翔的化身。鹰胸前为盾形的红、白、黑三色国旗图案,底部座基饰带上写着"阿拉伯埃及共和国"。

国花：莲花。

国鸟：雄鹰。

资料来源：张熠，宋朝晖《世界各国国旗国徽国歌》，北京：中国民族摄影艺术出版社，2003。

（二）简史

埃及是个具有悠久历史和文化的古国，和古巴比伦、古印度、古中国并称"四大文明古国"。公元前3100年，美尼斯统一埃及，建立了第一个奴隶制国家。埃及先后经历了早王国、古王国、中王国、新王国和后王朝时期。古王国开始大规模修建金字塔。中王国经济发展、文艺复兴。新王国生产力显著提高，开始对外扩张，成为军事帝国。后王朝时期，内乱频繁，外患不断，国力日衰。公元前525年，埃及被波斯帝国占领。后来，埃及人被马其顿人征服过，还曾沦为罗马帝国的一个行省。公元1世纪，基督教传入埃及。640年左右，阿拉伯人进入埃及，建立了阿拉伯国家。1517年成为奥斯曼帝国的行省，1798—1801年受法国拿破仑统治，1822年成为英国的殖民地，1922年获英承认独立。1952年7月23日，以纳赛尔为首的"自由军官组织"推翻了法鲁克王朝，掌握了国家政权，结束了外国人统治埃及的历史。1953年6月18日，埃及共和国宣布成立，1971年改名为阿拉伯埃及共和国。

（三）政治

埃及原宪法于1971年9月11日经公民投票通过，1980年、2005年和2007年三次修订，2011年穆巴拉克下台后被废止。2012年12月，制宪委员会制定的新宪法明确列出立法、行政、司法三套权力系统，限定总统任期四年，最多可连任一届。

2019年4月，埃及举行全民公投，通过宪法修正案。此次修宪主要内容包括延长总统任期，设立参议院、副总统等。

（四）经济

埃及是非洲第三大经济体，属开放型市场经济，拥有相对完整的工业、农业和服务业体系。工业以纺织、食品加工等轻工业为主，成衣及皮制品、建材、水泥、肥料、制药、陶瓷和家具等发展较快。石油工业发展尤为迅速。2003年，埃及首次在地中海深海发现了原油，在西部沙漠发现了迄今最大的天然气田，并开通了通往约旦的第一条天然气管道。经济以农业为主，农业在国民经济中占有重要地位，农村人口占总人口的55%，农业占国内生产总值的14%。服务业约占国内生产总值的50%。

埃及历史悠久、文化灿烂，名胜古迹很多，具有发展旅游业的良好条件，旅游收入是埃及外汇收入的主要来源之一。石油天然气、旅游、侨汇和苏伊士运河是四大外汇收入来源。

2011年初以来的埃及动荡局势对国民经济造成严重冲击。2014年6月新政府成立后，大力发展经济，改善民生。2022年国民生产总值4752亿美元，人均国内生产总值4563美元。

(五)文化

1. 教育

埃及的教育系统较为完善,全国实行"普及小学义务教育"制度。大、中、小学都免收学费,教育经费主要来源于国家预算和地区提供的资金,国家不仅向公立学校提供经费,也向私立学校发放补助金,政府的投入很大,公共财政对教育的支持力度较大。学校教育分初等教育、预备教育、中等教育、高等教育四个阶段。学生经考试及格才能升级。由全国教育研究中心提供统编教材,盛行职业教育。

埃及有许多著名的高等学府,每年为埃及培养了大量的高级人才。埃及高等学校多数成立于20世纪,最著名的有开罗大学、亚历山大大学、艾因·沙姆斯大学、爱资哈尔大学等。

2. 科学技术

古埃及人为了计算尼罗河水涨落期的需要,创立了人类历史上最早的太阳历。金字塔是古埃及科学技术最高成就的代表作。金字塔、亚历山大灯塔、阿蒙神庙等建筑体现了埃及人高超的建筑技术和数学知识。古埃及人很早就采用了十进制记数法,虽然我们所见的古埃及人的数学文献不多,但是古埃及人的巨大石砌建筑,尤其是金字塔告诉我们,那些石头全部磨成了正方体,几乎没有误差。可见,古埃及的数学知识也达到了相当高的水平。

古埃及千年不腐的"木乃伊"闻名于世。制作木乃伊在古埃及第一王朝之前就开始了。1991年,埃及国家博物馆对古代法老和王后的木乃伊进行研究时,利用探测仪器证明,馆内几具古埃及不同时期、不同地点的木乃伊体内的充填物中均含有放射性物质。由此可以确认,古埃及人早在4000多年前就已经积累了一定的人体解剖学知识,并掌握了一些药物保鲜技术。

当代埃及的科学技术研究领域较广,包括农业科学、计算机应用和网络、物理科学、医学、兽医学等。埃及在一些医学特定领域已经成为非洲大陆的研究中心,并与西欧和北美国家建立了良好的伙伴关系。

3. 文学与艺术

(1) 文学

大约公元前3000年,埃及人发明了象形文字。他们用尼罗河边的芦苇制成的纸草纸和芦管制成的笔书写记事,许多文学作品就是写在纸草纸上保存下来的。古代埃及文学是古埃及文化的重要组成部分,是全人类艺术史上一份宝贵的遗产。

在埃及的古朴时期和古王国时期,就已产生了歌谣、诗歌、故事和箴言等。这个时期流传下来的比较突出的文学遗迹有两类:一类是金字塔祷文,即刻在金字塔墓壁上祈祷法老死后升天获福的诗歌;另一类是大臣墓地上的碑传。中王国时期是古代埃及文学的鼎盛时期,文学和其他艺术门类如建筑、绘画、雕塑一样,有了很大发展。这个时期的文学作品是最精彩的,它在表达、描绘、修辞等方面是后来各个时期文学的典范。新王国时期最突出的文学体裁是写实的旅行记,同时还留下不少对神和对统治者的颂歌。近现代埃及出现了许多世界驰名的文学家、思想家和艺术家。最著名的诗人为哈菲兹·易卜拉欣、艾哈迈德·邵武基、阿拔斯·迈哈穆德·阿卡德；最著名的散文小说家是塔哈·侯赛因；最著名的现实主义小说家为纳吉布·马哈福兹，代表作为开罗三部曲——《宫间街》《思宫街》《甘露街》，他于1988年荣获诺贝尔文学奖，为埃及文学和阿拉伯文学在世界文坛上赢得了一席之地。

（2）建筑

埃及人是虔诚的宗教信徒，法老拥有无上的权威，为显示法老的权威，同时让法老有永远享乐之地，埃及人修建了大量的金字塔（法老的陵墓）、雕刻了无数巨像。最早的金字塔是法老左塞的阶梯金字塔，兴建于公元前2770年左右。到了古王国时期，又演变出方锥形金字塔，最为著名的是胡夫金字塔。金字塔内部有走廊、通气管道以及存放法老木乃伊的石室。金字塔有着惊人的体量感和对称、稳定的外形，足以使站立在它面前的人们感到自己的渺小。

（3）雕塑

古埃及雕塑主要作为建筑附属物存在，其程式在古王国就已经形成，主要表现为：直立姿势，双臂紧靠躯体，正面直对观众；着重刻画人物头部，其他部位刻画得较为简略；面部轮廓写实，表情庄严；根据人物地位的高低确定比例的大小；雕像着色，眼睛中往往镶嵌水晶、石英等物。著名的作品有：《狮身人面像》——埃及最大、最古老的室外雕刻巨像之一，身长约57米，面部长达5米，为法老的面像。《拉霍特普王子与其妻》线条柔和舒展，表现了王子的性格特征以及王子妃的端庄美丽；雕像保持了原来的着色，人物眼珠由黑檀木做成。其他著名的作品还有《门考拉及其妻》《书吏凯伊》《村长像》等。

（4）浮雕、绘画

古埃及绘画具有鲜明的民族特色，绘画与浮雕有着共同的程式：正面律（人物头部以正侧面表现，眼睛、肩为正面，腰部以下为正侧面）；横带状排列结构，以水平线划分画面；根据人物尊卑安排比例大小和构图位置；画面饱满充实，空白处配以象形文字，具有强烈的装饰艺术效果。有固定的色彩程式：男子皮肤为褐色、女子为浅褐色或淡黄色，头发为蓝黑色、眼圈黑色。古王国时期的浮雕代表作是《纳米尔石板》《猎河马》。古王国时期的墓室壁画代表作是《群雁图》。该壁画以写实手法绘制，形象生动，色彩和谐动人。所以说，古埃及的绘画是远古文明的一颗明珠。

三、民俗风情

（一）服饰

埃及的传统服装是阿拉伯大袍。在农村，不论男女仍以穿大袍者为多，城市贫民也有不少是以大袍加身的。很多上了年纪的妇女，都戴着遮面护发的头巾，一般是从头顶一直垂到肩部，把头发、耳朵、脖颈等都遮盖起来。个别人甚至除了两只眼睛，别的都笼罩在面纱下。这种"盖头"多以绸、绒等作布料,颜色因年龄而不同。年长者戴白色的,年轻女子则披戴绿色的。20 世纪 20 年代后期,西方服装逐步进入埃及。当地妇女喜欢戴耳环、手镯等。

(二)饮食习俗

埃及是伊斯兰教国家,以吃清真食品、西餐为主。喜欢吃素菜,爱吃番茄、黄瓜、洋葱、土豆和牛肉、鸡、鸭、蛋类等;喜欢喝酸牛奶、咖啡、果汁。埃及也有很多新鲜水果,如香蕉、桃和西瓜等。在口味上,一般要求清淡、甜、香、不油腻。串烤全羊是他们的待客佳肴。埃及人喜欢吃甜食,正式宴会或富有家庭正餐的最后一道菜都是甜食。埃及人不喜欢吃红烩带汁的菜。

(三)礼貌、礼节

埃及人的交往礼仪既有民族传统的习俗,又通行西方人的做法,一般上层人士更倾向于欧美礼仪。埃及人见面时异常热情,如果是老朋友,特别是久别重逢,则拥抱行贴面礼,即用右手扶住对方的左肩,左手搂抱对方腰部,先左后右,各贴一次或多次,而且还会连珠炮似的发出一串问候语:"你好吧?""你怎么样?""你近来可好?""你身体怎样?"等。

(四)禁忌

埃及人爱绿色、红色、橙色,忌蓝色和黄色,认为蓝色是恶魔,黄色是不幸的象征,遇丧事都穿黄衣服。喜欢莲花图案。禁穿有星星图案的衣服,除了衣服,有星星图案的包装纸也不受欢迎。禁忌猪、狗、猫、熊,一般都很爱仙鹤。3、5、7、9 是人们喜爱的数字,忌讳 13,认为它是消极的。吃饭时,要用右手抓食,不能用左手,无论是送给别人礼物,或是接受别人礼物时,要用双手或者右手,千万别用左手。不要和埃及人谈论宗教纠纷、中东政局及男女关系。

四、旅游业概况

(一)著名旅游城市和景点

1. 开罗

开罗(如图 6-1 所示)位于尼罗河三角洲南端,是非洲第一大城市、埃及首都及最大的城市,也是全国最重要的工商业城市。横跨尼罗河,是整个中东地区的政治、经济和交通中心。开罗也是座古老的城市,被誉为"城市之母",已有 5000 多年的历史。开罗是世界上古迹最多的地方,这里有古埃及的金字塔、狮身人面像,也有基督教和伊斯兰教的古教堂、清真寺、城堡等,是世界闻名的旅游胜地。尼罗河穿过市区,现代文明与古老传统并存:西部以现代化建筑为主,大多建于 20 世纪初,具有当代欧美建筑风格;东部则以古老的阿拉伯建筑为主,有 250 多座清真寺集中于此。城内清真寺的高耸尖塔,随处可见,故开罗又称为"千塔之城"。1979 年,开罗作为文化遗产被联合国教科文组织列入《世界遗产名录》。

图 6-1 开罗

2. 亚历山大市

亚历山大市位于尼罗河三角洲西部,临地中海,是埃及和非洲第二大城市,埃及和东地中海最大的港口,地中海沿岸政治、经济、文化和东西方贸易的中心。亚历山大市也是古代和中世纪名城,公元前 332 年,希腊马其顿国王亚历山大大帝占领埃及后建立此城,并以他的名字命名,定为首都。亚历山大市仍保留着诸多名胜古迹。面对浩瀚的地中海,背倚波光潋滟的迈尔尤特湖,风景秀美,气候宜人,是埃及的夏都和避暑胜地,被誉为"地中海新娘"。因受海洋影响,这里冬无严寒、夏无酷暑。这里大海辽阔、沙滩美丽、阳光充足、空气清新、古迹众多、四季花开、万木常青,是举世闻名的旅游胜地。

3. 金字塔

埃及金字塔(如图 6-2 所示)是古埃及的帝王(法老)陵墓,世界七大奇迹之一。约公元前 3100 年,初步统一的古代埃及国家建立起来。国王自称是神的化身,他们的陵墓金字塔是权力的象征。这些陵墓是用巨大石块修砌成的方锥形建筑,因外形近似汉字"金"字,因此我国称它们为金字塔。金字塔分布在尼罗河两岸,大小不一,迄今埃及已发现金字塔约 110 座,大多建于埃及古王朝时期。迄今巍然屹立在尼罗河畔开罗吉萨的三座宏伟的金字塔和一座狮身人面像约有 4700 年的历史。吉萨金字塔和狮身人面像是人类建筑史上的奇迹,也是埃及人民辛勤劳动和卓越智慧的结晶。

视频:埃及金字塔

图 6-2 金字塔

1979年,孟菲斯(古埃及的第一个首都)及金字塔群作为文化遗产被联合国教科文组织列入《世界遗产名录》。

视野拓展

金字塔

埃及共发现金字塔约110座,最大的是开罗郊区吉萨的三座金字塔。金字塔是古埃及法老为自己修建的陵墓。大金字塔是第四王朝第二个国王胡夫的陵墓,建于公元前2690年左右,在1888年巴黎建起埃菲尔铁塔以前,它一直是世界上最高的建筑物。原高146.5米,因年久风化,顶端剥落10米,现高136.5米;底座每边长230多米,三角面斜度52度,塔底面积5.29万平方米;塔身由230万块石头砌成,每块石头平均重2.5吨。据说,10万人用了20年的时间才得以建成。该金字塔内部的通道对外开放,通道设计精巧,计算精密,令人赞叹。

第二座金字塔是胡夫的儿子哈夫拉国王的陵墓,建于公元前2650年,比前者低3米,但建筑形式更加完美壮观,塔前建有庙宇等附属建筑和著名的狮身人面像。

狮身人面像的面部参照哈夫拉,身体为狮子,高22米,长57米,雕像的一个耳朵就有2米高。整个雕像除狮爪外,全部由一块天然岩石雕成。由于石质疏松,且经历了4000多年的岁月,整个雕像风化严重。另外,面部严重破损,有人说是马穆鲁克把它当作靶子练习射击所致,也有人说是18世纪拿破仑入侵埃及时炮击留下的痕迹。

第三座金字塔属胡夫的孙子门卡乌拉国王,建于公元前2600年左右。当时正是第四王朝衰落时期,金字塔的建筑也开始衰落。门卡乌拉金字塔的高度突然降低到66米,内部结构混乱。

资料来源:《中国大百科全书》网络版https://www.zgbk.com。

4. 苏伊士运河

苏伊士运河位于埃及境内，总长190.25千米，是连通欧亚非三大洲的主要国际海运航道。运河连接红海与地中海，使大西洋、地中海与印度洋联结起来，大大缩短了东西方航程。它是一条在国际航运中具有重要战略意义的国际海运航道，每年承担着全世界14%的海运贸易。苏伊士运河是埃及经济的"生命线"和"摇钱树"，过往船只通行费，多年来一直与侨汇、旅游、石油一道成为埃及外汇收入的四大支柱。

5. 阿斯旺

阿斯旺为埃及南方重镇，著名旅游城市，历史上曾是庞大的商旅集散中心，现为省行政和商业中心。阿斯旺傍尼罗河而建，宽阔的滨河路上，政府办公大楼、宾馆、饭店鳞次栉比，老城区狭窄街巷纵横交错，店铺林立，人声嘈杂，阿拉伯市场独具特色。为冬季疗养和游览胜地，有许多古迹和博物馆、植物园等名胜，还有阿斯旺大坝等现代工程。

视野拓展

阿斯旺大坝

阿斯旺大坝位于阿斯旺城南，为世界七大水坝之一，是一项灌溉、航运、发电的综合利用工程。其低坝建于1912年，坝高53米，长2152米；高坝建成于1971年，坝高111米，长3830米，顶宽40米。呈弧形横跨于尼罗河上，雄伟壮观。大坝横截尼罗河水，控制了洪水，从根本上消除了河水泛滥和干旱，保证了尼罗河下游的农作物收成。由于修建大坝而形成的拥有1640亿立方米蓄水量的纳赛尔湖，为群山环抱，碧波万顷，是水上游览胜地。

尼罗河

尼罗河发源于埃塞俄比亚高原，纵贯非洲大陆东北部，流经布隆迪、卢旺达、坦桑尼亚、乌干达、刚果民主共和国、苏丹和埃及等国，跨越世界上面积最大的撒哈拉沙漠，最后注入地中海，全长约6670千米，是非洲第一大河，也是世界第一长河。

贯穿埃及全境的尼罗河长达1530千米，灌溉着240万公顷的土地。在沙漠占国土面积达96%的埃及，尼罗河就意味着生命：仅占国土面积4%的尼罗河谷和三角洲，聚集着96%的埃及人。尼罗河两岸，星罗棋布着绿油油的麦田和棉田、齐刷刷的柑橘林和香蕉林、青纱帐似的甘蔗田和玉米地。

尼罗河谷和三角洲是埃及文化的摇篮，也是世界文化的发祥地之一。阿斯旺以北是传统的旅游胜地，既有游艇也有传统的木帆船。此外，还有许多旅馆式的游船，其中仿法老时期船只修造的又名法老船。夜晚泛舟河上，可游览两岸旖旎风光，又可观赏船上著名的东方舞表演。

资料来源：《中国大百科全书》网络版https://www.zgbk.com。

（二）旅游小常识

1. 货币知识

埃及的法定货币为埃及镑（Egyptian Pound），标准货币符号为EGP。辅币为皮阿斯特（Piastres），1埃及镑等于100皮阿斯特。硬币有1、5、10皮阿斯特，纸币有5、10、25、50皮阿斯特及1、5、10、20、50、100埃及镑。

汇率：100埃及镑约合人民币23.26元（2023年7月）。

2. 最佳旅游季节

埃及的最佳旅游时节是每年的10月至次年2月，此时也是埃及旅游的旺季。这一时期，埃及不太炎热，可以轻松上路。4~10月是夏季，平均温度高达45℃，白天很不适合出行旅游观光，出行的时间只能选择早晨或者夜晚。3~5月最不适合旅游，这段时间刮沙尘暴，而且持续时间较长，机场也会关闭。

第二节 南非

一、自然概况

南非位于非洲大陆最南部，北邻纳米比亚、博茨瓦纳、津巴布韦、莫桑比克和斯威士兰，中部环抱莱索托。东、南、西三面为印度洋和大西洋所环抱，地处两大洋间的航运要冲，地理位置十分重要。其西南端的好望角航线，历来是世界上最繁忙的海上通道之一，有"西方海上生命线"之称。

面积约为122万平方千米。全境大部分为海拔600米以上高原。德拉肯斯山脉绵亘东南，香槟堡山海拔3375米，为全国最高峰；西北部为沙漠，是卡拉哈迪盆地的一部分；北部、中部和西南部为高原；沿海是狭窄平原。奥兰治河和林波波河为两大主要河流。

南非大部分地区属热带草原气候，东部沿海为亚热带湿润气候，南部沿海为地中海式气候，西部沿海为热带沙漠气候。12月至次年1月为夏季，最高气温可达38℃；6~8月是冬季，最低气温为-12℃。全年降水量由东部的1000毫米逐渐减少到西部的60毫米。行政首都比勒陀利亚年平均气温17℃。

 特别提示

南非地处南半球，有"彩虹之国"之美誉。南非拥有三个首都：行政首都（中央政府所在地）为比勒陀利亚，司法首都（最高法院所在地）为布隆方丹，立法首都（议会所在地）为开普敦。

资料来源：《中国大百科全书》网络版https://www.zgbk.com。

二、人文概况

（一）人文地理

1. 人口与民族

南非全国总人口 5989 万（2022 年底）。分黑人、有色人、白人和亚裔四大种族，分别占总人口的 80.8%、8.8%、7.8% 和 2.6%。黑人主要有祖鲁、科萨、斯威士、茨瓦纳、北索托、南索托、聪加、文达、恩德贝莱 9 个部族，主要使用班图语。白人主要是荷兰血统的阿非利卡人（曾自称布尔人，约占 57%）和英国血统的白人（约占 39%）。有色人是殖民时期白人、土著人和奴隶的混血人后裔，主要使用阿非利卡语。亚裔人主要是印度人（占绝大多数）和华人。

2. 语言与宗教

南非的官方语言有 11 种，通用英语和阿非利卡语。根据人口统计调查，南非的五大语言排名如下：祖鲁语（30%）、科萨语（18%）、阿非利卡语（14%）、斯佩迪语（9%）、英语（9%）。

南非约 80% 的人口信仰基督教，其余的信仰原始宗教、伊斯兰教、印度教等。

视野拓展

南非的国旗、国徽、国歌、国花、国石

国旗：呈长方形，长与宽之比为 3∶2。由红、绿、蓝、白、黑、黄六种颜色的几何图案构成，呈Y形。旗面上区为红，下区为蓝，各占旗宽的 1/3。旗面中央是一横Y形三色条，占旗宽的 1/3。用来区隔红区、蓝区和连接旗杆罩布处的为黑色三角形。三色条的中间色为绿色，占旗宽的 1/5。绿色的两侧各有金色和白色，各占旗宽的 1/15。象征种族和解、民族团结。

国徽：启用于 2000 年 4 月 27 日。中心图案为绘有两个互相问候的人的盾徽，外面以象牙、麦穗装饰。盾上方绘有矛和棒、鹭鹰、帝王花及升起的太阳。太阳象征光明的前程；展翅的鹭鹰是上帝的代表，象征防卫的力量；万花筒般的图案象征美丽的国土、非洲的复兴以及力量的集合；取代鹭鹰双脚平放的长矛与圆头棒象征和平以及国防和主权；鼓状的盾徽象征富足和防卫精神；盾上取自闻名的石刻艺术的人物图案象征团结；麦穗象征富饶、成长、发展的潜力、人民的温饱以及农业特征；象牙象征智慧、力量、温和与永恒；两侧象牙之间的文字是"多元民族团结"。

国歌：《南非的呐喊》。

国花：帝王花。

国石：钻石。

资料来源：张熠，宋朝晖《世界各国国旗国徽国歌》，北京：中国民族摄影艺术出版社，2003。

(二) 简史

南非历史上最早的原住民是桑人、科伊人及后来南迁的班图人。17世纪后,荷兰人、英国人相继入侵并不断地向内地迁徙,并于19世纪中叶先后建立了"奥兰治自由邦"和"德兰士瓦共和国"。19世纪后期,南非发现钻石和黄金后,大批欧洲移民蜂拥而至。1899—1902年的英布战争后,英国人吞并了奥兰治自由邦和德兰士瓦共和国。

1910年5月,英国将开普省、德兰士瓦省、纳塔尔省和奥兰治自由邦合并成南非联邦,成为英国的自治领地。1961年5月31日,南非退出英联邦(1994年重新加入),成立南非共和国。曾长期实行种族歧视和种族隔离政策。

1994年4月,南非首次举行不分种族大选,曼德拉当选南非首任黑人总统,标志着种族隔离制度的结束和民主、平等新南非的诞生。1994年6月23日,联合国大会通过决议恢复南非在联大的席位。1996年12月,南非总统曼德拉签署新宪法,为今后建立种族平等的新型国家体制奠定了法律基础。

(三) 政治

根据新宪法,政府分为中央、省和地方三级,实行总统内阁制。总统是国家元首和政府首脑,由国民议会选举产生,总统任期不得超过两任。内阁首相兼任副总统,由总统任命国民议会多数党领袖产生,对总统负责;其他不超过27名部长亦由总统任命。新宪法规定,不分种族、性别、宗教,法律面前人人平等。司法机构由宪法法院、最高法院、高级法院、地方法院及国家检察总局和各级检察机关组成。宪法法院为解释宪法的最高司法机构;最高法院为除宪法事务外的最高司法机构;国家检察总局向司法部长负责,检察机关对应每个高等法院设置;各级检察机关向各级法院提起公诉。立法机构由国民议会和地方议院组成,议会为两院制,由国民议会和全国省级事务委员会组成。在议会中拥有至少80席的政党有权提名一名副总统。南非司法体系基本分为法院、刑事司法和检察机关三大系统。南非实行多党制,国民议会现有13个政党。

(四) 经济

南非属于中等收入的发展中国家,是非洲经济最发达的国家。金融、法律体系比较完善,通信、交通、能源等基础设施良好。矿业、制造业、农业和服务业是经济四大支柱,深井采矿等技术居于世界领先地位。制造业门类齐全,技术先进。钢铁工业为南非制造业的支柱,拥有六大钢铁联合公司、130多家钢铁企业。矿业历史悠久,具有完备的现代矿业体系和先进的开采冶炼技术。电力工业较发达,发电量占全非洲的2/3,为世界上电费最低的国家之一。南非德比尔斯公司是世界上最大的钻石生产和销售公司,控制着世界粗钻石贸易的60%。农业较发达,葡萄酒等农副产品在国际上享有较高声誉。旅游业发展迅速,是南非第三大外汇收入和就业部门。

南非自然资源丰富,是世界五大矿产国之一。现已探明储量并开采的矿产有70余种。铂族金属、氟石、铬的储量居世界第一位,黄金、钒、锰、锆居第二位,钛居第四位,磷酸盐矿、铀、铅、锑居第五位,煤、锌居第八位,铜居第九位。南非是世界上重要的黄金、铂族金属和铬生产国和出口国。

(五) 文化

1. 教育

南非教育资源分布不平衡，全国大部分教育资源集中在西开普省和豪滕省等经济较为发达的地区，而东开普省等地区及农村地区教育力量依然十分薄弱。

南非政府的教育原则是：公民不分种族均享有平等接受教育和培训的权利和义务，没有种族和性别歧视的教育体制，保护语言、文化和宗教的多样性，保护学术自由，教育拨款平等。1995年1月，南非正式实施7~16岁儿童免费义务教育，并废除了种族隔离时代的教科书。政府不断加大对教育的投入，着力对教学课程设置、教育资金筹措体系和高等教育体制进行改革。1997年7月，教育部发表高等教育白皮书，确定高等教育改革措施。主要目的是消除种族隔离制度，实现人人享受高等教育的平等权利，并对招收黑人学生的学校给予政策及资金上的倾斜。南非的每个省都有公立高等教育机构，著名的大学有：金山大学、比勒陀利亚大学、南非大学、开普敦大学、斯坦陵布什大学、约翰内斯堡大学等。

为体现种族平等，南非有11种官方语言；然而，多种官方语言的存在成为南非普及教育的一大障碍。为解决这一问题，2011年起推行教育制度改革，南非将在小学教育的前3年普及英语教育。

2. 科学技术

南非科技体系较健全，政府29个部中有14个与科技有关。主要由高等教育机构（23家）、科学理事会（8家）、其他科技工程研究机构与政府有关部门（35家）、商业研究机构（45家）和研究性质的非政府组织（约80多家）等构成。其中，前三类主要由政府资助。有8家国家级科研机构，从事具体的研究开发工作，除了担任国家的科研项目和定向任务外，还为工商企业的课题服务。

南非矿业发达，采矿机械、选矿设备、矿井通信技术、矿品冶炼和加工技术都居世界先进行列。金矿开采深度超过4000米，拥有超深开采和矿井微波通信技术。农业生物技术应用广泛，开发了世界上第一个家禽动物血清诊断包。医学科研能力很强，拥有先进的科研设备，世界上第一例人类心脏移植手术于1964年在开普敦医院取得成功。开普敦大学设计了脑瘤及血管损伤生物立体定位仪，可准确确定脑部病灶，为外科和放射治疗提供了有力武器。1992年研制并发射了历史上第一颗由非洲人自己研制的卫星。2005年11月建成并投入使用的天文望远镜SALT是南半球最大的单一光学望远镜。南非政府十分重视开展国际科技的合作，为建立一个效能更高的创新体系并确保能更好地协调和监管研发活动，南非政府组织了科学研究理事会和其他国立实验室的管理体系，以多种方式实践其发展科学技术的承诺。

3. 文学与艺术

（1）绘画、雕塑

享有"彩虹之国"美誉的南非，有着丰富多彩的文化历史传统。南非土著居民具有历史悠久的传统绘画与雕刻艺术。其中,最著名的布什曼人的洞穴壁画雕刻是人类原始艺术的瑰宝,也是南非现代艺术的组成部分,记录了从远古的狩猎时代到现代的原始部落的非洲黑人的生存状况。南非绘画流派由西方各国不同流派组成,画家多受其母国绘画传统的影响。20世纪30年代以自然主义、现实主义流派为主,以后又出现许多新的流派风格。第二次世界大战后,城市黑人画家出现,他们更擅长以炭画来表达自己的思想和表现本民族的风土人情。非洲艺术家们最富成就的艺术表现手段是雕塑,雕塑形式分为建筑雕塑和环境雕塑。他们大多受到南非白人雕塑家的影响,汲取了西方雕塑的精华,一般选用青铜、木材、陶瓷等材料工作。

(2)音乐、舞蹈

除了绘画和雕塑,南非人也同样擅长音乐和舞蹈。有着浓厚本土气息的爵士乐、摇滚乐、民间音乐和传统音乐,在糅入其他文化元素后,绽放出夺目的光彩。南非爵士乐遵循传统爵士乐的规则,与非洲音乐的节奏和风格融合后形成,动听易记,极富个性,适合舞蹈,成为大多数南非人的最爱;古典音乐依然呈现着勃勃生机,传统的以吉他伴奏的老欧洲民歌在融入当地传统音乐元素后欣欣向荣;约翰尼·克莱格(1953—2019)将南非著名部族祖鲁族的传统歌舞注入欧洲风格,创建Juluka乐队,展示了欧洲和非洲两种文化的共同繁荣;丰富多彩的阿非利卡音乐,使来自欧洲、美洲、大洋洲的人都能从这种音乐形式中找到一种熟悉的感觉,它因而成为南非的国际音乐。南非是一个充满音乐和舞蹈的艺术国度,古典欧洲音乐、歌剧、芭蕾、非洲土著歌舞、现代爵士、摇滚等,在这里都可以找得到。

三、民俗风情

(一)服饰

南非是一个多民族的国家,这里的每一个民族都有自己特有的服饰。随着全世界的不断同化,南非的民族服饰已经不再常见。在日常生活中,南非人大多爱穿休闲装。白衬衣、牛仔装、西式短裤,均受南非人的欢迎。部分男女老幼,往往对色彩鲜艳者更为偏爱,他们尤其爱穿花衬衣。在城市之中,南非人的穿着打扮基本西化了,大凡正式一些的场合,他们都讲究着装端庄、严谨。因此,与南非人进行官方交往或商务交往时,最好要穿样式保守、色彩偏深的套装或裙装,不然就会被对方视作失礼。

(二)饮食

南非融合了欧亚等各洲的饮食特点,形成了有着自己独特风格的南非饮食文化。南非人喜欢肉类食品,而且做法多种多样,如烤、蒸、煮……牛肉沙律是最负盛名的特色食品之一;善于制作有独特风味的甜品,如味道浓郁的咖喱汁、麻花糖、布丁、奶酪、汤圆等。南非当地白人平日以吃西餐为主,经常吃牛肉、鸡肉、鸡蛋和面包,爱喝咖啡与红茶;南非黑人喜欢吃牛肉、羊肉,主食是玉米、薯类、豆类。南非著名的饮料是如宝茶。到南非黑人家做客,主人一般送上刚挤出的牛奶或羊奶,有时是自制的啤酒;客人一定要多喝,最好一饮而尽。

非洲动物种类繁多,为南非人提供了丰富多彩的肉类食品,如非洲野猪、鳄鱼、牛、山羊、捻羚、黑斑羚、鸵鸟、珍珠鸡等。南非三面临海,海鲜品种繁多,如贻贝、牡蛎、鲍鱼、螃蟹和小龙虾等。南非是葡萄盛产地,葡萄干也理所应当地上了人们的餐桌,葡萄酒更是寻常百姓家餐桌上的日常饮品。

(三) 礼貌、礼节

由于长久以来的种族原因,南非礼仪可以概括为"黑白分明""英式为主"。所谓"黑白分明",是指受到种族、宗教、习俗的制约,南非的黑人和白人所遵从的商务礼仪不同;英式为主,是指在很长的一段历史时期内,白人掌握南非政权,白人的商务礼仪特别是英国式社交礼仪广泛地流行于南非社会。

南非普遍的见面礼节是握手礼,称呼主要是"先生""小姐""夫人"。在黑人部族中,尤其是广大农村,南非黑人往往会表现出与社会主流不同的风格。比如,他们习惯以鸵鸟毛或孔雀毛赠予贵宾,客人此刻得体的做法是将这些珍贵的羽毛插在自己的帽子上或头发上。在社交场合,拜访须预约,须着保守式样的西装;南非商人十分保守,交易方式力求正式。许多生意在私人俱乐部或对方家中做成。说话要大胆直率,兜圈子常不被人理解。

南非黑人对自己的传统情有独钟。有些黑人行拥抱礼,有些行亲吻礼,有些则行独特的握手礼,即先用自己的左手握住自己的右手腕,再用右手去与人握手。如果是特别亲热者,则先握一下对方的手掌,然后再握对方的拇指,最后紧紧握一下对方的手。女子相见,双膝微屈,行屈膝礼。农村妇女相遇,一边围着对方转,一边发出有节奏的尖叫声。男子对女子,一律要尊称"妈妈"。送客时往往列队相送,载歌载舞,欢呼狂啸。黑人的姓名大多已经西方化,但仍喜欢在姓氏之后加上相应的辈分,如称其为"乔治爷爷""海伦大婶",往往令其喜笑颜开。绝对不要直呼黑人为"Black People",而应称为"Africa People"。

(四) 禁忌

信仰基督教的南非人,和西方人一样忌讳数字 13 和星期五。南非黑人非常敬仰自己的祖先,他们特别忌讳外人对自己的祖先言行失敬。跟南非人交谈时,要注意不要评论不同黑人部族或派别之间的关系及矛盾、不要为白人评功摆好、不要非议黑人的古老习惯、不要为对方生了男孩表示祝贺。

非洲人普遍认为,相机对准某物,拍下镜头,某物的"精气"就给吸收殆尽,所以人、房屋、家畜一律不准拍摄。如想拍摄,之前最好向对方先打个招呼,获得同意之后再行动,以免被投石、被吊或挨一顿揍。

在南非、埃塞俄比亚等非洲国家还有个迷信,那就是:有人瞪看你时,被瞪看的人不是灾祸必至,就是死神要找上他。在这些国家,跟当地人交谈或碰面的时候,不能目不转睛地瞪着对方,这么做,对方一定会不悦的。

四、旅游业概况

（一）著名旅游城市和景点

1. 开普敦

开普敦位于非洲大陆南端的海岸线上，为南非立法首都、第二大城市，是南非金融和工商业的重要中心，交通发达，为天然良港。南非国会及很多政府部门亦在该市。开普敦是欧裔白人在南非建立的第一座城市，这座有 300 多年历史的母城历经荷、英、德、法等欧洲诸国的统治及殖民，虽然地处非洲，却充满多元欧洲殖民地文化色彩。开普敦以其美丽的自然景观及码头闻名，知名的地标有被誉为"上帝的餐桌"的桌山，以及印度洋和大西洋的交汇点好望角。因其美丽的自然及地理环境，开普敦被称为世界最美丽的城市之一，亦成为南非的旅游胜地。

开普敦气候温暖，风景秀丽，资源丰富。开普敦的农业、渔业以及石油化工业非常发达，是上等水果的盛产地，如苹果、葡萄、橘子等，以葡萄的种植技术最为闻名。开普敦亦是野生动物的聚居地，有鸵鸟、企鹅、海狗、海豹、鲸鱼以及海豚等，并设有企鹅保护区，还有盛产海豹的德克岛。开普敦集欧洲和非洲人文、自然景观特色于一身，因此为世界最美丽的都市之一，也是南非最受欢迎的观光都市，特别是每年的 10 月至次年 3 月的春夏季更是旅游高峰期。

位于开普敦附近的开普植物保护区，虽然面积小，却拥有最丰富的物种多样性，因此于 2004 年作为自然遗产被联合国教科文组织列入《世界遗产名录》。

视野拓展

桌 山

桌山（如图 6-3 所示）是对位于开普敦城区西部一组群山的总称，狮子头、信号山、魔鬼峰等，千姿百态，气势磅礴，郁郁葱葱。桌山主峰海拔 1082 米，山顶平面长 1500 多米，宽 200 多米，开阔平展恰似一个巨大的桌面，故被当地人称为"上帝的餐桌"。桌山山顶植被繁茂，怪石林立，形状各异，有的像挺胸的巨人，有的像翩翩起舞的仙女，有的像刺向青天的宝剑……这些大自然的天成杰作构成了一座天然博物馆。由于地处两大洋交汇的特殊地理位置，加上地中海的奇特气候环境，山顶终年云雾缭绕，就像厚厚的丝绒桌布将桌山自半山腰齐刷刷地覆盖起来，蔚为壮观。

2012 年 5 月，国际范围内专门从事历史遗迹保存、修复和促进工作的非营利国际文化保护组织"新七大奇迹基金会"，正式确认桌山为"新自然奇迹"。

图 6-3 桌山

好望角自然保护区

好望角（如图 6-4 所示）位于大西洋和印度洋的汇合处，即南非南部。"好望角"的意思是"美好希望的海角"，但最初却称"风暴角"。这里是印度洋温暖的莫桑比克厄加勒斯洋流和来自南极洲水域的寒冷的本格拉洋流的汇合处。

好望角自然保护区位于开普半岛南端，始建于1939年，占地7750公顷，海岸线绵延40多千米，有100多处海滩，被誉为世界上最美丽的景点之一。由西向东分成三个部分，即好望角、麦克莱尔角和开普角。其中，开普角海拔238米，像一把利剑插入海中，崖顶有始建于1857年的灯塔，登临远眺，海天一色，浩渺无际，景色壮观。好望城是南非最古老的欧式建筑。保护区内空气清新，一片葱绿，植物有1200余种，动物有狒狒、开普斑马、开普狐狸、羚羊等，鸟类有鸵鸟、太阳鸟、黑鹰、信天翁、鸬鹚等250余种。

图 6-4 好望角

资料来源：《中国大百科全书》网络版 https://www.zgbk.com。

2. 比勒陀利亚

比勒陀利亚是南非的政治决策中心兼行政首都，位于东北部高原上的马加利山麓谷地，海拔 1378 米。市区跨林波波河支流阿皮斯河两岸，由 12 座桥梁连接，面积 592 平方千米。建于 1855 年，以布尔人领袖比勒陀利乌斯名字命名，其子马尔锡劳斯是比勒陀利亚城的创建者。

比勒陀利亚是南非最大的文化中心。有 1873 年创立的南非大学、比勒陀利亚大学、工学院、师范学院等多所高等学校，还有南非最大的研究机构科学与工业研究院和著名的兽医及燃料、林业等研究所。市内多博物馆、纪念馆和纪念碑、塑像等，还有天文台、国家动物园和 3 处市立自然保护区。比勒陀利亚为矿业城市，近郊为金刚石、白金、黄金、锡、铁、铬、煤等矿的开采中心。

比勒陀利亚完全是一座欧化的城市，风光秀美，花木繁盛，有"花园城"之称；街道两旁种植紫葳，又称"紫葳城"。每年 10~11 月鲜花盛开时，全城弥漫着幽雅的清香，处处是艳丽的紫色花海，美丽的景色令人陶醉，全城为此要举行长达一周的庆祝活动。

视野拓展

国家动物园

位于南非行政首都比勒陀利亚市内的南非国家动物园，是一个国际知名的野生动物园，隶属于南非国家科学技术文化部的国家研究基金会。始建于 1899 年，1916 年升格为国家动物园。占地面积 85 公顷，是世界最大的动物园之一。南非国家动物园一半建在平地上，另一半则位于山坡上，一条名为猿猴河的小河从动物园中间静静地流过，为动物园中两个不同地形的天然分界线。动物园内设有水族馆、爬行动物园、灵长类动物园、鸟类饲养区、肉食动物区、专门的狮山等不同区域，共有 3500 种以上的动物。园内设有两家饭店为游客提供餐饮服务，在猿猴河畔还有专门野炊的地方。

资料来源：《中国大百科全书》网络版 https://www.zgbk.com。

3. 布隆方丹

布隆方丹是南非的司法首都、自由邦省首府，位于中部高原，为全国的地理中心。四周有小丘环绕，夏热，冬寒。它最初为一堡垒，1846 年正式建城。现为重要的交通枢纽。布隆方丹一词，原意为"花之根源"。这座城市有许多公园，特别是占地 120 公顷、位于市中心的国王公园，种植着超过 4000 丛玫瑰花，这里每年都会举办盛大的玫瑰节活动，所以布隆方丹也有"玫瑰之城"的美誉。在军舰山公园里，游人可以饱览整个城市的优美风景。布隆方丹动物园则是一座世界级的动物园，建于 1906 年，以各种灵长类动物闻名。著名的斯瓦特总统公园和洛根湖滨水区也是非常受游客欢迎的景点。这里天气晴朗，为观测天文提供优越条件，美国密执安大学在城郊的纳瓦尔山上建有拉蒙特-胡塞天文台；哈佛大学也曾在城东 24 千米的马泽尔斯普特建有波伊登观测站。附近的富兰克林野生动物保护地，是南非的旅游胜地之一。如今的布隆方丹是南非白人最集中的城市，因犯罪率低和能为人们提供优质生活而被誉为南非最适合居住的城市。

4. 约翰内斯堡

约翰内斯堡位于东北部法尔河上游，是南非最大的城市和经济中心，也是南部非洲第一大城市，更是世界上最大的产金中心。面积约269平方千米。始建于1886年，原是一个探矿站，随金矿的发现和开采发展为城市，素有"黄金之城"的美誉。约翰内斯堡矿物丰富，金、铂、锑、金刚石、石棉的产量和铀、锰、铬、萤石的储量均居世界前列，还有煤、铁、铜、铝、锌等，采矿业是国民收入的主要支柱。许多大公司和银行总部设立在此。东北24千米处的斯穆茨有国际航空站。

市内有博物馆和教堂等建筑。公园和草地占城市面积1/10左右。著名的朱伯特公园在城中心的高地上，内有美术馆。此外，还有密尔勒公园、唐纳德·麦凯公园、埃利斯公园等，市东北郊有开普敦公园。建于1904年的约翰内斯堡动物园，是世界十大动物园之一，园中拥有超过3000种的哺乳动物、鸟类和爬虫等。北郊有占地43英亩的植物园和占地26英亩的梅尔罗斯鸟类保护区。

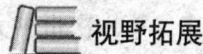
视野拓展

黄金城

黄金城在约翰内斯堡南部，是在金矿旧址上建立的主题公园，也是约翰内斯堡最出名的旅游点。园内逼真地重现了18世纪后期至19世纪初期淘金热潮时黄金城的建筑，有反映当时繁荣的银行、邮局、警察局、餐厅、酒吧等。乘着喷着蒸汽缓缓行进的老式火车，游览着这些古老建筑，仿佛回到了18世纪。黄金城的矿井曾挖到地下3200米深处，现在游客最多可下到地下220米处参观当时开采黄金的实际作业状况，还可以参观黄金的实际熔解和浇铸金币的过程，体验谱写"黄金之城"传奇的奇妙感受。

克鲁格国家公园

克鲁格国家公园（如图6-5所示）从莫桑比克国境向南总面积达2万平方千米，是南非规模最大的动物自然公园。公园内的野生动物哺乳类137种、鱼类49种、爬行类112种、鸟类超过439种，特别是鹿科的高角羚，数量超过14.5万头，在非洲数量最多。其他还有野牛2万头、斑马2万头、非洲象6000头、非洲狮1200头，豹、长颈鹿、犀牛、鳄鱼、河马、鸵鸟等在这里也有栖息。在这里可以步行、乘敞篷越野车或自驾车一睹大象、狮子、豹子、犀牛和非洲大水牛的风采，体味在非洲原野中，一边品酒、一边观赏野生动物的乐趣。

图6-5 克鲁格国家公园

资料来源：《中国大百科全书》网络版https://www.zgbk.com。

5. 德班

德班是位于南非东部的夸祖鲁-纳塔尔省的一座港口城市，是非洲最繁忙的港口，也是通往非洲大陆和印度洋其他国家的大门。建于1835年，1935年设市。第一次世界大战后，从维多利亚式城镇发展为现代化大都市。德班被称作"非洲最佳管理城市"，是国际性会议和非洲重要会议的理想举办地。因其温暖的副热带气候和海滨风光，已成为一个著名的旅游胜地。这里有四季如春的气候，草木茂盛、阳光充足，是理想的户外运动场所，是潜水、冲浪、橄榄球、板球、高尔夫球、保龄球等运动爱好者及钓鱼爱好者的天堂。

为了使德班发展成为著名的旅游和国际会议中心，德班与一些私企合作开展了三项巨大工程：国际会议中心、阳光海岸娱乐休闲世界、乌沙卡海上公园。这三项工程构成了德班的金三角。以装饰派艺术为主题的阳光海岸娱乐休闲世界是促成德班复兴的重要工程，现已成为"金色里程街"的主要建筑。阳光海岸娱乐休闲世界为游客提供赌博、购物、休闲等一系列的娱乐活动。

德班市属亚热带海洋性气候，气候宜人，植物生长茂盛，四季花果不断。全年气温多在14℃~23℃，冬季气温很少低于18℃的时候，夏季最高气温可达33℃。最佳旅游季节为春秋两季。德班主要旅游景点：水世界、趣味世界（有碰碰车、环形道）、泛舟池、迷你城、费兹蒙蛇公园、安斯泰海滩、布莱顿海滩等。

（二）旅游小常识

1. 货币知识

南非货币即南非兰特（South African Rand），由南非储备银行（中央银行）于1961年2月正式发行。2012年11月6日，南非政府发行的印有第一位民选总统曼德拉头像的纸币开始正式流通。新纸币正面印有曼德拉头像，背面印有非洲著名的五大动物（狮、豹、象、犀牛和野牛）的形象。

目前流通的纸币有 10、20、50、100、200 兰特，铸币有 1、2、5、10、20、50 分和 1、2 兰特。1 兰特等于 100 分（Cents）。

汇率：100 南非兰特约合人民币 40.07 元（2023 年 7 月）。

2. 最佳旅游季节

南部的东开普省、西开普省为地中海式气候，冬季温暖潮湿，夏季干燥炎热，是全球气候最舒适宜人的地区之一。北部内陆省份冬季干燥，夏季多雨，全年气温较高，但昼夜温差很大。9~11 月是南非的春季，是最适合旅游的季节——这时全国普遍天气情况良好，气温适宜，也是观察各种野生动物的好季节。

3. 小贴士

在南非旅行，大部分时间为户外活动，防晒霜必不可少。

本章关键词

埃及　南非　地理概况　简史　政治经济　文化　民俗风情
著名旅游城市和景点

专题活动

1. 班级分小组简介埃及的著名旅游城市和景点，最后通过小组自评、小组间互评、老师点评的方式选出讲解最佳小组。

2. 假设有南非旅游团来到你所在的城市，在接待过程中如何安排能让游客更满意呢？请班级分小组讨论，制定相应的接待方案并展示，最终通过小组自评、小组间互评和老师点评的方式总结如何根据游客的特点，来制订最合适的接待计划。

课后练习

1. 根据中国游客去非洲旅游的现状，设计几条非洲游的旅游线路。
2. 综观埃及的人文旅游资源，设计一条埃及 8 日文化之旅的旅游线路。

学习效果评价表

序号	任务内容	任务要求	等级	待改进技能	备注
1	各国的自然概况	辨认各客源国地图			
		讲解各客源国面积、地貌、气候			
2	各国的人文概况	辨认各客源国国旗和国徽			
		介绍各客源国简史			
		对比分析各客源国政治和经济的不同之处			
		总结各国文化精髓			

续表

序号	任务内容	任务要求	等级	待改进技能	备注
3	各国的民俗风情	分角色扮演，演示各国礼仪			
		列表分析各国禁忌			
4	各国的主要旅游资源	选择任一国，根据自己搜索的旅游景点资料制作成PPT，进行现场景点讲解			
5	对比分析埃及与中国两个文明古国的文化	整理出两个文明古国的文化传承线和联结点			

第七章　中国港澳台地区

本章在线习题

本章概览

港澳台地区是对我国香港特别行政区、澳门特别行政区和台湾省的统称。香港、澳门、台湾是我国领土不可分割的部分。一直以来，它们都是我国最重要的入境旅游客源市场。在旅游业的竞争越来越白热化的今天，如何继续抓住这一片客源市场是我们旅游从业者应该认真思考的问题。

学习目标

1. 了解香港、澳门、台湾的地理环境、历史、政治、经济、文化；
2. 熟悉香港、澳门、台湾的民俗风情及旅游景点；
3. 熟悉"一国两制"制度体系。

第一节　香港

一、自然概况

香港特别行政区简称"港"，地处南海之滨、珠江口东侧；北邻广东深圳市，距广州约140千米；西面与澳门隔海相对，距离仅为61千米。香港由香港岛、新界、九龙、大屿山及其他大小岛屿（离岛）组成，香港岛及九龙半岛是香港的政治、经济、文化及交通中心。香港有"东方之珠"的美誉。陆地总面积约1106.66平方千米。

九龙半岛与香港岛之间的维多利亚港，是世界三大天然良港之一。香港最初就是从维多利亚港两岸的平地开始发展的，该地区至今仍然是香港经济的命脉之所在。

香港属亚热带季风气候，全年气温较高，年平均温度为22.8℃。夏天炎热且潮湿，温度为26℃~30℃；冬天凉爽而干燥，但很少会降至5℃以下。香港平均全年降雨量为2214.3毫米，雨量最多的月份是8月，雨量最少的月份是1月。7~9月是香港台风较多的季节。

香港自然资源匮乏，最宝贵的天然资源是来自南海的海洋资源。香港食用淡水的60%以上依靠广东省供给。香港邻近大陆架，洋面广阔，岛屿众多，有得天独厚的渔业生产条件。香港有超过 150 种具有商业价值的海鱼，主要是红衫、九棍、大眼鱼、黄花鱼、黄肚和鱿鱼等。

二、人文概况

（一）人文地理

1. 人口与民族

截至 2022 年末，香港的人口总数为 733.32 万。人口以华人为主，占香港人口的 93%。除华人外，印尼人、菲律宾人人数最多，其次为欧洲人和印度人。香港的人口密度每年都在上升，是世界上人口密度最高的地区之一。

2. 语言与宗教

英语和汉语同为香港的官方语言。英语是香港的常用语言，特别是在商业和教育中运用比较普遍。方言为粤语和客家话。

世界各大宗教在香港几乎都有人信奉。华人主要信仰佛教、道教。基督教信徒约 28.5 万人；伊斯兰教教徒约 5 万人，其中半数以上是华人；印度教教徒约 1.2 万人。另外，还有少数锡克教和犹太教徒。

视野拓展

香港的区旗、区徽

区旗：一面中间配有五颗星的动态紫荆花图案的红旗。红旗代表祖国，紫荆花代表香港，寓意香港是中国不可分离的部分，在祖国的怀抱中兴旺发达。花蕊上的五颗星象征着香港同胞心中热爱祖国，红、白两色体现了"一国两制"的精神。1997 年 7 月 1 日，香港区旗首次在香港的上空飘起。

区徽：呈圆形，徽面由红色环形窄边、文字区外圈、红色内圆及五星花蕊动态紫荆花图案组成。其外圈写有中文"中华人民共和国香港特别行政区"（繁体）和英文"HONG KONG"字样，其中间的五颗星动态紫荆花图案构思及其象征意义与区旗相同，也是以红、白两色体现"一国两制"的精神。

资料来源：根据《中华人民共和国香港特别行政区基本法》等资料整理。

（二）简史

香港自古是中国领土的一部分。秦始皇统一中国后，先后在南方建立了南海、桂林、象郡三个郡，香港隶属于南海郡番禺县，由此开始，香港被置于中央政权的管辖之下。

古为一小渔港，因地产沉香又称"香江、香海"，明万历年间因转运东莞所产香木始有"香港"一称。

香港的维多利亚港是一个优良的深水港，英国早就觊觎着这一片海域去发展其在远东的海外贸易。1840年，英国发动侵华的鸦片战争。1841年初，英军强占香港岛。1842年，英国强迫清政府签订《南京条约》，割占香港岛；此后，英法联军发动第二次鸦片战争，迫使清政府于1860年签订《北京条约》，英国割占九龙司地方一区；1898年，英国又逼迫清政府签订《展拓香港界址专条》，强租"新界"地区，租期99年。于是香港长期被英国侵占。

1997年7月1日，我国政府对香港恢复行使主权，香港成为中国的一个特别行政区。2020年5月28日，第十三届全国人民代表大会第三次会议通过《全国人民代表大会关于建立健全香港特别行政区维护国家安全的法律制度和执行机制的决定》。这是"一国两制"实践中具有重大意义和深远影响的大事，充分体现中央维护国家安全的坚强意志和坚定决心，充分体现中央对香港整体利益和香港同胞根本福祉的坚决维护和最大关切。

 特别提示

特别行政区

特别行政区是在坚持"一国两制"的原则下，以和平方式解决历史遗留下来的香港问题、澳门问题而设立的特殊的地方行政区域。在中华人民共和国内地实行社会主义制度，香港、澳门保留原有的资本主义制度。特别行政区具有以下三大特点：

首先，特别行政区是国家中的一个地方行政单位，而不是一个独立的政治实体。特别行政区必须服从和接受中央人民政府的管理，不能作出行使国家主权的行为。

其次，特别行政区实行特殊的社会制度。其高度自治权，无论在权力的内容和行使权力的范围上，都超过省、直辖市、自治区，构成了特别行政区的主要特色。在立法权方面，特别行政区可以按照全国人民代表大会通过的特别行政区基本法制定法律。在行政权方面，享有其他行政区所没有的财政、经济贸易、货币金融、海运、航空、文化教育和治安等方面的管理权。在司法权方面，享有司法终审权。

最后，香港特别行政区的主要官员由在香港通常居住连续满十五年并在外国无居留权的香港特别行政区永久性居民中的中国公民担任。澳门特别行政区政府的主要官员由在澳门通常居住连续满十五年的澳门特别行政区永久性居民中的中国公民担任。

党的二十大报告中指出，要"全面准确、坚定不移贯彻'一国两制'、'港人治港'、'澳人治澳'、高度自治的方针，坚持依法治港治澳，维护宪法和基本法确定的特别行政区宪制秩序。坚持和完善'一国两制'制度体系，落实中央全面管治权，落实'爱国者治港'、'爱国者治澳'原则，落实特别行政区维护国家安全的法律制度和执行机制。坚持中央全面管治权和保障特别行政区高度自治权相统一，坚持行政主导，支持行政长官和特别行政区政府依法施政，提升全面治理能力和管治水平，完善特别行政区司法制度和法律体系，保持香港、澳门资本主义制度和生活方式长期不变，促进香港、澳门长期繁荣稳定"。

资料来源：综合《中华人民共和国宪法》第三十一条，《中华人民共和国香港特别行政区基本法》《中华人民共和国澳门特别行政区基本法》和党的二十大报告。

(三)经济

最初的香港,只是一个以农业、渔业为主的小渔村。此后,凭借着水深港阔的天然港,香港开始兴建仓库、码头等海港设施,走上了转口贸易之路。世界各地的货物与资金在香港聚集,香港成为一个自由港。

"二战"期间,香港被日本占领,其对外贸易几乎全面停顿。"二战"结束后,很多国家纷纷放弃成本不断上涨的劳动密集型工业,转向资本密集型及技术密集型产业。这正好为拥有大量廉价劳动力的香港带来了发展的机会,香港经济第一次转型,开始发展以出口为导向的轻工业。正是因为这次转型,让香港步入了"亚洲四小龙"的行列。

1997年香港回归后,经济一直保持着稳定的发展态势。2003年开始,香港更明确了"四大支柱产业"的提法,即金融服务、贸易及物流、旅游和工商业支援及专业服务业。这四大支柱产业有力地促进了第三产业的发展,构成了香港经济发展的主要动力。

目前,香港是全球主要银行中心之一,外汇市场发展完善,买卖活跃,在全球外汇市场中居重要地位。香港股票市场规模在亚洲排名第二,仅次于日本东京。香港是继纽约和伦敦之后的世界第三大金融中心。香港也是国际公司在亚洲设立地区办事处最多的城市,是举办国际会议及展览的热门地方。数据显示,香港本地生产总值从1997年的1.32万亿港元增长到2022年的2.83万亿港元;香港人均GDP从回归前的19.2万港元增长到2022年的38.48万港元;进出口总额从1997年的3.07万亿港元增长到2021年的10.27万亿港元;财政储备更是从1997年的4575亿港元增长至今天的9103亿港元。这些数据说明了"一国两制"在香港的成功实践,也体现出香港在不断融入国家发展大局过程中,经济实现持续稳定增长,国际金融、航运、贸易中心地位也得到进一步巩固。

视野拓展

亚洲四小龙

从20世纪60年代开始,亚洲的中国香港、新加坡、韩国和中国台湾推行出口导向型战略,重点发展劳动密集型的加工产业,在短时间内实现了经济的腾飞,一跃成为全亚洲最发达富裕的地区。所谓"东亚模式"引起全世界关注,它们也因此被称为"亚洲四小龙"。这四个成功发展且位于东亚和东南亚的经济体,其极为成功的经济发展过程和经验是发展经济学研究的典型例子。它们利用西方发达国家向发展中国家转移劳动密集型产业的机会,吸引外国大量的资金和技术,迅速走上发展道路。它们也成为东亚和东南亚地区的经济火车头之一,国际社会普遍皆视"亚洲四小龙"为发达国家或地区。

资料来源:杨静《亚洲"四小龙"的发展现状及借鉴意义》,《现代商业》2014(30):53-54。

(四)文化

1. 教育

香港的教育主要由香港特别行政区的教育统筹局管理,主要分为学前教育、9年免费教育、高中课程教育和专上教育四个阶段。其中，专上教育也称香港高等教育，是指中学修业后的教育阶段，属专业、技术、学术性质的教育，是香港最高层次的教育。香港著名大学有香港大学、香港中文大学、香港科技大学、香港浸会大学、香港理工大学等。

视野拓展

香港大学

香港大学创立于1911年，其前身为香港西医书院，是香港第一所高等教育机构，也是香港历史最悠久的大学。它位于香港岛，是一所公立研究型大学。现在共有十大学术学院，与香港中文大学同为当地仅有的两所综合型高校。创校以来一直采用英语教学，以法律学、心理学、人文政治及生物医学等学术领域的研究与教育见长。香港大学亦为全球第一个发现非典型性肺炎由冠状病毒引致的研究单位。

香港大学学术气氛浓郁，在国际上享有很高的声誉，为世界一流大学，也是亚洲规模最大、历史最悠久的高等学府之一。

资料来源：《中国大百科全书》网络版https://www.zgbk.com。

2. 流行歌曲

粤语歌是香港早年普及的大众娱乐。20世纪80年代不仅是香港粤语流行曲百花齐放的黄金时代，也是香港乐坛的全盛时期。许冠杰、顾家辉、黄霑等积极参与歌曲创作，Beyond的成员黄家驹坚持原创音乐并极力推动本土音乐。但当时的原创歌仍不多，绝大部分的粤语流行曲都是由外地创作歌曲配上中文歌词改编而成的。

3. 电影

香港娱乐业的发达举世闻名。香港娱乐事业大致可分为电影、唱片、电视剧、经理人公司、娱乐刊物等。其中，香港电影更是香港娱乐业的代表。可以说，香港电影在一定程度上代表着香港文化。

在香港，电影业一直是其重要的产业。在它的鼎盛时期，电影出口曾高居全球第二位，仅次于美国好莱坞，是亚洲的梦工厂，甚至被称作"东方好莱坞"。

《庄子试妻》拍摄于1913年，是较早的香港电影。1949年开始拍摄的《黄飞鸿》系列电影，连拍60多部，成为世界史上最长寿的系列电影。香港著名影星张国荣、周润发、成龙、梁朝伟、张曼玉、刘德华、周星驰等在国际上都享有盛名。

三、民俗风情

（一）饮食习俗

香港人早餐多到茶楼喝茶，吃粤式点心或者到餐室饮"西茶"（奶茶、柠檬茶、咖啡、面包）；午餐一般都吃工作餐；晚餐是正餐，多为传统粤式饮食方式。

香港人宴请客人时，多在晚上9点开席。入席一般随意，但客人要在主人说"起筷"

时才能开始进食。用餐时，胳膊不能枕桌；不能伸筷子取远处碟子中的菜；不能将碟子拿起来倒菜。喝汤不能出声；用完餐时，碗中不能有剩余。上鱼时，鱼头要朝着客人的方向；吃鱼时不能翻转鱼身。

香港人的菜名很讲究，一般都取一些吉祥的名字：酱鸭舌叫一本盈万利，松子黄鱼叫年年庆有余，蜜汁金华火腿叫金玉满堂红，蟹肉西蓝花叫花开添富贵。另外，对于一些饮食中含有不吉祥字的，要改为吉祥的叫法，如猪肝叫猪润，因"肝"与"干枯"同音；丝瓜称胜瓜，因"丝"字与"输"字谐音；舌叫"利"，因"舌"与"蚀"同音。

（二）礼仪习俗

与香港人见面，首先要电话预约。如果去香港本地人家中做客，一定不要空手去拜访，要准备一些小礼品。

在社交场合，与香港人见面或者告别时，通常采用握手的方式。如果香港人把手指弯曲，用几个指尖在桌面上轻轻敲打，是在表示感谢，这是香港人的叩指礼。在香港称男人为"先生"，女人为"小姐"。称年龄大的男人为"阿伯"或者"阿叔"，年长的女人为"阿婶"。对从事服务行业的男人一般称"伙计"，女人为"小姐"。

香港人的家庭住址、年龄、工资收入等属于个人隐私，不要擅自打听。不要对他们说"节日快乐"，因为"快乐"与"快落"谐音，被认为是不吉利的。数字4与"死"谐音，香港人一般避免说。

香港是一个非常注重社会公德、讲究社会环境的地区，所以不要随地吐痰和乱扔垃圾，否则会受到严厉惩罚。

四、旅游业概况

（一）著名旅游景点

1. 维多利亚港

维多利亚港简称"维港"，位于香港岛与九龙半岛之间，是亚洲第一大港，世界第三大港。

视频：香港维多利亚港

维多利亚港的名字来自英国的维多利亚女王。凭借着港阔水深的天然良港优势，一直影响着香港的历史和文化，主导着香港的经济和旅游业的发展，是香港成为国际化大都市的关键点之一。

维多利亚港的海岸线很长，南北两岸的景点不胜枚举。海港的西北部是世界最大的集装箱运输中心之一的葵涌货柜码头（如图7-1所示）。每天日出日落，繁忙的渡海小轮穿梭于南北两岸之间，渔船、邮轮、观光船、万吨巨轮和它们鸣放的汽笛声，交织出一幅美妙的海上繁华景致。

第七章 中国港澳台地区

图7-1 葵涌货柜码头

2. 香港海洋公园

香港海洋公园是世界最大的海洋公园之一。建成于1977年。公园三面环海，东濒深水湾，南临东博寮海峡，西接大树湾，占地超过91.5万平方米，是亚洲最大的海洋公园。公园建筑分布于南朗山上及黄竹坑谷地。两园间设有缆车（如图7-2所示），游客只需乘坐缆车，便可来往于两园之间。在缆车内还可观赏深水湾、浅水湾海景。公园景点包括海洋天地、集古村、绿野花园、雀鸟天堂、山上机动城、急流天地、水上乐园、儿童王国等。

图7-2 香港海洋公园缆车

3. 香港迪斯尼乐园

香港迪斯尼乐园是世界上的第五个迪斯尼乐园，占地面积只有126.86公顷，是目前为止全球面积最小的迪斯尼乐园，配套了主题酒店。2003年1月12日，香港迪斯尼乐园正式动工，由华特·迪斯尼幻想工程师团队设计。计划耗资141亿港元兴建，但截至2007

年，光是香港特别行政区对乐园的投入已经达 230 亿港元。2005 年 9 月 12 日正式对外开放。

乐园大致上包括七个主题区，与其他迪斯尼乐园相近，包括："美国小镇大街""反斗奇兵大本营""探险世界""幻想世界""明日世界""灰熊山谷""迷离庄园"。除了家喻户晓的迪斯尼游乐设施外，香港迪斯尼还结合香港当地的文化特色，构思了一些专为香港而设的游乐设施、娱乐表演和巡游。在乐园内，随处可见卡通人物米奇老鼠、小熊维尼、花木兰、灰姑娘、睡美人公主等。

4. 星光大道

星光大道位于尖沙咀海滨长廊，全长 440 米，从香港艺术馆旁延伸至新世界中心对面。香港星光大道仿照美国好莱坞星光大道设计，耗资 4000 万港元建成，于 2004 年 4 月 28 日正式开放。

星光大道地面装嵌了 73 名电影名人的牌匾，当中 30 多块有名人手印。大道入口处，亦设有金像奖铜像及一个供表演活动的小舞台。在星光大道漫步，游客可以从容地欣赏香港著名的维多利亚港景色、香港岛沿岸特色建筑物以及香港崭新的多媒体灯光音乐汇演"幻彩咏香江"。

5. 铜锣湾

铜锣湾位于香港岛北部，是香港最主要的购物区之一，也是繁荣的商业和美食中心。区内有多家大型百货公司及大型商场。铜锣湾购物区亦是全世界租金最贵的地段。

位于时代广场的连卡佛是顶级品牌聚集的高级百货店，不少顶级品牌以店中店的形式在这里设置分店。铜锣湾更是世界各大奢侈品牌开设顶级旗舰店的必争之地，在这里你几乎可以找到世界任何一家奢侈品牌的店铺。购物地点以时代广场、崇光百货、皇室堡等最为闻名，世界各地的名牌时装、时尚产品、首饰精品、家用电器，应有尽有。

夜晚的铜锣湾避风塘热闹而繁忙，只见船只灯火通明，穿唐装衫裤的艇妹摇橹，接送游客往来于海鲜艇、酒吧艇及歌艇之间。游客在船上品尝海鲜的同时，也可观赏海港夜景。所以夜游避风塘是游客晚上观光的首选。

此外，铜锣湾还汇集了许多很好的中西菜馆，除粤菜外，日、韩、越、泰、印度及欧洲等各地的菜系也十分常见，因此铜锣湾也有"美食天堂"的美誉。

6. 尖沙咀

尖沙咀位于九龙半岛的南端，是九龙区内最重要的商业中心和旅游区。它还是一个文化和教育的中心，香港文化中心、香港艺术馆、香港太空馆、香港科学馆和香港历史博物馆等都在这里。尖沙咀最著名的景点有前九广铁路钟楼（如图 7-3 所示）、尖沙咀海滨和星光大道等。尖沙咀也是国际名店最集中的地区，是旅游者的购物天堂。各国的名牌美容化妆品在这里都可以找到。

图7-3 前九广铁路钟楼

(二)旅游小常识

1. 货币知识

香港的法定货币为港元(Hong Kong Dollar),也称港币。1港元等于100分。港币的面值分别为10、20、50、100、500和1000港元。除10港元外,其他均为纸币。硬币10、20、50分为青铜色,1、2、5港元为银色,10元为镍币。

港元的纸币绝大部分是在香港金融管理局监管下由三家发钞银行发行的。三家发钞行包括汇丰银行、渣打银行和中国银行。另有紫色10港元钞票,由香港金融管理局自行发行。硬币则由金融管理局负责发行。目前香港市面上流通的港元是2018年发行的新版港元。

汇率:100港元约合人民币91.95元(2023年7月)。

2. 最佳旅游季节

香港春天温暖多雾,夏天炎热且多雨,秋日晴朗,冬天凉爽而干燥。降雨集中在5~9月,且多台风暴雨。可见,除夏天外,其他季节都是适合旅游的好季节。

第二节 澳门

一、自然概况

澳门特别行政区简称"澳",位于南海之滨、珠江口西侧,东面与香港只相距61千米,北接广东珠海。澳门全境由澳门半岛、氹仔岛、路环岛三部分组成。澳门半岛是澳门发展的中心;氹仔和路环本是两个分离的离岛,但现已通过填海工程相连起来。澳门和香港一样,与中国内地的联系十分便利;南面为南海,面向国际大市场,对外贸易便利,发展海上运输和外向型产业。

> **特别提示**
>
> **氹仔名称的由来**
>
> 氹仔在古代被称为"龙环""鸡颈""潭仔""龙头环"。但氹仔的葡文名称在字面上与上述名字无关。据说，当年葡萄牙人在氹仔登陆，向当地人询问这个地方的地名（"名称""名字"一词在葡文称为"Nome"，英文则称为"Name"）。由于双方言语不通，当地人把葡萄牙人问的"Nome"听成"糯米"，认为葡萄牙人在询问当地人是否售卖糯米，当地人于是回答"大把"（意即"大量"），音译变成葡文词语"Taipa"，葡萄牙人于是把该地方命名为"Taipa"，即现在的氹仔。
>
> 资料来源：根据《中国大百科全书》网络版https://www.zgbk.com等资料整理。

澳门的总面积因为沿岸填海造地而一直扩大，已由19世纪的10.28平方千米逐步扩展至32.9平方千米（包含2009年11月29日国务院批准澳门填海造地3.6平方千米的澳门新城区）。

澳门位于北回归线以南，属亚热带海洋性季风气候，高温多雨，炎热潮湿。1月平均气温14℃，7月平均气温28.6℃。年降水量2000毫米左右。4~9月多台风暴雨。每年10月中旬至12月天气最佳，最为舒适。

二、人文概况

（一）人文地理

1. 人口与民族

截至2022年12月，澳门特别行政区人口为672 800人。其中，大部分居民住在澳门半岛，两个离岛人口较少。澳门居民以华人为主，占总人口的94.3%，葡籍及其他国籍人士只占5.7%左右。

2. 语言与宗教

中文和葡文是现行官方语言。居民日常沟通普遍使用粤语，但许多居民也能听懂普通话。英语在澳门也很通行，可在众多场合应用。

宗教在澳门传播的历史比较早，宗教的门类也比较多。澳门法律承认宗教信仰自由，各种宗教只要不违反法律，就可以在澳门自由传教。现在澳门居民所信仰的宗教有佛教、道教、天主教、基督教新教、伊斯兰教等，以佛教、天主教、基督教新教为最盛。

> **视野拓展**
>
> **澳门的区旗、区徽**
>
> 区旗：绘有五星、莲花、大桥、海水图案的绿色旗帜。长和宽之比为3∶2。呈弧形

排列的五角星，象征着国家的统一，象征着中华人民共和国恢复对澳门行使主权；莲花是澳门居民喜爱的花种，因此澳门古代又称为"莲岛""莲花地"，寓意澳门将来的兴旺发展；三个花瓣表示澳门由澳门半岛和冰仔、路环两附属岛屿组成；大桥、海水反映了澳门自然环境的特点；绿色底色象征着澳门的和平与安宁，寓意澳门四周是中国的领海。

区徽：呈圆形，中间是五星、莲花、大桥、海水，周围写有中文"中华人民共和国澳门特别行政区"（繁体）和葡文"MACAU"字样。图案的含义与区旗相同。

资料来源：根据《中华人民共和国澳门特别行政区基本法》等资料整理。

（二）简史

澳门自古就是中国的领土。秦朝时期属于南海郡和百越地。自南宋开始，澳门属广州香山县。据史料记载，宋末名将张世杰与军队曾在此一带驻扎。早期在澳门定居的人在此形成小村落，靠捕鱼与务农种植为生。

1553年开始，被葡萄牙人强行侵占。鸦片战争后，葡萄牙人乘清政府战败之机，不断扩大侵占范围，于1845年擅自宣布澳门为"自由港"。经过30多年的蚕食，葡萄牙人先占领了关闸以南的澳门半岛，后又相继占领了冰仔岛和路环岛。1887年，葡萄牙政府迫使清政府先后签订了《中葡里斯本草约》和《中葡和好通商条约》，规定"葡国永驻管理澳门以及属澳之地与葡区治理它处无异"，澳门被完全强占。中国人民从来不承认上述不平等条约，中葡亦一直未勘定澳门界址。

1999年12月20日，我国政府恢复对澳门行使主权，澳门成为我国的第二个特别行政区。

视野拓展

澳门的堂区

澳门以"堂区"为行政区划单位，每一个堂区以其代表性的教堂作为堂区名称。但是，这并非正式的行政机构设置，没有法人地位。澳门的堂区有：位于澳门半岛的花地玛堂区、花王堂区、大堂区、望德堂区、风顺堂区，位于冰仔的嘉模堂区和位于路环的圣方济各堂区。

资料来源：《中国大百科全书》网络版https://www.zgbk.com。

（三）经济

澳门主要以制造业和服务业为主。

澳门的制造业历史悠久，最初以爆竹及神香为主。20世纪60年代，澳门的纺织制衣业开始发展，70年代至80年代进入制衣业的黄金时期，成为制造业的主体。它以劳动密集型和外向型的模式发展，大部分产品销往美国及欧洲。除纺织制衣业之外，玩具、电子等工业也发展得很好。进入90年代以后，澳门制造业发展的步伐变缓。

澳门服务业主要由博彩业、旅游酒店业、饮食业、批发及零售业、金融业、运输及仓储业等组成。在澳门产业结构中，服务业占本地生产总值的85%。其中，博彩旅游业是龙头产业，占澳门本地生产总值的45%以上；博彩旅游业及相关行业的雇员占劳动人口的35%以上。可见，博彩旅游业在澳门经济发展中具有举足轻重的作用。

近年来，澳门特别行政区政府意识到，过于单一的经济结构使得澳门难以适应经济大气候的变迁，为此政府决定，澳门要向经济多元化迈进，一定要改变澳门的"赌城"形象，使之向"综合旅游休闲中心"转型。

 特别提示

澳门博彩业的由来

澳门向有"赌埠"之称，也被称为"东方蒙地卡罗""东方拉斯维加斯"。博彩业在澳门历史悠久，已有170多年的历史。早年最盛行的赌博是番摊与牌九。

澳门起初也是禁赌的，但后来澳葡政府为解贸易急剧衰落、收入拮据之窘，实行公开招商设赌，向赌场征收"赌饷"，以开赌抽饷来增加收入。1847年，澳葡政府颁布法令，宣告赌博业合法化，揭开了赌业合法化的序幕，但当时并没有专营的赌场。19世纪60年代中期，澳葡政府主要靠着赌饷和鸦片烟税使每年的财政收入增加到20多万元，并有约4万元的结余上交葡萄牙国库。

20世纪30年代以后，澳门的博彩业改由政府与娱乐公司签订合约，实行专利经营。经营者必须向政府缴纳赌饷——博彩税，依约经营。1961年2月，葡萄牙海外部根据澳门当局的建议，批准在澳门正式开设博彩旅游业。1962年，由香港何鸿燊、叶汉合组的何氏澳门旅游娱乐公司竞标成功，获得赌业管理权。此后30多年，澳门的博彩业一直由何氏澳门旅游娱乐公司实行高度垄断经营。

博彩业是澳门的龙头产业，澳门作为"东方蒙地卡罗"的独特形象早已深入人心，而且旅游博彩业对整体经济的带动作用，对政府税收、市民就业等各方面的贡献都不容低估。

资料来源：中国新闻网《澳门的博彩业》https://www.chinanews.com/ga/zlg/news/2009/03-31/1626701.shtml。

（四）文化教育

早期的澳门人以捕鱼为业，并不重视教育。1535年，随着外国传教士的到来，当地的文化教育才开始发展。400多年来，澳门以葡萄牙语和汉语为中心，形成了两大类学校。一类是以葡语为葡萄牙人子女提供教育的学校，由教会或者社区团体举办；另一类是以中文或英文授课的私立学校，由华人社会举办。1991年以前，澳葡政府对教育一直采取"自由教育"的方式，直到1991年8月29日才正式制定了一套有关教育制度的法规，以配合本地社会的未来需求和发展。

澳门的非高等教育包括幼儿教育、小学教育预备班、中学教育和职业教育等。澳门教育机构可分为公立学校、资助学校和私立学校三种。澳门学校大部分都是私立或资助的，特别行政区政府开办的公立学校主要有高美士中葡中学、中葡职业技术中学和二龙喉中葡小学等。澳门特别行政区政府对纳入公共教育网的学校实行15年免费教育。澳门著名大学有澳门大学、澳门科技大学、澳门城市大学等。

三、民俗风情

（一）饮食

澳门饮食荟萃了中西方的美食。在这里，不仅能吃到正宗的葡国菜，而且还能品尝到世界各地的美食，如广东风味、上海风味、日本风味、韩国风味、泰国风味等。俗话说，"澳门人不怕请客"，意思是澳门人从来不用发愁请客人吃什么，因为这里的菜品应有尽有。其中，澳式葡国菜和葡式葡国菜最为有名。

澳式葡国菜兼收并蓄了葡国、印度、马来西亚及中国粤菜的烹饪技术，对原来的葡国菜经过改良，取长补短，可以说是世界上独一无二的菜式。如非洲鸡、果亚鸡及辣大虾等都是用非洲、印度的香料烹调而成的佳肴。还有烧牛尾、葡国鸡、葡国腊肠、沙甸鱼、青菜汤等，也是著名的菜式。

葡式葡国菜的红豆猪手、青菜汤、马介休（鳕鱼，葡国人喜欢吃的一种咸鱼），都是很有名的菜。葡式葡国菜可以用煎、烧、烤、煮等不同的方法烹调，无论用什么方法烹调，都会令人齿颊留香，回味无穷。

（二）礼节与禁忌

澳门人爽快热情、开朗真诚，说话干脆，而且很好客，他们把每一个顾客都当作朋友。当你在市场晃悠的时候，"你好！"总是不停地传到你的耳际，而且好像很熟的朋友。

对吉祥话、吉祥物和吉祥数字较为偏爱，如"恭喜发财""鱼"以及数字8、6等是他们最喜欢用的语言。澳门人不习惯在家中招待客人。开张庆典要舞狮耍龙，摆放供台，点香祈求神灵保佑。新船下海，要燃放鞭炮，求助平安。生儿育女要设汤饼宴，分送姜醋与邻里或亲友品尝等。

澳门人忌讳数字13和星期五，忌讳询问他们的年龄、婚姻状况、经济收入等。

视野拓展

苦难耶稣圣像巡游

圣像巡游是澳门教区每年举行的大型活动之一，是澳门天主教徒纪念耶稣受难的重要宗教活动之一。圣像巡游本是南欧的宗教仪式，澳门教区自18世纪以来，便继承了这个传统。一般在每年的2月或3月，巡游要举行两天。第一天，背负十字架的苦难耶稣圣像庄严地从玫瑰圣母堂出发，被迎到主教座堂，留在主教座堂接受祝祷。第二天，由教士抬着苦难耶稣圣像出游，然后送回玫瑰圣母堂。特色的宗教礼仪每年都会吸引不少市民和游客观看，甚至加入巡游队伍行列。

资料来源：根据《人民日报》（海外版）《澳门庆新春　年味别样浓》（2018-02-15，第04版）等资料整理。

四、旅游业概况

(一) 澳门旅游景点

1. 镜海长虹

镜海长虹（如图7-4所示）包括"镜海"与"长虹"两部分。"镜海"本是澳门的古地名之一，泛指澳门半岛与氹仔岛之间的海面，几百年来一直为澳门对外贸易的航道。"长虹"则是指从1973年开始，先后建成的三座大桥——澳氹大桥、友谊大桥和西湾大桥，三座大桥横跨澳门半岛和氹仔岛，远看似长虹卧波。三座大桥不仅成为澳门的交通大动脉，也是澳门极为壮观的一处美景。

图7-4 镜海长虹

澳氹大桥在西侧，长2.5千米，1974年落成通车，是当时世界上最长的钢筋混凝土桥梁之一。东侧的友谊大桥，是一座吊索桥，它全长4.7千米。澳氹大桥中部凸出一个高35米的航道口，供港澳客轮从桥下通行；而友谊大桥则有两个凸出的航道口，也像半面小提琴横卧水面。西湾大桥于2002年动工，2004年建成，并于2005年初正式启用，它已成为澳门的新地标。由于这三座大桥酷似长虹横跨在澳门与氹仔岛之间的海面上，因此称为"镜海长虹"。它是澳门八景之一。

2. 大三巴牌坊

大三巴牌坊（如图7-5所示）位于大三巴斜港，是圣保罗教堂火灾后的前壁遗迹。"三巴"是"圣保罗"的译音，又因教堂前壁遗迹貌若中国传统的牌坊，所以称"大三巴牌坊"。

从下往上看，在底层大门上方刻有耶稣会（IHS）祭记和学院名称（天主圣母）；第二层立有四位耶稣会圣人全身塑像；第三层正中为圣母玛利亚升天，两边由身着白袍的修士石刻围绕，极富东方特色；第四层正中为天父之子耶稣雕像，两旁刻着其救赎苦难的象征。牌坊顶部十字架下的三角形，象征着天父的召唤，正中有一幅鸽子形状的铜像，传说代表圣神，四周环绕的太阳、月亮、星辰象征圣母童贞怀孕时的刹那时光。

图 7-5 大三巴牌坊

大三巴牌坊已有近 400 年的历史，是澳门最为大众所熟悉的标志，也是著名的旅游景点，初来澳门的游客绝不会错过来此参观、留影的机会。大三巴牌坊被视为一座不朽的祭台。

2005 年，大三巴牌坊作为"澳门历史城区"的一部分，被联合国教科文组织作为文化遗产列入《世界遗产名录》。

3. 妈阁庙

妈阁庙原称妈祖阁（如图 7-6 所示），是澳门最古老的庙宇，已有 500 多年的历史。妈阁庙坐落在澳门半岛的东南面，是澳门的三大禅院之一。其中，由石窟凿成的弘仁殿，历史最悠久，后因香火日盛，先后增建石殿、大殿，三殿均祀天后。

图 7-6 妈祖阁

每年春节和农历三月廿三的娘妈诞，庙内香火最为鼎盛。春节除夕夜开始，至此祀拜祈福的善男信女络绎不绝，场面热闹。而在诞期前后，澳门民众会用竹竿在庙前空地上搭起临时舞台表演神功戏。

1998 年 10 月 28 日，在澳门最高点，路环岛的叠石塘山顶，落成了全世界最高的妈祖雕像，其设计者为澳门的中国画院院长梁晚平。雕像高 19.99 米，象征澳门 1999 年 12

月20日重回祖国怀抱。这尊妈祖雕像由120块汉白玉石组成，其中妈祖脸部由一块完整的汉白玉石雕刻而成。雕像重达500多吨。全身晶莹洁白，容颜慈祥温和，远眺澳门海面，犹如时刻深情地关注着澳门。

视野拓展

妈祖传说

传说宋朝时，福建莆田有一孝女林默娘，能预言吉凶，在一次海难中捐躯，羽化升仙。后常显灵海上，在惊涛骇浪中帮助商人和渔民消灾解难，使人们化险为夷。渔民因感其恩德，尊为海神、天后，并立庙奉祀。

资料来源：记者陈盛钟、何金，通讯员李美显、许双萍《妈祖文化，千年传承远播五洲》，福建日报，2023-11-17，第007版。

4. 灯塔松涛

灯塔松涛为澳门名景之一。东望洋山因山上遍植松树，又称"松山"。登临山顶，可以俯瞰澳门各区面貌。山顶有17世纪留下的古炮台堡垒和建于1865年的远东历史上最古老的灯塔。灯塔至今仍在夜间通宵向澳门四周照射，为船只引航。灯塔旁有一座望远镜，在天清气爽时可看到香港最大的岛屿大屿山。

（二）旅游小常识

1. 货币知识

澳门的法定货币为澳门币或者澳门元（Pataca de Macau）。1澳门元等于100分。澳门现在流通的货币是1999年发行的，纸币面值种类有10、20、50、100、500、1000澳门元，铸币面值种类有1、2、5、10澳门元与5、10、20、50分。

目前，澳元纸币由澳门金融管理局授权大西洋银行与中国银行澳门分行发行，硬币则由澳门金融管理局负责发行。

汇率：100澳门元约合人民币89.31元（2023年7月）。

2. 最佳旅游季节

澳门4~9月为雨季，常出现强大的暴雨，夏、秋季常有台风。冬春季节是旅游的好时节。

第三节　台湾

一、自然概况

台湾省简称"台"，省会台北。位于我国东南海域，北临东海，东临太平洋，南临南海，西隔台湾海峡与福建省相望。全省由台湾岛、澎湖列岛、兰屿、绿岛、彭佳屿、钓鱼岛、赤尾屿等80多个岛屿及其周围海域组成。全省面积为3.6万平方千米，其中台湾岛面积为3.58万平方千米。台湾扼西太平洋航道的中心，是中国与太平洋地区各国海上联系的重要交通枢纽。

台湾岛多山，高山和丘陵占全部面积的2/3以上。台湾岛位于环太平洋地震带和火山带上，地壳不稳，是一个多地震的地区。最高峰玉山海拔3952米，是中国东南沿海的最高峰。

北回归线穿过台湾岛中部，北部为亚热带气候，南部属热带气候。年平均气温（高山除外）为22℃。冬季温暖，夏季炎热。雨量充沛，年降水量约2000毫米。夏秋季多台风暴雨。

二、人文概况

（一）人文地理

1. 人口与民族

据统计，台湾总人口2334.73万（2023年4月），人口密度约为649人/平方千米，是中国人口最密集的省份之一。

台湾是一个多民族的省份，汉族约占总人口的98%。汉族人口中，主要有闽南人和客家人两大分支。闽南人原籍以福建泉州和漳州人最多，客家人原籍以广东梅州和潮州人最多。高山族是台湾省最主要的少数民族，约占人口的2%，是台湾最早的居民。明代以前没有高山族这个名称，到明清时该民族才逐渐出现统一的族名"东番"或"番族"。现在的高山族是1945年抗日战争胜利后，祖国人民对台湾少数民族的统称。

2. 语言与宗教

台湾地区通用汉语，英语在商务活动中居重要地位。闽南语、粤语也是十分重要的方言。

台湾是一个宗教信仰多元化的地区，分别有佛教、道教、基督教、伊斯兰教、印度教等。在传统宗教方面，主要有佛教、道教和民间信仰，但目前除了少数是纯粹的佛教寺院外，大部分都掺杂道教色彩。

（二）简史

台湾自古属于中国的领土。公元230年，三国时期吴人沈莹所著《临海水土志》留下了关于台湾最早的记述。隋朝政府曾三次派兵到时称"流求"的台湾。宋元以后，中国历代中央政府开始在澎湖、台湾设治，实施行政管辖。

1624年，荷兰殖民者侵占台湾南部。1662年，民族英雄郑成功驱逐荷兰殖民者收复台湾。清朝政府逐步在台湾扩增行政机构，1684年设立台湾府，隶属福建省管辖；1885年改设台湾为行省，是当时中国第20个行省。

1894年7月，日本发动侵略中国的甲午战争，次年4月迫使战败的清朝政府割让台湾及澎湖列岛。抗日战争时期，中国共产党人明确提出收复台湾的主张。1945年9月，日本签署《日本投降条款》，承诺"忠诚履行波茨坦公告各项规定之义务"。10月25日，中国政府宣告"恢复对台湾行使主权",并在台北举行"中国战区台湾省受降仪式"。由此,通过一系列具有国际法律效力的文件,中国从法律和事实上收复了台湾。

1949年10月1日,中华人民共和国中央人民政府宣告成立,取代中华民国政府成为代表全中国的唯一合法政府。由于中国内战延续和外部势力干涉,海峡两岸陷入长期政治对立的特殊状态,但中国的主权和领土从未分割也决不允许分割,台湾是中国领土的一部分的地位从未改变也决不允许改变。

1971年10月,第26届联合国大会通过第2758号决议,决定:"恢复中华人民共和国的一切权利,承认她的政府的代表为中国在联合国组织的唯一合法代表并立即把蒋介石的代表从它在联合国组织及其所属一切机构中所非法占据的席位上驱逐出去。"这一决议不仅从政治上、法律上和程序上彻底解决了包括台湾在内全中国在联合国的代表权问题,而且明确了中国在联合国的席位只有一个,不存在"两个中国""一中一台"的问题。

1982年12月,中华人民共和国第五届全国人民代表大会第五次会议通过《中华人民共和国宪法》,规定:"台湾是中华人民共和国的神圣领土的一部分。完成统一祖国的大业是包括台湾同胞在内的全中国人民的神圣职责。"

2005年3月,第十届全国人民代表大会第三次会议通过《反分裂国家法》,规定:"世界上只有一个中国,大陆和台湾同属一个中国,中国的主权和领土完整不容分割。维护国家主权和领土完整是包括台湾同胞在内的全中国人民的共同义务。""台湾是中国的一部分。国家绝不允许'台独'分裂势力以任何名义、任何方式把台湾从中国分裂出去。"

2015年7月,第十二届全国人民代表大会常务委员会第十五次会议通过《中华人民共和国国家安全法》,规定:"中国的主权和领土完整不容侵犯和分割。维护国家主权、统一和领土完整是包括港澳同胞和台湾同胞在内的全中国人民的共同义务。"

党的二十大报告中指出:"解决台湾问题、实现祖国完全统一,是党矢志不渝的历史任务,是全体中华儿女的共同愿望,是实现中华民族伟大复兴的必然要求。坚持贯彻新时代党解决台湾问题的总体方略,牢牢把握两岸关系主导权和主动权,坚定不移推进祖国统一大业。""'和平统一、一国两制'方针是实现两岸统一的最佳方式,对两岸同胞和中华民族最有利。""国家统一、民族复兴的历史车轮滚滚向前,祖国完全统一一定要实现,也一定能够实现!"

(三)政治

台湾地区领导人由选民直接选举产生,任期四年,可连选连任一次。

台湾当局实行"五权分立"的政治制度:"行政院"是台湾最高行政机关,"立法院"是台湾最高"立法机关","监察院"为台湾最高监察机关,"考试院"是台湾最高考试机构,"司法院"是台湾最高"司法机关"。

(四)经济

台湾经济发达,以外向型经济为主。20世纪60年代,台湾轻工业发展迅速,重工业居于次要地位。70年代,台湾注重发展石化业与重工业,恰逢这个时期,美国向台湾订购大量物资,促使台湾经济快速起飞,迅速跻身为"亚洲四小龙"之一。1997年,亚洲金融危机爆发,台湾经济尽管受冲击较小,但经济发展的速度放缓。2001年,台湾经济出现自1947年以来的首次负增长。受2008年全球金融危机的影响,2009年台湾经济再次出现负增长,此后经济逐渐恢复。不过,自2016年以来,台湾经济持续低迷。台湾的经济高度依赖出口,而出口中又以电子产品为主要组成部分。近年来,全球经济不稳定、贸易争端和供应链中断等因素,对台湾出口形势造成了不小的冲击。

(五)文化

1. 教育

台湾教育主要分义务教育、高级中等教育和高等教育三个阶段。完成高级中等教育后,学生参加大学学科能力测验(学测)或大学入学指定科目考试(指考)进入普通大学,参加四技二专统一入学测验进入四年制技术学院(四技)及二年制专科学校(二专)或参加二技统一入学测验进入二年制技术学院(二技)。三者毕业后(二专除外)可取得学士学位。

学士生或硕士生参加各高校自主招生考试后进入硕士班或博士班深造。大学学士班学制为4年,硕士班学制为1~4年,博士班学制为2~7年。

著名大学有台湾大学、台湾清华大学、台湾成功大学、台湾政治大学等。

2. 文学与艺术

(1)文学

源远流长的中华文化孕育了台湾的古典汉文学。明清时期,台湾传统文学空前繁荣。明郑时期沈光文的文集、郑经的《东壁楼集》甚为有名;东吟诗社的创立,开台湾诗社之先河。清初郁永河的《裨海纪游》、黄叔璥的《台海使槎录》被叶石涛称为台湾传统散文的双璧。

日本侵占时期,《南音》《台湾文艺》《台湾新文学》等文学刊物的相继发行,开启了台湾新文学运动的序幕。

20世纪五六十年代,台湾盛行"怀乡文学",代表作家有王蓝、姜贵和司马中原等。同时,西方现代文学也是当时台湾文坛的重要力量,白先勇、王文兴为其代表,而现代主义文学代表作则有《台北人》(白先勇)、《家变》(王文兴)等。自20世纪60年代中后期开始,一些台湾作家以《台湾文艺》《笠诗刊》为阵地,重拾乡土素材,其作品大多关注农民与劳工等底层阶级的命运。21世纪初,伴随网络兴起,网络文学成为新的风潮。

(2)电影

1949年后,台湾拍摄了大量的汉语普通话剧情片。同时,闽南语电影也悄然兴起,题材大都以民间故事等为主。20世纪60年代,台湾的电影主要以健康写实题材为主。与此同时,由于受香港电影的影响,爱情片、武侠片、功夫片一时均成为台湾电影的主流,受到大众的喜爱。1962年,华语影坛历史最悠久的电影奖项"台湾电影金马奖"创立,被誉为"华语电影的奥斯卡"。70年代,电影界以拍摄作家琼瑶小说的爱情片为主,并掀起了一阵琼瑶热。80年代台湾开启了"新电影"风潮。与此同时，以美国电影为主的外国影片大举进入。90年代，台湾电影处于低迷期。2008年上映的《海角七号》创下超过新台币5亿元的票房成绩，为台湾电影市场注入了活力。此后，台湾商业电影重新回归主流。2011年上映的《那些年，我们一起追的女孩》和《赛德克·巴莱》等，又掀起了台湾电影的新高潮。近年来，台湾电影在传承经典的同时，不断拓展自身的边界。台湾电影的独特魅力，在于它扎根于台湾这片土地，反映了台湾人民的生活、情感和文化。

三、民俗风情

（一）服饰

台湾高山族传统服饰色彩鲜艳，以红、黄、黑三种颜色为主，其中男子的服装有腰裙、套裙、挑绣羽冠、长袍等。女子有短衣长裙、围裙、膝裤等。除服装外，还有许多饰物，如冠饰、臂饰、脚饰等。高山族以鲜花制成花环，在盛装舞蹈时，直接戴在头上，非常漂亮。因为在台湾高山族看来，饰物不但美观，而且还是一种身份的象征，这也是我国古代百越族的传统。男子衣饰类型，北部常见无袖胴衣、披衣、胸衣、腰带，中部常见鹿皮背心、胸袋、腰袋、胸衣、黑布裙，南部常见对襟长袖上衣、腰裙、套裤、黑头巾等。雅美人服饰简单，男子以丁字布遮下身，上穿背心；女子通常上穿背心，下着筒裙，冬天以方布裹身。

（二）饮食

台湾主食以大米为主。台湾盛产大米，其中最著名的是"蓬莱米"，有"米仓"之誉。盛产茶叶，其中冻顶乌龙茶，驰名中外。台湾是个美丽富饶的宝岛，盛产水果，一年四季不断，因而素有"水果之乡"的美称。

台湾人在饮食上讲究清淡，喜甜味，与祖国大陆福建、江浙一带口味相近。但不同地域、不同人群，在饮食上各有特色。

高山族饮食以福建闽南饮食文化为主，但又结合了中国大陆各地的饮食文化特点，形成丰富多彩的饮食习俗。高山族以稻米为日常主食，辅以薯类和杂粮。在主食的制作方法上，大部分高山族都喜把稻米煮成饭，或将糯米、玉米面蒸成糕与糍粑。

（三）节日

台湾的节日习俗大多保留着闽粤古风，春节、元宵节、端午节、中秋节、重阳节等节日与其他地方相似，其传统节日活动也大致相同，如春节的拜年习俗，元宵节吃元宵、猜灯谜的习俗，端午节吃粽子、赛龙舟习俗，中秋节赏月、吃月饼习俗，重阳节登高远足的习俗等。

另外，在传统节日活动的基础上，台湾也形成了一些独具特色的节日习俗，如台湾盐水镇在元宵节以燃放"蜂炮"远近闻名。节日那天，点燃炮芯连在一起的由数万只冲天炮做成的鞭炮，万炮连响，火花四射，震耳欲聋，蔚为壮观。澎湖元宵节的"乞龟"习俗也有趣而且神秘。每年元宵节，澎湖大小庙宇的供桌上就摆满了各种各样的"龟"，有糯米粉做成祈求平安的"芳片龟"，有线面制成含有长寿之意的"面线龟"，有面粉与鸡蛋做成的"鸡蛋糕龟"，还有用黄金打制而成的"金龟"等。人们以此来祈求神灵的保佑与赐福。

视野拓展

台湾的半年节

半年节多在农历六月初一或者十五，主要流行于福建与台湾地区。历书上把一年分为12个月，六月刚好一半，所以把这个节日称为半年节。这是一个以庆祝丰收为主的节日。人们为了感谢天地神明与祖先的默默庇佑，使得他们在这个季节能有丰硕的农业收成，使他们能衣食无忧，因而供奉祭品来祭拜，于是就慢慢地形成了今天的半年节。在这个节日，人们有吃"半年圆"的习俗，即先以汤圆和牲礼祭拜神明与祖先，以表达谢恩之意，然后全家才能共同食用，表达团圆的意思。因此，半年节又称"半年圆"。

资料来源：根据南方网《东闪无半滴，西闪走不及——陈湘波作〈二十四节气系列·大暑〉》（2022-07-22）等资料整理。

（四）禁忌

台湾地区的禁忌与香港、澳门大致相同，都忌讳不吉利的语言，如不喜欢数字4、13、5等。但台湾也有自己独特的禁忌习俗，如台湾的送礼习俗就比较特别。

台湾同胞互送礼物，比较讲究实用，领带、进口酒或食品都较受欢迎。台湾同胞也有不少送礼的禁忌：忌讳送人手巾、扇子、雨伞、剪刀、甜果、粽子。因为台湾同胞只有办丧事时才送手巾，有"送巾断根"之说；扇子过夏便可抛弃，有不想相见的意思；伞则与"散"同音，送人不吉利；剪刀为利刃，有威胁或"一刀两断"之意；甜果常用于祭神，不宜送礼；粽子与居丧有关联，十分忌讳。还忌讳给坐月子的人送鸭子，一则鸭属凉性，不利于产妇；二则台湾有"七月半的鸭子——不知死期"的民谚，是不祥之兆。

四、旅游业概况

（一）著名旅游城市和景点

1. 台北

台北市位于台湾岛北部的台北盆地，是台湾政治、经济、文化、商业与传播的中心，也是台湾的工商业中心，全岛规模最大的公司、企业、银行的总部都设在这里。这里是台湾近代历史发展的大舞台，集台湾文化与人文景观之大成。

台北市是台湾北部的游览中心，除阳明山、北投风景区外，还有省内最大、建成最早，占地8.9万平方米的台北公园和规模最大的木栅动物园。台北市名胜古迹颇多，其中台北城门、龙山寺、保安宫、孔庙、指南宫、圆山文化遗址等，均为风景优美、适宜游览的好地方。另外，台北故宫博物院、台北中山纪念馆、101大楼等，也是世界闻名的旅游景点。

> 视野拓展

台北 101 大楼

台北 101 大楼（如图 7-7 所示）曾是世界第一高楼。位于台北市信义区西村里信义路。于 1999 年 7 月动工兴建，2003 年 10 月竣工。地上 101 层、地下 5 层，占地面积 30 278 平方米。该楼融合东方古典文化及台湾本土特色，造型宛若劲竹，节节高升、柔韧有余。另外，运用高科技材质及创意照明，以透明、清晰营造视觉穿透效果。

建筑主体分为裙楼（台北 101 购物中心）及塔楼（企业办公大楼）。其中，86 至 88 楼为观景餐厅，89 楼为室内观景层，91 楼为室外观景台。

台北 101 大楼由台湾 12 家银行及产业界共同出资兴建，造价达台币 580 亿元。大楼除底部裙楼作为购物商场外，其他楼层成为台北金融商业的重镇。

图 7-7　台北 101 大楼

资料来源：《中国大百科全书》网络版 https://www.zgbk.com。

2. 日月潭

日月潭（如图 7-8 所示）是台湾著名的风景区，是台湾八景中的绝胜，也是台湾岛上唯一的天然湖泊，其天然风姿可与杭州西湖媲美。位于南投县丛山中。湖面海拔 740 米，面积 7.73 平方千米，湖周长 35 千米，平均水深 40 米。潭中有一小岛名拉鲁岛，旧名珠仔屿，海拔 745 米。以此岛为界，北半湖形状如圆日，南半湖形状如一弯新月，日月潭因此而得名。

图 7-8 日月潭

日月潭之美在于环湖重峦叠峰，湖面辽阔，潭水澄澈；一年四季，晨昏景色各有不同。7 月平均气温不高于 22℃，1 月不低于 15℃。夏季清爽宜人，为避暑胜地。

3. 阿里山

阿里山（如图 7-9 所示）在嘉义县东北，是大武恋山、尖山、祝山、塔山等 18 座山的总称，主峰塔山海拔 2600 多米，东面靠近台湾最高峰玉山。阿里山的森林、云海和日出，被誉为三大奇观。这里的樱花驰名中外，每年 2~4 月是花季，登山赏樱的游人络绎不绝。

图 7-9 阿里山

在晴天的破晓时分，登阿里山的塔山观赏云海，是很赏心悦目的事情。观日出的地点则以祝山为妙。祝山海拔仅次于塔山，为 2480 米。当黑夜慢慢退去，天空呈鱼肚白时，祝山后先现出一丝红霞，慢慢变成弧形、半圆、大半圆，越来越红，越来越亮。一轮红日先从云海边上升，再从山顶冒出，光芒四射，甚为壮观。

阿里山美景纷呈早为人所称道，因此有"不到阿里山，不知阿里山之美，不知阿里山之富，更不知阿里山之伟大"的说法。由于山区气候温和，盛夏时依然清爽宜人，加上林木葱翠，是全台湾最理想的避暑胜地。

4. 台北故宫博物院

台北故宫博物院位于台北市基隆北岸士林镇外双溪。始建于1962年，1965年夏落成，占地面积1.03万平方米。中国宫殿式建筑，共有四层，白墙绿瓦。院前广场耸立由六根石柱组成的牌坊，气势宏伟。整座建筑庄重典雅，富有民族特色。

院内设有20余间展览室，有现代化的空气调节、防火、防潮、防盗等设施，以保护珍贵的文化瑰宝。院内收藏有自北平故宫博物院及沈阳故宫、热河行宫运到台湾的24万余件文物，所藏的商周青铜器以及历代的玉器、陶瓷、古籍文献、名画碑帖等，皆为稀世之珍。展馆每三个月更换一次展品。到台湾观光的旅客都不会错过到台北故宫博物院一饱眼福的机会。

（二）旅游小常识

1. 货币知识

目前，台湾使用的是新台币。新台币基本单位为"圆"，但一般都写成"元"，口语上常称"块"。1圆等于10角。

新台币发行的硬币有5角及1、5、10、20与50圆，而纸钞有100、200、500、1000与2000圆。5角硬币的发行量少，实际上也较少使用，所以通常现金交易都是以1圆作为最小单位。

汇率：100新台币约合人民币22.94元（2023年7月）。

2. 最佳旅游季节

台湾冬无严寒，夏无酷热，终年气候宜人。4~11月是台湾的夏季，平均气温28℃。12月到次年3月是台湾凉爽的冬季，即使是最冷的2月，平均气温20℃。台湾是我国受台风影响最多的地区，每年6~10月是台风季节，7~9月台风最为频繁，所以去台湾旅游最好避开这个时段。9~11月是台湾的秋季，晴朗而凉爽，是适合旅游的好季节。

本章关键词

香港　澳门　台湾　地理概况　简史　政治经济　文化　民俗风情　著名旅游城市和景点

专题活动

1. 班级分小组简介澳门、台湾的著名旅游城市和景点，最后通过小组自评、小组间互评、老师点评的方式选出讲解最佳小组。

2. 假设有香港旅游团来到你所在的城市，在接待过程中如何安排能让游客更满意呢？请班级分小组讨论，制定相应的接待方案并展示，最终通过小组自评、小组间互评和老师点评的方式总结如何根据游客的特点,来制订最合适的接待计划。

课后练习

1. 如何打造一条港澳台旅游精品路线?
2. 港澳台发展旅游业,有哪些地方值得我们借鉴?

学习效果评价表

序号	任务内容	任务要求	等级	待改进技能	备注
1	香港、澳门、台湾的自然、人文概况	有条理地讲解港澳台的自然、人文概况			
2	香港、澳门、台湾的民俗风情及旅游景点	选择港澳台中任一地,根据自己搜索的旅游景点资料制作成PPT,进行现场景点讲解			
3	"一国两制"制度体系	介绍"一国两制"制度体系			

参考文献

[1] 王兴斌.中国旅游客源国概况[M].7版.北京：旅游教育出版社，2016.

[2] 陈福义，张金霞.中国主要旅游客源国与目的地国概况[M].北京：清华大学出版社，2007.

[3] 世界地图册[M].北京：星球地图出版社，2005.

[4] 吴忠军.中外民俗[M].大连：东北财经大学出版社，2007.

[5] 陈家刚.中国旅游客源国概况[M].天津：南开大学出版社，2005.

[6] 段光达，荣作信.中国海外旅游客源市场概况[M].哈尔滨：哈尔滨工业大学出版社，2006.

[7] 彭淑清.中国旅游客源国概况[M].重庆：重庆大学出版社，2008.

[8] 黄明亮，吴习文.中国旅游客源国（地区）概况[M].北京：科学出版社，2007.

[9] 彭淑清.中国旅游海外客源市场概况[M].武汉：华中科技大学出版社，2009.

[10] 卢丽蓉.旅游客源国和目的地概况[M].桂林：广西师范大学出版社，2014.

[11] 中华人民共和国文化和旅游部官网[DB/OL].http://www.cnta.com

[12] 中华人民共和国国家统计局官网[DB/OL].http://www.stats.gov.cn/

[13] 中华人民共和国外交部官网[EB/OL].http://www.fmprc.gov.cn

[14] 新华网[EB/OL].http://news.xinhuanet.com

[15] 人民网[EB/OL].http://world.people.com.cn